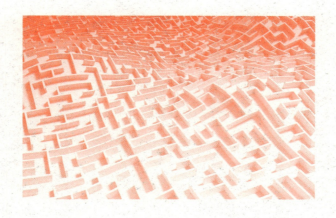

钟启泉 ◎ 著

课堂转型

classroom transforming

华东师范大学出版社

目录

引言
课堂转型：学校改革的核心 / 1

第 1 编
课堂转型的理论与实践 / 1

第 1 章 课堂转型的国际经验 / 3
  一、核心素养与课堂转型 / 3
  二、新型能力观的框架 / 4
  三、翻转课堂：国际课堂转型的实践 / 9
第 2 章 课堂转型的本土实践 / 17
  一、我国"核心素养"界定与实施的进展 / 17
  二、基于"核心素养"的课堂转型实践：
      若干案例 / 23
第 3 章 最近发展区：课堂转型的理论基础 / 33
  一、"最近发展区"的界定与新型学习观 / 33
  二、最近发展区：教学论意涵的再认识 / 38
  三、草根改革：从课堂出发的变革 / 42

第 2 编
学科素养与能动学习　/ 47

第 4 章　学科教学的发展及其课题
　　　　——把握"学科素养"的一个视角　/ 49
　　一、学科教学与"能力·素养"的历史发展　/ 49
　　二、现代学科教学的诉求与特质　/ 55
　　三、学科群：把握"学科素养"的一个视角　/ 60

第 5 章　教学方法：概念的诠释　/ 67
　　一、教学方法的概念特征　/ 67
　　二、教学方法研究的基本范畴　/ 71
　　三、教学方法研究的现代走向　/ 78

第 6 章　两种教学范式的分野　/ 84
　　一、行为主义与认知主义教学观的分野　/ 84
　　二、教师主导型与学习者中心型教学体制的
　　　　分野　/ 90

第 7 章　能动学习：教学范式的转换　/ 97
　　一、从"被动学习"走向"能动学习"　/ 97
　　二、能动学习教学实践的要件　/ 101
　　三、教师的叙事研究能力与教师文化　/ 106

第 8 章　认知模型与读写教学　/ 110
　　一、从阅读模型看阅读教学　/ 110
　　二、从作文模型看作文教学　/ 115

第 9 章　学业评价：省思与改革
　　　　——以日本高中理科的"学习评价"改革
　　　　　为例　/ 122
　　一、"学业评价"即"学力评价"　/ 122
　　二、理科教学的评价视点与可视化策略　/ 125
　　三、学习评价的建构主义特征及其推展　/ 131

第 3 编
课例研究与教学创造　/ 135

第 10 章　课程编制与教学组织　/ 137
　　一、课程编制与单元设计　/ 137
　　二、若干教学组织的形态　/ 144
　　三、"慕课"的诱惑　/ 150

第 11 章　课堂教学的特质与设计　/ 156
　　一、从"教学能力"说起　/ 156
　　二、理想的课堂教学的特质　/ 157
　　三、两种课堂教学设计：定型化与情境化　/ 159
　　四、走向"情境化设计"的关键步骤　/ 161

第 12 章　打造多声对话的课堂世界　/ 164
　　一、课堂的意涵　/ 164
　　二、作为沟通的课堂教学　/ 166
　　三、走向协同式教学　/ 169
　　四、多声对话的课堂准则　/ 172

第 13 章　课例研究：教师学习的范式　/ 174
　　　　一、基于草根改革的专业成长　/ 174
　　　　二、课例研究：一种参与型研修　/ 175
　　　　三、教学点评的转型　/ 176
　　　　四、从"评价"转向"反思"　/ 178

结语
为了探究的课堂　/ 180

附录
教学的方法论研究及其课题　/ 184
原出处一览　/ 207

引言
课堂转型：学校改革的核心

习近平总书记在党的十九大报告中勾画了我国基础教育发展令人振奋的蓝图——"让每个孩子享有公平而有质量的教育"。这是新时代的教育思想，共和国的教育福音，标志着我国的基础教育跨上了新的发展台阶。处于改革前线的校长与教师面临着拓展教育思维疆界、增强改革实践力度的时代挑战。为了不折不扣地践行"公平而有质量的教育"，我们需要紧扣三个关键词——立德树人，核心素养，课堂转型。

课堂转型是学校改革的核心。在今日急剧变革的 21 世纪社会中，学校教育的目标需要指向"21 世纪型能力"，这种能力也叫做"关键能力"、"核心素养"或"通用能力"，无非是指新时代的新人不能仅仅满足于单纯的知识与技能的习得，而是需要拥有"在特定情境中，能够运用包括知识、技能与态度在内的心理的、社会的资源，应对复杂问题的能力"[1]。这种新型能力的培育意味着课堂教学范式的转型：从"知识本位"的"被动学习"转型为"素养本位"的"能动学习"。

所谓"能动学习"是面向问题的发现与解决而展开的探究性、协同性、反思性学习活动——引发每一个学生的认知性、伦理性、社会性能力，同时以锻炼这种关键能力的对话与辩论、演习、实验、实习与实际训练为中心而展开的教学。因此，这种学习同"三维目标"是同声相应、同气相求的。我国新课程改革中推出的"三维目标"，倘若换一种更为直截了当的说法，那就是旨在培育"真实的学力"。真实的学力涵盖了如下三个要素：其一，基本的知识与技能的习得；其二，旨在解决问题的思考力、判断力、表达力的能力培育；其三，主动学习的态度，即所谓的"内在学习动机"的培育。

"能动学习"瞄准了课堂教学水准的质的飞跃，采用了诸如"问题学习"、"项目学习"、"自主学习"、"协同学习"、"体验学习"、"调查学习"等超越了"被动学习"的一切积极的教学策略，借助一系列的思维工具，诸如维恩图、概念地图、坐标图、金字塔图表、套盒等，充分发挥思维工具的两大特性——信息可视化与信息操作化，展开活跃的探究。充实学习活动的过程本身（包括"课题设定"、"信息收集"、"梳理与分析"、"归纳与表达"）的过程，无异于为每一种能力的培育提供了条件。传统的课堂教学关注的是"儿童学习什么"，然而，"儿童怎样学习"应当受到同"教学内容"同等程度乃至更大的关注。在未来的课堂教学中，与其引导学生着眼于记忆的再现，毋宁着力于"运用"所掌握的知识与技能、"创造"新的价值。即便是知识与技能的习得，与其由教师一味灌输，不如由学生在自身的思考、判断、表达的过程中加以掌握，更为有效。实现"能动学习"有助于知识与技能的巩固和学习动机的提升，还有助于实现两个期待。其一，期待"深度理解"。以往教师的单向授受，不过是碎片化的知识传递而已。知识与信息是彼此相关的，各自的自身与信息和基于学习者体验的感悟也是彼此相关而联动的。我们期许的不是各自孤立的自身，而是形成网络化的知识。通过"能动学习"，期待新的知识能够同业已习得的知识相合，达成深度的理解。其二，期待在同他者展开对话的过程中，体验问题解决或者新的意念创生的经验本身。21世纪的社会要求凭借团队来求得问题的解决，重视在不同角色与视角的作用中反复交换见解、尝试错误，从而超越彼此的对立，创造新的价值。倘若没有这种经验，那是难以直面复杂的问题情境的。归根结底，"能动学习"摒弃传统课堂推崇的"应试学力"，旨在造就"可信赖、可迁移、可持续的新型能力"[2]。

学校改革的核心在于课堂教学的创造。倡导"核心素养"的一个潜台词是，今日的学校必须为明日的社会造就拥有"主体性觉悟"的"探究者"，而不是"记忆者"。那么，如何才能承担起新时代学校教育的这一使命呢？那就是透过探究的课堂，展开能动的学习——同客观世界对话、同他者对话、同自我对话，最大限度地丰富每一个学生的探究体验，培育"求真、求善、求美"的探究精神。诚然，"能动学习"并不是新鲜的东西。可以说,大凡精彩的课堂教学实践无不打上了"能动学习"的烙印。从这个意义上说,教师在日常的教学生活中开展的"课例研究",事实上就是一个"向儿童学习、向同事学习、向自己的实践学习"的过程,这也是真正实现课堂转型的唯一有效的路径。

我们的课堂在转型之中,转型中的课堂迸发的教育智慧将是无穷无尽的。革新的教师一定会积蓄丰富的经验与充沛的能量,从多声交响的课堂里飞出一首首崭新的歌。

参考文献

[1] 松尾知明.何谓21世纪型能力:基于核心素养的教育改革国际比较[M].东京:明石书店,2015:15.
[2] 森敏昭,主编.21世纪学习的创造:学习开发学的进展[M].京都:北大路书房,2015:11—12.

第 1 编

课堂转型的理论与实践

随着学习理论从"行为主义"向"建构主义"的转型,课堂教学的设计与实践也必须从"行为主义"转型为"建构主义"。这种教学范式的重要课题就在于寻求"真实性学力"、"真实性学习"与"真实性评价"。

第 1 章
课堂转型的国际经验

课堂转型是当今国际基础教育发展的潮流。国际教育界的课堂研究长盛不衰，积累了丰富的经验和研究证据，我们可以从不同的理论视角研究中读出诸多有助于理解课堂教学本质意涵、实现课堂转型的理论框架。

一、核心素养与课堂转型

21世纪是"知识社会"的时代，在知识社会里，知识的习得与再现，电子计算机也能做到。然而，"创造性"(Creative)学力却不仅仅是知识的习得与再现的"记忆型"学力，而必须是能动的"思考型"学力。时代要求学校的课程与教学必须随着社会的变革而变革。于是，晚近发达国家的教育目标出现了在学科的知识技能之上，明确学科教育固有的本质特征的动向。在这里，强调了"批判性思维"、"决策能力"、"问题解决"、"自我调整"之类的高阶认知能力，沟通与协作之类的社会技能，以及"反省性思维"、"自律性"、"协作性"、"责任感"之类的人格特征与态度。正因为此，"核心素养"(Core Competencies)的研究受到国际教育界的高度关注。

核心素养旨在勾勒新时代新型人才的形象，规约学校教育的方向、内容与方法。所谓"核心素养"指的是，同职业上的实力与人生的成功直接相关的涵盖了社会技能与动机、人格特征在内的统整的能力。可以说，这牵涉到不仅"知晓什么"，而且在现实的问题情境中"能做什么"的问题。换言之，在学校的课程与教学中，基础的、基本的知识"习得"与借助知识技能的"运用"培育思考力、判断力、表达力,应当视为"飞机的双翼",同样得到重视。这样,"核心素养"的核心既不是单纯的知识技能,也不是单纯的兴趣、动机、态度,而在于运用知识技能、解决现实课题所必须的思考力、判断力与表达力及其人格品性。这意味着,要求学生能够运用各门学科的内容进行思考、判断,并且需要通过记录、概括、说明、论述、讨论之类的语言性活动来进行评价。学校课程与学科教学指向学会思考的"协同"、"沟通"、"表现"的活动,而不再仅仅局限于"读、写、算"技能的训练。

二、新型能力观的框架

随着全球化社会的发展,国际上种种的教育机构与组织都在致力于探讨 21 世纪期许的新型人才形象,推出了有代表性的"21 世纪型能力"的框架。

(一)关键能力

OECD 基于"关键能力的界定与选择"的研究(2006 年)倡导"核心素养"或"关键能力"(Key Competency)的概念,就是一个典型(如图 1-1)。它由三种能力构成:其一,使用工具进行沟通的能力(使用语言符号及文本沟通互动的能力;使用知识与信息沟通互动的能力;使用技术沟通互动的能力)。其二,在异质集体中交流的能力(构筑与他者关系的能力;团队合作的能力;处理与解决冲突的能力)。其三,自律地行动的能力(在复杂的大环境中行动与决策的能力;设计与实施人生规划、个人计划的能力;伸张自己的权益、边界与需求的能力)。作为这些能力的前提,OECD 强调了反思性思维。[1]

图 1-1 "关键能力"的框架

(田中义隆《21 世纪型能力与各国的教育实践》,明石书店 2015 年版第 20 页)

这里的"关键能力"概念不仅是单纯的知识技能,而是指"在特定情境中,能够运用包括知识、技能与态度在内的心理的、社会的资源,应对复杂需求的能力"[2]。"关键能力"涵盖了三个范畴[3]：其一，运用社会的、文化的、技术的工具进行沟通互动的能力（个人与社会的相互关系）；其二，在多样化的社会集团中形成人际关系的能力（自己与他者的相互关系）；其三，自律地行动的能力（个人的自律性与主体性）。居于这种"关键能力"框架核心的是个人的反思性思维与行动的能力。这种"反思性思维"不仅是指能够应对当下的状况，反复地展开特定的思维方式与方法，而且具备应变的能力、从经验中学习的能力、立足于批判性立场展开思考与行动的能力。其背景是应对以"变化"、"复杂性"与"相互依存"为特征的未来世界的必要性。

（二）PISA 型素养

所谓"PISA 型素养"实际上是对前述的"关键能力"的一个范畴——"使用工具进行沟通的能力"（使用语言符号及文本沟通互动的能力；使用知识与信息沟通互动的能力；使用技术沟通互动的能力），以一定的可测程度，加以具体化。PISA 型素养包含了"阅读素养"、"数学素养"与"科学素养"的概念。

(1) 阅读素养(Reading Literacy)。阅读素养相当于"使用语言符号及文本沟通互动的能力"。根据 PISA 的界定，它是"理解并熟练地利用书面的文本，借以达成自己的目标、发展自己的知识与可能性、有效地实现社会参与的能力"。这里所谓的"有效地实现社会参与"的"参与"，囊括了两个侧面。一是职场、个人社会或者社会的、政治的、文化的生活中个人愿望的满足，二是社会的、文化的或政治的参与。作为"参与"的程度的表征，可能的话，作为迈向个人的解放与赋权的一步，也涵盖了"批判性素养"。

(2) 数学素养(Mathematical Literacy)。数学素养同阅读能力一样，相当于"使用语言符号及文本沟通互动的能力"，也叫"数量化思维能力"。根据 PISA 的界定，它是"发现、理解数学在世间起作用，在现在与未来的个人生活，职业生活，同朋友、家人、家族的社会生活，作为拥有建设性关怀的反思性市民的社会中，能够基于确凿的数学根据，进行判断的能力"。这种功能性的界定，不仅囊括了技术性侧面也涵盖了为达成目的与目标而运用的侧面。

(3) 科学素养(Scientific Literacy)。科学素养相当于"使用知识与信息沟通互动的能力"。根据PISA的界定,它旨在理解透过自然界及人类的活动所发生的自然界的变化,作出决策,运用科学知识明确课题,并基于证据引出结论的能力。一个人要出色地运营人生的一切领域,就得求取知识与信息,有效地反思这些知识与信息,并且能够负责任地加以运用。

(三)21世纪型能力(21st Century Skills)

1. 21世纪的学习与支援系统

2002—2007年美国推出的"21世纪的学习与支援系统"模型兼具原理性与操作性,聚焦21世纪型能力。这个系统由两个部分组成。彩虹部分由核心学科(3Rs)、21世纪课题,以及三种核心能力组成。其中核心能力包括:(1)学习与革新技能(4C,即批判性思维、沟通、协同、创造性);[4](2)信息、媒体、技术技能;(3)生活与生存技能。水池部分是学习支援系统,包括标准与评价、课程与教学、专业性提升、学习环境。整个系统旨在形成如下四种能力:(1)核心学科及解决21世纪课题的能力,诸如全球意识,金融、经济、服务、创业的素养,公民素养,健

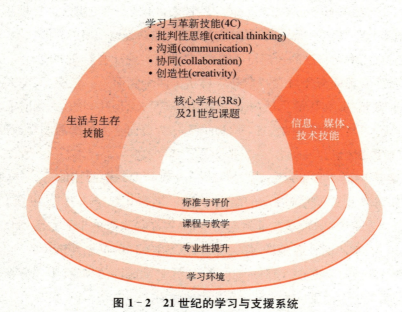

图1-2 21世纪的学习与支援系统

(田中义隆《21世纪型能力与各国的教育实践》,明石书店2015年版第23页)

康素养,环境素养);(2)学习与革新技能;(3)信息、媒体、技术技能;(4)生存能力与职业技能。而学校课程的一个关键课题,不在于习得孤寡的、碎片的、僵化的、垄断的知识,而在于建构通用的、综合的、无界的、分享的知识。

2. ATC21S

"21世纪型能力的学习与评价"(ATC21S)是在2009年的"世界学习与技术讨论会"上成立的旨在界定21世纪型能力、创造新教育的国际研究项目。该项目第一阶段的研究聚焦于"21世纪型能力"的概念化与定义,制作了"KSAVE模型"[5]。该模型以"知识"(Knowledge)、"技能"(Skill)、"态度"(Attitude)、"价值"(Value)、"伦理"(Ethics)的第一个字母命名。KSAVE模型由四个范畴(思维方式、活动方式、活动工具、生活与生涯)与十种能力(①创造性与革新,②批判性思维、问题解决与决策,③学习方法学习、元认知,④沟通,⑤协作,⑥信息素养,⑦信息与交流技术(ICT)素养,⑧社区与全球的好市民,⑨人生与生涯设计,⑩个人责任与社会责任)组成。这十种能力分别设定了三个范畴:①知识,②技能,③态度、价值、伦理。亦即,"知识"包含了十种能力要求的特定知识与理解所必须的内容;"技能"包含了"儿童的能力、技能、过程";态度、价值、伦理包含了"牵涉到儿童的能力与技能的儿童的行为与能力倾向"。

3. 日本的框架

日本国立教育研究所也于2013年提出了"21世纪型素养"的框架:从作为"生存能力"的智、德、体所构成的素质与能力出发,要求在凝练"学科素养"与能力的同时,以"思考力"为核心,与支撑思考力的"基础力"(语言力、数理力、信息力)以及运用知识技能的"实践力",共同构成三层结构(图1-3)。[6]可以发现,日本"21世纪型素养"的界定既反映了国际"核心素养"研究的走向,也体现了其独树一帜的"学力模型"研究的积累。日本一般将"学力"界定为"通过学习获得的能力"或"作为学业成就表现出来的能力"。作为教育科学界定的"学力"概念强调了如下几点:(1)"学力"是人通过后天的学习而获得的。(2)其构成需借助一定的媒介,包括媒介重建了人类与民族的文化遗产(科学、技术、艺术的体系)的"学科"与"教材",以及借助有意图、有计划、有系统的教学活动而获得的人的能力及其特性。(3)作为人类能力的"学力"是同学习者主体的、内在的条件不可分割的,是在同人类诸多能力及其特性的整体发展的有机关联中形成起来的。"学力"是在其客体侧面（作为学习对象的教学内容）与主体侧面（学习主体的兴趣、动机、意志等）的交互作用中，以其"能动的力量"，作为主体性、实践性的人的能力而形成起来的。

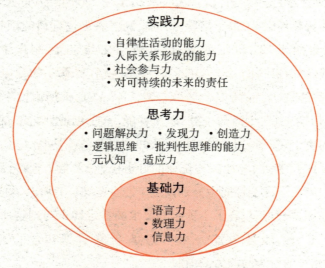

图 1-3 "21 世纪型素养"的框架

（森敏昭主编《21 世纪学习的创造：学习开发学的进展》，北大路书房 2015 年版第 133 页）

（四）21 世纪型能力的培育

可以说，所谓"21 世纪型能力"具备了三个条件——"可信赖"（dependable）、"可迁移"（portable）、"可持续"（sustainable）的能力。[7] 所谓"可信赖"意味着形成了扎实的学科素养与跨学科素养的学术基础。可以说，在应试教育的学校教育中是不可能培育这种"可信赖"的学力的。传统的应试教育的学校教育也不可能满足第二个条件——"可迁移"，因为儿童在学校里掌握的知识不过是为了解答学校的试题而已，纯粹是一种"应试学力"，不可能培育"可迁移性"。进而，传统的应试教育的学校教育也不可能满足第三个条件，因为传统的应试教育的学习是脱离了学习的本来目的——自我形成——的过程。就是说,对于作为人的儿童而言,学习的本来目的是自我成长、自我实现,然而传统的应试教育并不寻求这种学习的目的与价值。这样,不能发现学校时代学习的目的与价值的儿童,一旦从学校毕业,其学习也就终结了,不可能拥有"可持续"的终身学习能力。

因此,为了培育"21世纪型能力",第一个条件是维持"习得功能"与"活用功能"的平衡。这两种功能并不是二元对立的,但传统的应试教育的学校教育始终处于两种学力观——重视"习得功能"的学力观与重视"活用功能"的学力观——的摇摆之中,致使"习得功能"与"活用功能"相互隔绝,学校的学习变得枯燥无味,学生的学力素质低落。第二个条件是培育"元认知能力"。如将学习比作一辆车子,其左轮是"习得功能",右轮是"活用功能",而元认知能力犹如方向盘,其作用就是驾驭车轮。第三个条件是培育真正的学习动机。真正的学习动机犹如车子的"引擎",是一种内发的自律性学习动机,而不是他律性学习动机。

三、翻转课堂:国际课堂转型的实践

(一)翻转课堂的由来与优势

2000年代末以来,美国的"翻转课堂"(flipped classroom)[8]以草根的方式广泛传播,引发了国际教育界的关注。2004年,可汗学院开发了数学等各门学科的网络课程资源,对每一个单元及其基本概念加以细分化与结构化,其原本设想是为学习者在下课后提供"在线学习"的服务,这成为翻转课堂的开始。随着翻转课堂的普及,出现了中小学教师将之运用于教学的案例,教师的角色开始了从"讲师"向"教练"的转型。2007年至2010年间,科罗拉多州的中学教师伯格曼(J. Bergmann)和萨姆斯(A. Sams)把自己的讲解内容制作成教学视频,在课前让学生观看,而将课堂时间则用于理解度的检测与个别辅导。他们把自己的实践称为"逆转指导"(Reverse Instruction),这种教学形态在社会上一般称为"翻转课堂"。

2011年,这股翻转课堂的浪潮同时传入我国和日本,次年便在中小学课堂出现了一些实践的尝试。2013年,我国和日本开始成立诸如"课堂转型研究中心"和"翻转课堂研究会"之类的合作研究组织。"翻转课堂"一般被解释为这样一种教学形态——把教师在课堂上讲解的教学方式改为在上课之前布置家庭作业,而在课堂教学中采取个别辅导与问题讨论来巩固知识,培育应用能力。在传统的教学中,教学的绝大部分时间是教师的讲解,难以保障个别教学与协同学习等学习方式中师生之间与生生之间的交互作用。而在翻转课堂中,传统课堂的相当一部分的学习以在线学习的方式,在上课之前就进行了。这样,注重知识巩固与应用能力培养的对话中心的教学设计就有了可能。

翻转课堂可以视为在线学习与面对面对话相结合的一种混合型学习的形态。混合型学习是运用种种媒体(教科书、教学视频、提示板等),将课堂对话与在线学习有机整合,进行学习环境设计的一种理论体系。混合型学习的研究见解为教师选择与组合适应教学目标的教学媒体提供了启示。从混合型学习来看翻转课堂,讲解、视听与基本练习在课前进行,个别辅导与应用练习在课中展开。根据斯坦福大学研究小组的报告,把"讲解(说明)→课题(练习)"的活动顺序颠倒成"课题→讲解",可以大大提高教学的效果。通过运用混合型学习,可以期待更有效的翻转课堂与混合型学习模式的创造。

翻转课堂是一线教师的创造。以萨姆斯的高中化学教学流程为例,在传统课堂的场合,组织教学(5分钟);检查与确认前节课所布置的习题(20分钟);讲解新课(30—45分钟);练习与实验(20—35分钟)。在翻转课堂的场合,组织教学(5分钟);教学视频内容的质疑与解答(10分钟);练习与实验(75分钟)。显然,在翻转课堂中,新课在上课前夜每个学生的家里就开始了。学生得到的指示不是解答练习题或者阅读教科书,而是观看教学视频。全体学生借助电脑或者电视观看教学视频的内容,了解教师在第二天新课中讲解的内容。第二天上课时,教师首先让学生就前夜观看教学视频时产生的问题进行提问,教师作答,释疑解难,这个时间段大体为10分钟。剩下的75分钟的时间内,教师提出若干反映前夜所学内容的例题,回答新的疑问与疑难之处,跟踪学困生,同时,依据收集起来的数据,围绕疑难问题展开班级讨论。[9]

翻转课堂的效果包括数值化的部分与非数值化的部分。前者是学科成绩的提升与学习时间的增加,以及学习积极性的提升。后者相当于翻转课堂的增值,如通过协同学习提升交际能力的结果是人际关系的优化,提升"体验值"的结果是效能感的增强。因此，可以期待同学科教学直接相关的结果与非直接相关的结果，诸如积极的学习心态、丰富的体验积累等，而"非直接相关的结果"其实是跟学生的"学力形成"与"人格建构"息息相关的。

（二）翻转课堂的本质是什么

1. 教学理念的翻转

根据翻转课堂追求怎样的增值，可以将其分为两种类型。其一是完全习得学习型。在这种翻转课堂中，通过在线学习的方式预习之后，教师组织达成度高的学习者选择个别辅导的方式，为不能充分理解的学习者展开面对面的活动。其二是高阶能力学习型。根据布卢姆（B. S. Bloom）教育目标分类学的主张，教学内容不仅要求掌握记忆、理解、运用的低阶认知能力问题，还要求掌握诸如分析、判断、创造之类的高阶认知能力，教学目标本身发生了变化。在高等教育界，从斯坦福大学医学部的实践看，高难度能力的习得被置于所谓"能动学习"的学习流程中——在阅读、作文、讨论、问题解决的活动中，进行分析、综合、评价这样的高阶思维课题。中小学的课堂教学则致力于经过系统梳理的所谓"21世纪型关键能力"的教学框架，包括：(1)思维方式，即创造性与革新性，批判性思维、问题解决与决策，学习能力与元认知。(2)活动方式，即沟通与协同学习。(3)活动工具，即ICT素养与信息素养。(4)社会生活，即社区与全球社会的市民性，个人与社会的责任。为了培育这些高阶能力，学生必须展开合作解决课题的活动，这样，协同学习必然成为课堂教学的基本方式。

2. 教学流程的翻转

传统课堂中有所谓的"教学黄金律"，即学生在家中精心预习，在课中补强预习中不理解之处，在家中复习课上习得的知识，反复练习，形成"预习→上课→复习"的连锁。但翻转课堂借助教学视频的运用，瓦解了这种"教学黄金律"。在预习阶段，学生就通过教学视频接受教师原本在上课时进行的讲解。以英语为例，按照教学黄金律，在预习阶段英译汉，在上课时确认自己准备好的翻译，课后复习习得的内容或者纠正错误的翻译。但在翻转课堂中，预习阶段就已做好了英语课文的解读，课上不过是进行确认的测验，或者是确认不理解、有争议之处。结束之后,学生就有可能进行超越教科书水准的发展性课题。就是说,在翻转课堂中,"预习＋讲解(观看教学视频)→课中复习与运用"成为新的"教学黄金律"。当然,不同的学科,方法会有所不同。比如在传统的数学课中,即便是要求预习,学生也难以理解新的概念,所以通常的办法是减少预习,课上教师解读新的概念后再进行练习。这样,在数学的学习周期里,大体是"上课→家中复习与练习",距离所谓的"教学黄金律"状态相去甚远。但在翻转课堂中,通过运用教学视频,可以确凿地实现新的"教学黄金律":在预习阶段里,每一个学生可以借助教学视频来观看学习中的难点部分,经过有所侧重的预习之后再上课,形成"预习(原本教学中的讲解与练习)→上课→复习"的教学周期,从而提升教学的效果。[10] 从本质上说,旧的"教学黄金律"旨在"知识传递",仅仅满足于教师如何有效地传递知识。但新的"教学黄金律"旨在"知识建构",衡量教学有效与否的标尺就在于学生是否学会了思考,是否能够直面真实问题的解决。

3. 教学关系的翻转

在翻转课堂中教师的作用发生了戏剧性的变化:学生是主体,教师不是主体。教师的作用从"教学内容的授予者"改变为"支撑学习的教练",亦即教师从"灌输者"的角色变为"支援者"的角色。倘若教师一味地借助自身的权威解释既有知识、追求既定的唯一的标准答案,那么,学生原本应当围绕课题展开的多元侧面的思维活动就会戛然而止,教师给出的标准答案只能掩盖学生的疑问与兴趣,阻碍学生的自我发问、自己诚实地回答问题这一学习的核心活动。在有效地暗记标准答案的学习中,人的主体思维是得不到发展的,轻轻松松的知识灌输只能摧垮学生的主体性学习。翻转课堂增加了师生之间、生生之间的交互作用。在翻转课堂的场合,观看视频、提出疑问的是学生的责任;教师在课堂里应当展开应有的跟踪考察,但解答问题、发表见解也是学生自己的责任;学生凭借自身的力量能够确认解答,不再是机械性地完成作业,而是拥有了学习的兴趣。这样,巧妙地利用教师的帮助获得理解成为学生自身的责任。而拥有双向互动的协同学习以及个别学习的指导,恰恰赋予了教师存在的意义,其重要性将会越来越大。

4. 教学效果的翻转

传统的教师讲解中心的教学只关注学优生,所谓的"差生"往往是被边缘化的。而且,传统的课堂教学中,学生接受教师的授业不是为了学习,而是为了取得好成绩,因而满足于死记硬背。这种学生是适应不了翻转课堂的,因为他们并不了解真正的学习的含义。翻转课堂终结了这种"划一教学"的模式,实现了"协同学习",有助于打破划一教学的负值或低值,发挥教学增值的效果。不同的教学方式所拥有的平均记忆率,相差极大。根据"学习金字塔"的解析(如图1-4),(1)至(3)属于被动型学习,(5)至(7)属于参与型学习。越是处于被动型即塔尖的教学方式拥有的平均记忆率越低,越是处于参与型即塔底的教学方式拥有的平均记忆率越高。各种教学方式拥有的平均记忆率从塔尖到塔底的顺序,亦即"从劣到优"的排列为:(1)教师讲解5%,(2)阅读10%,(3)视听教材20%,(4)实验器材30%,(5)小组讨论50%,(6)自身体验75%,(7)教会他人90%。翻转课堂作为一种混合学习的方式,意味着可以兼容"个别学习"、"协同学习"乃至"同步教学",尤其可以充分发挥作为"协同学习"的(5)、(6)、(7)的优势。换言之,翻转课堂教学可以真正摆脱拘泥于死记硬背、低阶思维的"表层学习"的状态,实现优质的教学:其一,优质的知识,不是死记硬背的僵化的知识,而是基于体验、基于理解的知识。其二,不满足于低阶认知能力,而是追求高阶认知能力。这就超越了传统的应试教育的知识观与学习观,或者说超越了"双基"的概念,为摆脱"表层学习",使每一个学生真正进入积极的知识建构、高阶思维的"深层学习"的境界提供了前提条件。这一点也是当今时代倡导"核心素养"的基本诉求。学习的实践是三种对话、三位一体的实践——学习者同客观世界进行对话的认知性实践;同他者进行对话的社会性实践;同自我进行对话的反思性实践。归根结底,翻转课堂的本质是把学习的主导权还给学生。翻转课堂是一种指向培育"终身

图1-4 学习金字塔

学习者",引领学生的主体性的教学方式,拥有缔造教育之未来的能量。

(三)实施翻转课堂的前提与挑战

1. 翻转课堂的前提

实施翻转课堂有其必要的前提,同时也面临挑战。课堂是学习的空间,学会思维的空间。伯格曼与萨姆斯在其《翻转课堂》一书中指出:"所谓翻转课堂,归根结底是教学观念的改造。"[11]此乃实施翻转课堂的前提条件。我国一些学校实施的所谓"翻转课堂",似乎不同于美国与日本,其实仍然是把学生牢牢地捆绑在教科书上,醉心于碎片化知识的灌输和技能的机械化训练。在翻转课堂中,教学从"教师中心"变为"学生中心"。换言之,翻转课堂不是聚焦教师,而是聚焦学习者与学习的一种思考方式。从美国和日本的翻转课堂实践可以发现,作为"有效课堂"的模型必须具备三个要素,即 MMT——心态、方法与时间。

"心态"(Mindeet)是对学习的思考方式与心情的一种表述,诸如学习动机、锲而不舍的努力或是集中力与好奇心,乃至忘我的状态。这就是斯坦福大学德威克教授(C. Dweck)倡导的"成长的心智与心态",确立起学习的成果取决于"努力"的信念,不至于因为一时的失败而自暴自弃。这里的学力不是作为学习结果的能力,而是主体积极的学习能力。在这里,心态是一个重要的要素,与其说是追求学习的结果,不如说是聚精会神于学习的过程。

"方法"(Method)是指教师授予学习的方法,包括"学习风格",既有班级授课的教学方法,也有每一个学生的学习方法与学习风格。把单纯形式上划一的方法与风格强加于学生,是难以形成学习能力的。就学习风格而言,哈佛大学加德纳教授倡导的"多元智能理论"具有极大的启示价值。在学科教学中,应充分考虑到诸如语言智能、数理智能、运动智能、音乐智能、空间智能、人际智能、内省智能、博物学智能,采用适应上述种种智能而设计教学的实践。这是一种不可或缺的视点。

"时间"(Time)是指教学的成果需要一定的时间。美国心理学家艾里克逊(K. A. Ericsson)根据音乐家的熟练者研究提出,达到一种"熟练"程度需要 1 万个小时。倘若每天 3 小时大约需要 10 年,每天 10 小时则需要 3 年。当然,无需花 1

万个小时，普通的学习也能够出成果。这个案例只是说明，学习的成果需要一定的时间。另外，即便花了时间也未必有效，这里需要的是"聪明的练习"时间。换言之，需要的不仅仅是设计，还有伴随的正确的方法。

要取得学习的成果，上述三个要素缺一不可。翻转课堂中首要的问题是"心态"，学生在开始进入翻转课堂的角色时就得有相应的心态，否则就得从这种要素的构筑开始。翻转课堂的实施首先意味着教师教学观念的翻转。国内翻转课堂的实践者恰恰有意无意地忘却了这一点，醉心于教学技术的模仿，自然只能走向良好愿望的反面。

2. 学会改变：一线教师的挑战

如今，翻转课堂的实践案例，从美国到日本，从小学到大学，风起云涌。不过，大凡教学的方法不可能原封不动地复制，尽管翻转课堂是一种拥有巨大可能性的教学方法。根据日本翻转课堂研究会的研究，仅仅从形式上去翻转，不会带来任何教学的增值作用。倘若教师既不明确教学的目的，又缺乏同学生的信赖关系，只会给学生的学习带来弊害。

事实上，在我国中小学实施翻转课堂存在着诸多悬念与课题。其一，作为在线教材的教学视频制作。国内一些所谓的专业公司的教学视频开发，存在先天缺陷：既没有接触学生课堂实践经验的积累，也缺乏"学习者的认知研究"的积累。其二，翻转课堂成功的关键在于"对话中心"的教学设计，教师需要学习注重探究活动的"人—机对话"教学法，借以获得在线学习的支援。其三，利用网络进行学习的环境尚待整顿，学校也缺乏可供利用的网络资源展开教学设计的机制。教师角色的作用就在于最大限度地激发每一个学生的能量。不过，随着以在线学习为代表的"虚拟世界"的学习机会的增加，"物理世界"的课堂的作用将会缩小。未来的教师需要理解物理世界、虚拟世界以及知性与情感世界的现实，懂得如何去促进（不是教授而是帮助）学生的人格成长与学力成长。

翻转课堂的浪潮意味着，知识社会时代带来了课堂教学的基本性质与功能的变化。为了翻转课堂的发展，一线教师必须学会改变。日本翻转课堂研究会的宗旨是，帮助一线教师分享翻转课堂得以成功的知识、技能与经验，并且掌握实践能力。具体的活动包括：联合有志于翻转课堂的教师，发挥作为一个沟通中枢的作用;促进翻转课堂的研究并且展开合作;提供有关翻转课堂的专业学习的机会。这种不急于求成,不虚张声势,潜心研究、稳扎稳打的国际经验,或许值得我们借鉴。达尔文(C. Darwin)在《物种起源》中主张"适者生存说"。他断言:"在自然选择中保存下来的物种,不是最强悍的物种,也不是最聪明的物种,而是最能适应变化的物种。"时代在变化,社会在进步,学校教育以及从事教育的教师角色也得变化。变革的时代要求于一线教师的,莫过于这种面对变化的适应力。

参考文献

[1][2][4][5] 松尾知明.何谓21世纪型能力:基于核心素养的教育改革国际比较[M].东京:明石书店,2015:16,15,27,31.

[3] 田中义隆.21世纪型能力与各国的教育实践[M].东京:明石书店,2015:17.

[6][7] 森敏昭,主编.21世纪学习的创造:学习开发学的进展[M].京都:北大路书房,2015:133,11—12.

[8][9][11] J. Bergmann, A. Sams.翻转课堂[M].山内祐平,等,译.东京:奥德赛传媒公司,2014:4—5,44,38.

[10] 翻转课堂研究会,编.翻转课堂:改变教育的未来[M].东京:明石书店,2014:26.

第2章
课堂转型的本土实践

我国界定的"核心素养"是指,"学生在接受相应学段的教育过程中逐步形成起来的适应个人终身发展与社会发展的人格品质与关键能力"。这是符合世界潮流的,也是我国课程发展的必然诉求。"核心素养"的界定是学校教育从"知识本位"转向"素养本位"的信号,标志着我国学校的课程发展进入了新的阶段。

一、我国"核心素养"界定与实施的进展

(一)围绕"核心素养"与"学科素养"的分歧

毋庸讳言,在我国基础教育界围绕"核心素养"的解读存在不同的视角,特别是"核心素养"与"学科素养"的关系问题,存在明显的分歧。在这个问题上需要注意的是,事实上国际教育界围绕"核心素养"的具体界定的作业一般是建立在如下共识的基础上展开的:(1)作为教育目标明确地界定能够应对社会变化的素养与能力;(2)教育目标必须以与诸如"问题解决能力"之类的"21世纪生存能力"直接挂钩的形式,把教育目标加以结构化;(3)素养与能力的培育必须借助体现了学科本质的教学来支撑。这样看来,我国"核心素养"及其形成的概念框架或许可以设想成由四层构成的同心圆结构。(1)核心层:价值形成。知识与技能是受制于价值观的。所谓"价值观"是每一个人的人格,由信念、态度、行为等塑造而成。因此,诸如信仰、责任、尊重、宽容、诚实、协作等价值的形成,应当置于"核心素养"的

核心地位。(2)内层：关键能力。诸如信息处理能力、反省思维能力、沟通协同能力、革新创造能力等。(3)中层：学习领域。诸如语言学科群、数理学科群、人文科学与艺术学科群、跨学科领域等。(4)外层：支持系统。即体制内外的政策性、技术性支持系统。这种界定可以凸显两个特色：其一，强调"基础性"。基础教育不是成"家"的教育，而是成"人"的教育，是养成有社会责任感、有教养的公民的教育。其二，强调"能动性"。基础教育不能满足于"低阶认知能力"，需要在"低阶认知能力"的基础上发展"高阶认知能力"，亦即强调了未来取向的"能动的学力"。这并不是指向学习之结果的"静态"的学力，而是"动态"的发展过程。

（二）"核心素养"实施的双重性：可能性与危险性

"核心素养"的界定一方面意味着课程发展的新的可能性，另一方面也隐含着一定的危险性。"核心素养"为我们提供了学校课程发展的思想武器：一方面，它为我们荡涤应试教育的污泥浊水提供了有力的理论支撑；另一方面，又为我们寻求新时代学校课程的创造性实践提供了清晰的指引。"核心素养"作为学校课程的灵魂，有助于学科固有的本质特征以及"学科素养"的提炼，有助于学科边界的软化以及"学科群"或"跨学科"的勾连，有助于学科教育学的重建；也能为一线教师整体地把握学校课程，打破分科主义、消解碎片化的以知识点为中心的灌输式教学，提供视野和机会。

这里需要明确"核心素养"与"学科素养"两者之间的区隔与关系。"不同于一般'核心素养'的理论阐述，在经营学、心理学和教育学领域，多用于指称人的职业生活上的能力，该术语涵盖了两种意涵。其一，不是指理论化、系统化的知识，而是指对应于具体职业岗位情境而运用的一连串具体知识技能的习得，谓之'关键能力'；其二，与此相反，指的是构成理论性、系统性的知识基础的一连串知识、态度、思维方式等的'基础能力'。"[1]如果说，"核心素养"是作为新时代期许的新人形象所勾勒的一幅"蓝图"，那么，各门学科则是支撑这幅蓝图得以实现的"构件"，它们各自拥有其固有的本质特征及其基本概念与技能，以及各自学科所体现出来的认知方式、思维方式与表征方式。"核心素养"的界定应当具有唯一性、渗透性、整合性。"核心素养与学科素养之间的关系是全局与局部、共性与特性、抽象与具象的关系。这是因为在学校课程的学科之间拥有共性、个性与多样性的特征。"[2]因此,在"核心素养"牵引下的"学科素养"界定的作业需要有如下三个视点的交集——学科素养的独特性、层级性与学科群三个视点的交集。倘若允许各门学科自立门户,张扬各自所谓的"学科核心素养",那就无异于允许这两个自相矛盾的说辞同时成立,在逻辑上便不具整合性,结果造成了"多核心",而"多核心"无异于"无核心"。各门学科之间的边界不应当是刚性的、僵化的,而应是软性的、互通的。因此,在"核心素养"的前提下强调"学科素养"是天经地义的。超越了这个底线,无异于否定了"核心素养"本身,丧失了灵魂,一个严重的后果是容易导致分科主义思潮泛滥。为了规避基于"核心素养"的课程发展的危险性,需要在如何帮助每一个学生实质性地形成现代社会所期许的学力与学习方面,秉持如下的原则:

第一,不同学科群聚焦的学科素养有所不同。诸如,语言学科群,聚焦语言能力;数理学科群,聚焦认知方略与问题解决能力;艺术学科群,聚焦艺术表现力与鉴赏力等等。"学科素养"的界定不能陷入行为主义或新行为主义的泥沼。因此,与其着力于"建构"学科素养的范畴,不如重视"引出"素养的新人形象和未来社会的面貌。"关键能力"之类的"素养"的描述犹如 X 光透视照片,不过是从社会需要的"劳动力"与"社会人"的具体面貌出发显现出大体的骨骼而已。在这里重要的不是一般地叩问"OO力",而是探讨如何勾勒未来社会的面貌与新人形象。在现代社会与未来社会的讨论中,关注所求的具体境脉与活动方式;在这种活动方式中,叩问各门学科的知识内容的框架与思考方式应当被置于怎样的位置,并在此基础上重新思考各门学科的目标与内容,再去设定学科应当有的课题与活动。

第二,"学科课程"是学校课程的重要组成部分,但不是全部。它需要一线教师在"核心素养—课程标准(学科素养/跨学科素养)—单元设计—学习评价"这一连串环环相扣的链环中聚焦"核心素养"展开运作,亦即需要围绕学校教育应当做、能够做的,思考学校课程所要保障的"学力"内涵,同时思考学校课程应有怎样的整体结构。现代社会所期许的学力与学习不是单纯借助学校及学科教学能够实现的。比如,"关键能力"强调的关于"合作与自律的社会能力"就是一个明显的例子。从现代社会所期许的"新人形象"的视点出发,思考社会活动实践的积累也是现代学校改革回避不了的问题。在学科课程与课外活动中可能拥有或者超越受挫与失败的经验,是有助于培育儿童的能力、进取心与责任感的。要保障这种学习机会,从教师方面而言,就得有守望儿童受挫与失败的心态。这一点,倘若没有家庭与社区对学校与教师的信赖,是不可能产生的。具备这种有形无形的条件十分重要。

第三,"核心素养"不是直接由教师教出来的,而是在问题情境中借助问题解决的实践培育起来的。比如,语文的阅读能力和写作能力不是靠语文教师教出来的,而是在阅读实践与写作实践中培育起来的。因此,与其直接训练思维能力与社会能力之类的素养与能力,不如优先设定有助于自发地产生思维与沟通互动的课题及其情境的设计。"运用知识"、"创新知识"——这些现代社会期许的高阶认知能力的培育是同跨学科、超学科的综合实践活动之类的课程相关的。传统的学校教育专注于儿童的知识技能的机械训练,而未能经历可信可靠的"真正的学习"(authentic learning,或译"真实性学习"),就从学校毕业了。然而,运用知识、创新知识的能力是难以借助教学训练来获得的。学习者的这种能力是在需要尝试、需要思维与沟通的必然性的某种问题境脉中通过合作性的"协同学习"才能培育起来的;比较、类推之类的诸多普遍性的思维能力,唯有经历了反思性思维之际自然产生的过程,才能提炼出来。培育思维能力,重要的在于如何才能创造"引发思考的情境和深入思考的必然性"。唯有当思维活动产生之际,学习者才能将思维能力作为一种经验,得以体悟。换言之,唯有通过"真正的学习",该领域的知识内容及其思考力乃至寻求该领域的"本质"(真、善、美)的态度,才能一体化地培育起来。

(三) 课堂转型的突破口

从我国"教师中心的教学"的积弊来看,把学会"对话中心的教学"作为一个突破口,或许是课堂转型实践的有效的一步。"对话中心教学"的基本条件是:

1. 察觉课堂事件

教师敏感地察觉课堂中发生的小小事件,是一个大前提。在课堂中儿童的发言都是依据其各自的既有知识与生活经验的背景而产生的,因而是多种多样的,预料之外的事件也不少。将其视为大事来看待,教学就必然会带有对话性、协同性的性格。这是因为，通过主体（自己）与主体（他者）的相遇，师生之间与生生之间产生种种差异、矛盾和冲突，应展开消解同他者矛盾的对话。亦即从个人内部的"内在的对话"，逐渐发展为课堂中的"同他者的对话"。在熟练教师的教学中，往往可以看到这种重层的对话。而要达到这种境界，前提是察觉课堂事件。一旦把自己的固定观念决定化，就不会发现这种"事件"。佐藤学说："倘若是能够察觉'事件'，教学就不是所定计划的完成，而是在不断探索意图与计划之间的'歧异'之中学习的可能性。在这种'歧异'中形成的学习就像编织织物一样展开。"[3]

2. 从"歧异"出发的积极性对话

"对话"为什么会发生？假如对方与自己抱有同样的思考，对话就不会发生。这是因为，对话是以围绕一种事物存在两种或若干种不同的见解（歧异）为前提的。儿童之间一旦有了"歧异"，对于预料之外的"事件"，无论教师还是儿童都有所察觉，就能引导课堂轴心对话性、协同性学习的场域。上田薰在普遍性与个性化之间"必然"产生的"歧异"中发现了发展与创造性的根源与教育的本质。所谓"歧异"就是在"价值与价值发现与分析的深刻的短兵相接中产生出来的"。因此，从"学科的逻辑"的"歧异"、从"正解"的"歧异"、从"教学目标"的"歧异"出发，正是"激活教学的关键"。这样，"发现不了歧异的教学不过是一个死体"，"唯有歧异才是教学的新的展开的动力"。[4]从这个立场出发，上田薰进一步阐述了"从歧异发展歧异"的必要性的教学论，佐藤学倡导的"学习共同体"论类似于这种理论。在佐藤学看来，这种从"歧异"出发的教学，是对抗"技术性实践"——这种教学不过是把关于教学的一般的科学原理与程序运用于课堂而已——的教学，是教师基于对课堂"事件"的洞察、省察与反思的"实践性认识"而形成的教学——反思性教学。在这里，必要的是洞察每一个人的回答中所隐含的"智慧的能量"，在课堂里分享这种反思，共同地探索"真·善·美"的世界。从这个意义上说，所谓教学是师生的文化的、社会的实践。

3. 作为学习者自身"占有"的学习

从这个视点出发，学习不是单纯的教师的知识灌输与机械练习，而是儿童借助对话性、协同性学习获得发现的喜悦或是从矛盾、对立的体验中摆脱出来，使得知识与技能真正内化为"自己的东西"。所谓"占有"不是把学习视为个人的学习，而是基于社会文化探究的学习论提出的概念。一言以蔽之,这里的"占有"(appropriation)不是"垄断"、"专有",而是儿童分享语言(文化工具)、利用这种工具的深度学习。这里需要注意的是,其一,它不是单纯的模仿,而是以合乎自身境脉的形式汲取的。其二,它不是原封不动地接纳他者的语言,有时是将其作为批判的对象、作为"对抗自己语言的语言"来汲取的。维果茨基的"内化"概念,在区分"占有"与"习得"的基础上,把"文化的工具"真正当作"自身的东西",不同于"习得"——"灌输给自己的知识"和"无条件接受的知识",是在同他者的交互作用行为之中必须经历"抵制与反驳的东西"。就是说,为了作为"文化的工具"的知识与技能不是被单纯地记忆与被动地理解,同以此为媒介的他者的协同关系之中,必须伴随着以"抵制与倾轧"的形式进行的学习。实际上,这就是通过这种体验,既有的知识得以撼动、得以矫正,而达致更深刻的理解。这样,课堂就成为多声交响的世界。

佐藤学说:"学习,可以比喻为从已知世界到未知世界之旅。在这个旅途中,我们同新的世界相遇,同新的他人相遇,同新的自我相遇;在这个旅途中,我们同新的世界对话,同新的他人对话,同新的自我对话。因此,学习的实践是对话的实践。学习,可以引导我们从独白的世界走向对话的世界。而且通过这种对话性实践,为我们开辟了构筑起'学习共同体的可能性'。"[5]课堂这个空间是共同学习的天地,其目的不应当仅仅停留于知识与技能的掌握,特别是在实现协同学习的基础上,"全员参与"具有重大的意义。全员参与的教学原则是:(1)把握种种的反应(教学不应当局限于一部分儿童的反应)。(2)没有空闲的时间(作业快的儿童布置别的课题)。(3)等待(重视沉默的时间)。(4)关照整个课堂(桌间巡视)。(5)讲究学习形态(个人学习→小组学习→整体学习)。这些教学技能只能在经验之中逐步地加以掌握。

当下需要破解的课题是:如何改造儿童的学习方式——从竞争性的个人主义学习转型为合作性的集体主义学习。不过,学校的班级并不就是学习集体,学习集体也并不意味着小组学习的形态。所谓学习集体是一种目标概念——旨在班级全员实现共同理解的教学创造。让班级的每一个成员获得共同理解、集体体验的过程,就是教学创造的教育意涵。唯有教师不断地组织教学创造的过程,才能使每一个儿童成为学习的主体,才能保障每一个儿童的学力与人格成长。

学习集体的形成并不是轻而易举的事。优秀教师应当是双料的专家——不仅是学科的专家,也是发展的专家。换言之,优秀教师不仅通晓学科知识,而且能够洞察儿童的发展。儿童是千差万别的,正因如此,生动活泼的课堂教学才有可能。把儿童的困惑与落差看作课堂教学的困惑或是消极因素,只能招致对课堂教学本质的误解。事实上,根据外国学者的研究,学习集体的形成意味着作为儿童的分裂与统一过程的形成。课堂教学中儿童的分裂可以从三个视点来把握:其一,参与与不参与教学的分裂。其二,懂与不懂的分裂。其三,相同与相异的分裂。可以说,这种对立与分裂是伴随教学的展开而同时发生的,是教学过程展开的必然法则。

我国基础教育界长期以来固化的一种观念是"教师的教,等于学生的学;教师教得好,等于学生学得好",这是错误的。教师不应满足于"上好课"。"学校和教师的责任并不在于'上好课',而在于实现每一个学生的学习权,给学生挑战高水准学习的机会。"[6]

二、基于"核心素养"的课堂转型实践:若干案例

(一) 课堂转型的长跨度研究

在过去的 10 年里,上海市普陀区教育局联手华东师范大学课程与教学研究所及上海市教委教学研究室,组织了包括教育行政人员、课程理论与教学研究专家和一线教师在内的研究团队,依托区内数十所中小学,展开了"以学为中心的课例研究"实践及相关研讨会,在整整 10 年长跨度(2006—2015 年)的有效教学理论与实践研究积累的基础上,2016 年又开始了新的五年研究计划,将目光转向课堂转型研究[7]。

探索课堂转型。围绕课堂教学的"设计、实施、评价"的课题,研究团队不仅创生了不少可圈可点的教学案例,而且孕育了生动活泼的实践知识。原本沉默的教师发声了,原本封闭的思路开拓了,原本隔阂的教师之间、学科之间、学校之间的交流活跃了,这就大大提升了一线教师参与课堂研究的深度与广度。例如,金洲

小学的英语教师在"课堂互动"的研究中提炼了一套"以 3R 促进英语课堂互动"的经验。所谓"3R"是：（1）关系（Relationship）——互动的序曲。即借助一起唱、一起演、一起聊，融洽师生关系与生生关系，这是课堂有效互动的前提。（2）再设（Reset）——互动的高潮。通过学习小组的再设与教师的引导，生生之间相互倾听、相互欣赏、相互分享，形成有效的互动，掀起互动的高潮。（3）回应（Response）——互动的延续。在活动的课堂中，学会等待，回应学生的"迟钝"；巧用夸赞，回应学生的"错误"；真诚感谢，回应学生的"质疑"。他们发现，课堂中运用了 3R 后，孩子们的胆子大了，课堂互动更和谐、更有效了。

拓展理论视野。围绕课堂转型的基础理论——有效教学的研究价值、三维目标的教学设计、教材重建的具体策略、课堂互动的有效生成、课堂规范的重新审视、课堂评价的系统建构、学习环境设计的课题、练习系统的整体开发、基于协同学习的微视频、基于核心素养的单元设计等，研究团队展开了学术梳理与思想争鸣。这为课堂转型的探索，凝练了基本的视点和框架。国际经验表明，借由"课例研究"推动学校运营的转型是学校改革走向成功的必由之路。从 20 世纪 50 年代开始，"课例研究"作为围绕教学过程展开的合作研究，在日本已经非常普遍，被称为"授业研究"（lesson study），如今成为普遍的国际性现象。以学为中心的课例研究，致力于使校本教研的主旋律从"教师如何教"转向"学生如何学"。课堂教学的终极目的是学生的学习与发展。教师教得怎样，应当从课堂上每一个学生的学习状态出发加以考察，这就是以学为中心的"课例研究"的本意。教与学之间是一种关系性存在。教师倘若不去研究学生，不直面学生学习的事实，"教"便就失去了根基；倘若教师的"教"不能引发学生的反应、促进学生的学习，也就称不上"教"了。换言之，唯有在教师研究儿童、向儿童学习的基础上，才可能有适当而有效的"教"。以学为中心的课例研究基本旨趣在于"实现课堂教学与儿童研究的一体化"。因此，在课例研究的每一个环节都需要紧紧围绕以学为中心加以组织：在"确立主题"环节须做到教学合一；在"教学设计"环节须做到以学设教；在"课堂观察"环节须做到以学观教；在"课后研讨"环节须做到以学论教；在"教学总结"环节须做到以学改教。

优化区域推进。一线教师的实践研究，本质上是针对学校教育实践中的问题

（研究内容），为改进教育实践（研究目的），而在学校教育实践中展开的一种研究（研究方法）。这里特别需要指出的是，"有效教学"的"有效"不在于教师"知识传递"的所谓"有效"或"高效"，而在于学生"知识建构"的能力与态度。在课堂转型的改革实践中，以红头文件为表征的行政指令往往是苍白无力的，教育行政的生命力在于行政决策背后的学术思想及其实践案例的支撑。借助这种思想养分和榜样力量的滋养，可以为每一个教师成为"反思性教学实践家"，也为每一所学校创建"学习共同体"，积累不竭的动力和能量。当然，教师的实践研究是生生不息、永无休止的，课堂总在转型之中。

（二）课程整合的威力与魅力

在上海市浦东新区这块改革开放的热土上，涌现了一所致力于基础教育改革的学校——福山外国语学校。该校高举"聚焦课程发展，守望教师成长"的旗帜，几十年来执着地追寻"学习共同体"的"福山梦"，形成了一套以"国际理解教育"为主线，以单元设计为切入口，富于特色的课程整合实践。

国际理解教育涵盖了两种挑战：第一是"对话性实践"的挑战，它把学校从死记硬背中解放出来。第二是"合作性实践"的挑战，它把学习从个人主义的束缚中解放出来。这是典型的活动课程设计。借助这些学习环节的实施，学生的公民素养和多元文化认知能力得到了更好的提升，不仅体现在拓展学生的国际视野，使他们具备多元文化思考与交流合作能力，而且还体现在让学生懂得大政方针，具有作为一个共和国公民的自豪，有助于批判性、创造性思维能力以及"沟通·协作·信息的能力"的培育。

从这所学校活动单元设计的实践创造可以发现，单元设计不是源于单纯知识点传输与技能训练的安排，而是教师基于"学科素养"，思考怎样基于一定的目标与主题展开探究活动的叙事。该校在单元设计的实践创造中，积累了不少新鲜经验。一是单元设计回应了学校课程的四个元素——目标、内容、策略、评价的改革诉求。其一个鲜明的特点就是，体现了各自学科的学科本质与学科素养。二是活动单元设计凸显了课程整合的视点。这是值得我们关注与思考的。多年来，该校无论是贯穿国际理解教育还是学科教育或德育的实践，都凸显了课程整合的视点,**单元不是将教学内容碎片化地当作"知识点"来处置,而是有机地、模块式地进行组织与构成**。因此,他们能够在单元设计的实践中有所发现、有所作为、有所成功。

第一,**教学内容的整合**。这可以通过专题型学习来实现。所谓专题型学习,就是对内把学科内容勾连起来构成模块,对外勾连相关学科的内容,就诸如环境问题、国际理解之类的专题性问题所展开的学习。在这样围绕特定课题教学的学习过程中,教学不抹杀学科本质,不打破学科框架,而是基于儿童的兴趣爱好来进行。

第二,**学习方式的整合**。亦即形成了从扩散到收束的多样化的学习方式。比如,先是围绕课题探讨而展开拓展性的学习活动(取材、制作、调查、实验、演出),这属于扩散活动,然后是组织报告会(文献收集、讨论集会、信息交流)这类的收束活动。这些多样化的学习方式,让儿童在主体性的问题解决的场域中,展开制作、培育、体验、观察、讨论、验证、发表、行动之类的活动。这就是一种综合学习。

第三,**学习场域的整合**。这种教学重视儿童的兴趣与爱好,挖掘学校与社区的特色并将之融合起来,以此拓展学生的学习资源,形成广泛的体验活动的场所。这些活动超越了校内的课堂,广泛运用校园及其图书馆,以及社区相关设施与影响力,大大扩展了学习资源,丰富了他们同社区乃至国内、国际各方面相关教育的交流。

第四,**教学指导与课时安排的整合**。在课程开发与教学创造中,让社区人士、家长,"从参观到参与,从参与到参谋",由此实现了家校合作及学校与社区的一体化教育,完成教学指导的整合。同时,通过课时表编制的弹性化贯通其他学习时间,由此实现课时安排的整合。

著名爱尔兰诗人叶芝(W. B. Yeats)说:"所谓学习,并不是往头脑里灌输知识,而是在心中燃起一盏明灯。"[8] **燃起教师们挑战教育的欲望之灯的"点火装置",是儿童,是同僚,是同教师交往的人们,是同这些人之间的无可替代的对话**。这所学校之所以获得骄人的成功,其一大秘诀就在于开放的心态与对话的实践——校长引领全校教师同社会变革的现实展开对话;同国内外教育界的同行展开对话;同自己的内心展开对话。每一个教师都是"反思性教学"的实践者。他们读书、实践、反思,潜心于课堂转型的实践。每一个家长也同教师一道,参与儿童的观察与记录,编织每一个儿童的创想与梦想,呵护每一个儿童的学习与成长。

(三) 从"儿童描述"切入课堂转型研究

上海市浦东新区世博家园实验小学致力于"学习共同体"的学校创建,在"儿童描述"与"差异教学"方面积累了鲜活的经验,展现了一派"从课堂出发的学校变革"的新面貌。[9][10]

围绕"儿童描述",展开以学为中心的课例研究,一直是该校的中心课题。课例研究作为课堂转型的法宝,致力于实现由教到学的重心转移,创建"以学为中心"的课堂。形成基于课例研究的课堂转型的方法论,其切入点就是"儿童描述"。儿童是作为一个整体的人参与学习活动,而非只限于认知参与的。所谓"儿童描述"就是旨在把握每一个作为"发展可能态"的儿童的复杂性以及彼此之间的差异性,从而促进他们作为学习主体的成长与发展。儿童的学习活动并非单一的、线性的,而是丰富的、复杂的,涵盖了不同的学习形态。依据学习形态的差异,儿童描述的维度可分为个别学习、分组学习(协同学习)和同步学习。个别学习的描述旨在诊断与研究儿童彼此间的学习差异以及运用多样化的学习差异展开个性化学习;分组学习的描述旨在了解儿童是否具备协同学习的技能以及是否有效地参与学习;同步学习的描述旨在了解不同学习层次儿童的课堂参与状况。不同维度下的儿童描述并不是孤立存在的,而是相互关联相互影响的,彼此收集的学习事实能够相互印证,从而能够更真实地呈现出特定教学条件下儿童学习的全貌。

"差异"是课堂教学的原动力。差异并不是一件坏事。因为差异,课堂上才出现了个性化的想法与表达,课堂的生命力才变得丰满起来。通过语文学科的课例研究,教师们积累了如下的实践与认识:

第一,了解差异,实现冲刺挑战。在传统语文教学中往往忽视这种差异,不管学生提出哪些问题,教师还是按照自己既定的思路引导着学生的学习。于是教师决定在课例研究中迎接挑战——直面差异、认识差异,让差异成为解决课堂疑问的资源。所谓"上课",重要的首先不在于教师如何讲述教材,而是如何了解学生的疑问状态,分析学生的现有水平与预期学习目标之间的差异,分析生生之间理解的差异,设置挑战性的任务,帮助学生在自己的既有经验和教学目标之间架起一座桥梁。

第二,对话差异,倾听串联反刍。教师对文本的解读不能替代学生的想法,也不一定能适应学生的认知特征。这就需要教师在课堂上不急于传授自己的理解和观点,而是重视给予学生发言表达的机会,组织一次次有挑战性的对话。比如,让学生根据自己的理解,自主地为本课设计一份板书,并借助自己的板书给全班同学讲解课文。

第三,反思差异,有效运用变式。在了解学生疑问状态的基础上提供丰富的变式,借以暴露学生的错误,引发认知冲突,让学生在不断辨析的过程中清晰对概念的认识。

受美国STEM的启发,该校大刀阔斧地整合课程,形成了旗帜鲜明而又简约的交织着"科学素养、人文素养、艺体素养"的课程结构。特别是针对旧有课程"艺体素养"的缺失,增加了大量棒球、舞蹈、合唱、"动手做"之类的活动课程及跨学科课程的实践。

考察一所学校是否改革,要看课堂,特别是看学生的表现。该校所追求的"优质教学"有两个要点:第一,优质的知识,不是死记硬背的僵化的知识,而是基于体验、基于理解的知识。第二,不满足于低阶认知能力,而是寻求从低阶认知能力上升到高阶认知能力,由此超越传统的应试教育的知识观与学习观。

学校还组织校内教师读书会,系统阅读佐藤学的《学校的挑战》、《教师的挑战》、《学校见闻录》等著作,每一个教师均需写下读后感,结集成一本本教师研修的专集,并且付诸课堂转型的实践。由此形成的"协同"的教师团队,有力地促进了学校的"学习共同体"改革的步伐,学校也理所当然地迈入上海市"新优质学校"的行列。

这所学校的办学实践超越了"双基"的概念,这就为摆脱"表层学习"、走向"深层学习"提供了前提条件,体现了当今时代倡导"核心素养"的基本诉求。

(四)心灵的驿站,儿童的剧场

当我们走进上海市杨浦区建设小学的校门,迎面进入眼帘的是教学楼上方的九个大字:"来,让我们为儿童而活"。指向"核心素养"的基础教育的目的不是培育"记忆者",而在于培育"思考者"、"探究者"。基于这种教育信念,该校尽管硬环境空间极其狭窄,却展现了无尽的软环境空间——开发了一连串心灵的驿站,演绎了一系列儿童的剧场。

创办"浦江文化学习馆"。学习馆旨在改变纯粹供学生参观的状态,使得该馆资源的情境与氛围具有应当的互动性与对话性,促进学生的探索实践,丰富学生的体验与感悟。以此为基地,学校组织实施诸如"看雕塑,学历史,弘扬民族精神"的主题寻访活动,举办主题为"学习着、快乐着、成长着"的学生作品展等,引导儿童于思考探究中了解历史、感知时代、传承文化、激发乡情,在与历史的对话中获得启示与前行的力量。这种整合教育具有学习者"能动地参与、协同地学习"的特征。

开发童话课程。童话课程通过"童话故事"、"童话作文"、"童话剧场"、"阿波罗出版社"四大社团组织实施,内容包括童话中的精灵,以及童话中的智慧、勇毅、善良、诚实、正义、优雅、情趣、责任、合作等系列。该课程旨在"引领儿童用他们独有的目光去寻找他们喜欢的童话,去传播他们欣赏的故事"。"童话作文"、"童话剧场"自编、自导、自演,更是让孩子们过足了童话瘾。"即使是童话剧本也是孩子们自己编写的原汁原味的原创作品。童话故事的创作与演绎将孩子们的想象力、创造力及表演才能最大限度地发挥出来了。"[11]

运作"红十字活动室"。特别着力于把"人道、博爱、奉献"的至高精神传递给每一个儿童,在幼小的心灵中植根对生命的尊重,用手手相传的情托出心心相连的爱。

这样,学校的整个课程就无异于把学科教育与跨学科教育、校内教育与校外教育整合起来了。更重要的是,儿童成为学习的主体与学校的主人。

这些心灵驿站与儿童剧场可以发挥如下的教育价值:(1)责任,即学会做有责任感的人。通过学习馆工作岗位的竞争与分工,学会在学习馆的学习环境下,根据一致同意的日程安排,提出课题与作业,养成对自己的参与与行为负责的自我管理的态度与技能。(2)协同,即学会做有协调性的人。通过有效的沟通,建构同他者的健全的关系;能够彼此协同、相互帮助,共同解决课题。(3)自律,即学会做有自律性的人。能够针对自身的学习,设定自己的课题,反思学习过程,即便是面临困惑,也能坚持下去。养成对学习成果拥有责任的学习者。(4)奉献,即学会做有社会参与力的人。懂得规范意识、尊重文化、创业精神、正义与公正、宽容等社会价值观;懂得防灾、安全、尊重生命等生命价值观;懂得生态保护等关于自然的价值观。能够在协同学习中,有效地发挥作用,主动地、创意地采取行动,能够不畏风险,努力达成成果。这些学习技能对于儿童的学习极其重要,不仅应当成为学业评价的对象,而且应当成为各门学科课程的"期待"与"目标"。

(五)从"学校管理"走向"学校经营"

学校改革是从内部开始的。建平中学几任校长所秉持的学校教育目标的共同特色是:其一,凸显"所有学生"。作为基础教育范畴的高中教育旨在培育有"社会责任感、有教养"的公民,其最大特质是"有教无类"。所谓"卓越教育"并不是什么"卓尔不凡",更不是"拔苗助长",而是保障每一个学生达到他所能达到的高度。其二,凸显"整体的人"。该校从20世纪90年代"第一课堂、第二课堂、第三课堂"的改革实践,到今日的学校课程建设,其一以贯之的主线即是"为了每一个学生的个性发展与终身发展"。学校课程的宗旨是"育人"不是"育分",是借助有"适应力"(适应时代、适应儿童)的均衡的课程,求得每一个学生作为"整体的人"的均衡发展。

该校在改革实践中越来越感受到我国长期以来的"学校管理"存在三大弊端:"封闭性、单主体、单向度"[12]。这种"学校管理"其实是"行政化"体制与学校的"责任规避"交织而成的一种"教育病理"。他们捉摸到当代"学校管理"的革新方向——以"学生发展为本",从"学校管理"走向"学校经营"。从他们的经验中可以引出如下三个值得认真探索的论题:

其一,目标系列与条件系列。"学校经营"是由"目标系列"与"条件系列"两个侧面构成的。"目标系列"是指以教育目标—教育计划—实施计划—学校评价之类的教育目标的达成过程为主轴教育内容及其活动组成的侧面。"条件系列"是指人力条件、财务条件、信息环境及其组织运作组成的教育条件的整顿侧面。"学校经营"的主要领域终究是基于怎样的教育战略、创造怎样的条件、如何去组织运作的一种思考与态度。

其二,创意功能与维系功能。在"学校经营"中存在着实现学校日常运作的"维系功能"与谋求学校改进的"创意功能"。严格地说,"维系功能"谓之"学校管理","创意功能"谓之"学校经营"。唯有狭义的"学校管理"同广义的"学校经营"相辅相成,才能相得益彰。"维系功能"一旦过分膨胀,学校就会陷入"管理强化",沦为"管理主义的学校"。所以,如何发挥"创意功能",特别是如何在有限的资源中提升教育的效果,成为当下"学校经营"的重大实践课题。

其三,开放性经营的能量。"学校经营"是以各自学校的自律性经营为基础的。这里的"自律性"是同"责任心和经营的专业性"息息相关的。这种自律性经营不是封闭性的,而是开放性的,涉及学校内外的主客观条件的改革。终身学习体制与青少年人格的健全培育,作为"体验学习"的"社区教育"场域的拓展,信息化与国际化的进展,愈来愈需要在学校教育中纳入"社区教育经营"的视点,借以求得开放性经营的心态与能力。

该校高扬"平民教育"的旗帜,为了每一个学生、教师乃至家长的共同成长,致力于"学习共同体"的创建。著名爱尔兰诗人叶芝说:"幸福既非坦途,亦非喜悦,非此亦非彼,它纯粹就是一种成长。当我们处于成长的时刻,就是幸福。"[13]是的,每一个教师的幸福,就在于同每一个学生一起成长的同时,在自己的心中敞开了一个新的世界。

参考文献

[1] 磯田文雄. 站在十字路口的日本学校课程行政:基于关键能力的教育[C]. 沈晓敏,译. 上海:华东师范大学课程与教学研究所第13届上海国际课程论坛论文,2015年11月.

[2] 钟启泉. 读懂课堂[M]. 上海:华东师范大学出版社,2015:205.

[3] 稻垣忠彦,佐藤学. 授业研究入门[M]. 东京:岩波书店,1996:83—84.

[4] 田中耕治,等. 新时代的教育方法[M]. 东京:有斐阁,2012:178.

[5] 佐藤学. 学习的快乐:走向对话[M]. 钟启泉,译. 北京:教育科学出版社,2004:中译本序.

[6] 佐藤学. 学校的挑战[M]. 钟启泉译. 上海:华东师范大学出版社,2010:1.

[7] 钟启泉,李雪红,徐淀芳,主编. 王斌华,执行主编. 转型中的课堂[M]. 上海:上海教育出版社,2012:2—13.

［8］［13］秋田喜代美.学习心理学：教学的设计[M].东京：左右社,2012：239,239.
［9］裘文瑜.学生的差异与教学的挑战[J].全球教育展望,2014(12)：124—128.
［10］冯征峥.课例研究中的儿童描述[J].全球教育展望,2014(12)：119—123.
［11］张丽芳.童话之旅(课程说明)[M].上海：杨浦区建设小学阿波罗出版社,2016：3—4.
［12］杨振峰.从学生立场出发：现代高中管理变革的建平经验[M].上海：华东师范大学出版社,2014：1.

第3章
最近发展区：课堂转型的理论基础

"课堂教学"是学习伙伴之间交流见解、协同地展开的，课堂教学的使命并不是"有效地传递知识"，而是"借由协同学习，促进知识建构"。所谓"课堂转型"从根本上说，是从"知识传递"转向"知识建构"。维果茨基（L. S. Vygotsky）的"最近发展区"概念为课堂转型提供了理论基础。而"协同学习"的教学范式改变了过去以个体为单位的学习观，同时也印证了"草根改革"——从课堂出发的变革——的潜在能量。

一、"最近发展区"的界定与新型学习观

（一）协同学习：必要性与可能性

"最近发展区"是维果茨基理论中独创的一个概念——如何看待儿童的心智发展与教学之间关系的心理学概念。他举园艺家的例子说，要了解自己果园的育成状态，仅仅评价成熟的果树是不恰当的。同样，要了解儿童的发展状态，不仅需要观察成熟了的功能，还需要了解同正在成熟的功能之间的关系，亦即理解"最近发展区"。维果茨基在《教学过程中的儿童智慧发展》（1935年）中指出，"儿童的智力发展状态至少有两种水准——现在的发展水准与最近发展区"[1]。换言之，"在成人的指导与帮助下可能的问题解决水准与在自主活动中可能的问题解决水准之间的落差，可以界定为'最近发展区'。"[2] 所谓"可能的发展水准"（或"明日的发

展水准"),意味着儿童接受成人的启发与指导,在同有能力的伙伴的合作中解决问题之际所达到的水准。这种前后之间的落差的区间,被定义为"最近发展区"。这个事实本身在实际上具有绝对性的原则意义,将会带来教学过程与儿童发展之间关系的学说的根本转型。[3]

传统的教学范式从来是以教师为中心,单向地向学生"传递"教科书中的密集知识(有时是简略化的知识)的,而学生则以记住这些知识的方式,来展开"习得"知识的活动。而在新型的教学范式中,教师的工作是在"课堂"这一学习者共同体中,为学生建构自身的知识而设计小组活动的"脚手架"。在这种课堂里,学生是在对话中建构知识的。著名认知科学家诺尔曼(D. Normon)作为引领 20 世纪 80 年代以来跨学科的"认知科学"研究的一位代表性人物,积极倡导"协同学习"(collaborative learning)。他在美国第一届认知科学大会上列举了认知科学应当研究的 12 个主题,其中一个就是"协同学习"。[4]

在诺尔曼看来,传统的课堂范式是"教师中心"的模式——教师设定教学目标,观察学习者是否达成了教学目标。学生倘若达成了目标,就展开下一步的学习。这里设定的是,尽可能缩小学习者理解上的落差,让学生掌握教师设定的教学内容。在这种场合,组织并控制学习活动的是教师。从教师留心不让学习者"脱轨"这一意义上说,这里作为反馈信息系统设定的是一种"减损脱轨系统"。与此形成鲜明对照的新型教学范式则是复数的学习者与教师的共沟通活动,亦即在对话与交流中展开课堂教学,在交互作用中协同地建构知识。教师并不完全控制课堂的学习活动,相反,教师积极地参与学习者的学习活动,激励学生自身去形成学习。基于这种立场,学习者是否全员达成教师设定的教学目标与教学内容并不重要,重要的是拥有不同见解的学习者之间展开的对话。从这个意义上说,这里作为反馈信息系统设定的是"增益脱轨系统"。这种展开社会交互作用的场所,就是"课堂"。他主张认知科学应当研究的一个课题就是这种作为社会交互作用的学习活动。

(二) 从个体学习走向协同学习

以往的学习观是以个体为单位的学习观,亦即关注个体头脑中的知识与理解过程的学习观。认知科学倡导的学习观则强调，通过对话与交互作用，协同地建构理解与知识的协同学习。在维果茨基的发展理论中，"交互作用"直接影响到认知的形成。交互作用的状况不仅发生在个体内部的认知冲突上，也是新的知识形成的场域。借助这种交互作用可以促进儿童的潜在可能性。这就是维果茨基的"最近发展区"（zone of proximal development，ZPD，或可译为"潜在发展区"）概念。这个概念论述的不是家长与教师的单向教育作用及其教育效果，而是同发展主体之间的交互作用。这个概念奠定了新的学习观的理论基础。

维果茨基的儿童发展研究揭示，人类的心智首先是从社会活动开始的，而后才是个体。人类是受周遭的种种情境、社会与文化中存在的文化物（语言、艺术文化与技术等）支撑的。所以，支撑人类心智活动的要素起源于个体自身之外，自己也参与的社会活动之中。以语言发展为例。"语言先是以口头语言的形式，作为人际沟通的工具而发生，然后才开始转换为内言（内部语言），进而成为儿童自身思维的基本方式，成为儿童内在的心智功能的。"[5]可见，人类的心智活动起源于社会文化，个体再把这种文化要素加以内化。换言之，支撑人类种种心智活动的，是每一个人周遭的语言等多种文化工具。所谓"心智间"与"心智内"两种活动支撑了协同活动的理论框架。

从个体学习走向协同学习是人类心智活动的规律使然，这一规律即是维果茨基揭示的从"心智间"到"心智内"的过渡。维果茨基在叙述人类心智活动及其发展与语言的关系时，特别关注口头语言。语言作为社会活动，起源于联结人与人之心智间的口头语言，尔后才成为支撑自身语言与心智活动的工具与内言。因此，个体的内言是嵌入了社会关系的。维果茨基就是这样从社会过程中去探求人类心智的起源的。从人类语言的发生顺序来看，最早出现的发话方式与其说是面向自身发出的有意义的独白，倒不如说是面向周遭发出的独白发话方式。[6]从"心智间"到"心智内"的过渡不仅是语言，也是所有人类心智起源与发展的共同现象。维果茨基指出："儿童的文化发展中的一切功能，出现两次，形成两种格局。起先是社会的格局，而后是心智的格局。亦即，起先是在心智间的范畴——在人与人之间出现，而后在心智内范畴——在儿童内部出现。"[7]这种现象，无论在随意注意、逻辑记忆、概念形成、意志发展诸方面，都普遍存在——由外向内的过渡，是改变过程本身,也是改变其构造与功能。因此,这个法则也完全适用于学校的教学活动。教学的本质特征就在于创造"最近发展区"的事实。就是说,当下对于儿童而言,唯有在同周遭成人的交互作用、同伙伴的协同中,才有可能随着发展的内在过程的推进,发生尔后成为儿童自身内在财产的一连串内发过程,并使之觉醒和运动。

维果茨基强调,发展与学习也受教育力的支撑。不过,他重视的绝不是"教"。对于学习者而言,重要的是,倘若不能同时产生自我接纳、自我内化的活动,学习是不可能形成的。而且学习不是以个体为单位的,而是在交互作用中展开的活动。因此,发展、学习与教育是相辅相成的,学习是一种共同活动。这就是他从广义上论述人类的发展与成长同教育的关系的理论——"最近发展区"的界定。在维果茨基看来,"最近发展区是处于尚未成熟过程的某种功能——明日成熟、今日萌芽状态的功能,亦即不是发展的成果,而是发展的花蕾"[8]。当下的发展水准表明"昨天的发展成果、发展的总和",最近发展区则表明"明日的智慧发展"。他认为,灵长类与其他动物不具备最近发展区,而人类的幼仔能够"在集体活动中""超越自己的可能性的局限"。形成这种发展的"最近"的领域(场域)就是师生之间、亲子之间的交互作用,就是交互作用活动本身的场域。"场域"一般并不指称物理空间,而通常指的是,不仅教师与成人,而且参与的儿童也同成人一起形成了促进自身的学习与发展的交互作用。同学年的儿童伙伴之间交流见解、交互作用,就是促进学习与发展的"场域"。

根据"最近发展区"的概念,维果茨基提出了"教学的主导作用"的命题——促进儿童发展的教学不是追随成熟之后的发展,而是引领正在成熟的可能性的领域。"唯一的好的教学"就是"先行于发展、引导发展的教学"。[9]在这里,所谓"促进智慧发展的教学"强调的是在成人与伙伴的援助下彼此的协同,囊括了广义意义上的作为文化实践的教育作用,特别强调了促进儿童"科学概念"发展的教学。

(三)从"脚手架"到"拓展学习"

在西方学术界的"维果茨基复兴热"中,围绕"最近发展区"的研究形成了从"脚手架"(scaffolding)到"拓展学习"(learning by expanding)的众多具有代表性的界定。这些界定大体可以归纳为两种向度。其一,是将其作为旨在提供教学援助的社会状况与情境创造的一个原理;其二,是将其视为评价智慧发展动力的一个原理。在这种状况与情境中,儿童通过共同解决问题与交互作用获得新的技能与方略,"脚手架"的概念就属于这种解读的产物。布鲁纳(J. S. Bruner)重视教师与家长为儿童学习提供的支援,但仅仅局限于教育的作用。维尔兹(G. Wells)的看法不同于布鲁纳,他认为通过师生或生生之间交互作用行为而展开的多样视点的交流以及由此产生的创造性活动,才是"最近发展区"的功能。马萨(N. Mercer)指出,在课堂教学中教师应当发挥的作用是引导学生通过维果茨基所说的"心智间活动",亦即同学之间的讨论,提升彼此的思考。他把维果茨基的"最近发展区"重新解释为"心智间发展领域"(IDZ),给旨在通过学生之间的讨论而提升思维的"相互思考"(inter thinking)的对话活动,引入了"外化"的概念。[10]教师作为共同体的协调者,旨在通过学生的课堂问题探究,形成"心智间发展领域"。课堂里学生的学习活动内容也受到学校重视怎样的学习活动的制约。当然,这种课堂文化与学习文化得以实践的关键在于教师与学生的日常活动及其积累。

恩格斯托洛姆(Y. Engestrom)的"拓展学习"说,作为体现了"最近发展区"本质特征的一种动态发展模型,为转型的课堂揭示了学习活动的本质并描述了"发展区的阶段性结构"。在他看来,"所谓最近发展区,是指个人现今的日常行为与社会活动的历史的新的形态——内隐于日常行为之中,作为'双重结合'的解决而得以在集体中生成——之间的落差"[11]。这里的"双重结合"指的是基于"双重可能性"原理所阐述的"行为的一般社会可能性"与"个人行为的可比性"的关系。换言之,所谓"最近发展区",不仅旨在获得新的却是社会上既存的(或者支配性的)形态,而且唯有旨在发展新的历史活动形态,学校的教学才能在最近发展区的内部发生作用。所谓"旨在发展新的历史活动形态",意味着在这样一种教学实践中,学习者伴随着介入课堂外的学习者的生产活动;这也就意味着,在学习者之中和学习者之间形成真正的拓展学习活动的必然性。教学活动的课题就是这样具有双重性的新的历史活动,包括发展学习活动,以及发展核心活动——诸如劳动。恩格斯托洛姆借助"发展区的阶段结构",又描述了拓展学习的一般周期。[12]拓展学习本身并非某种具体的学习方式或学习形态(诸如问题解决学习、发现学习等),而是一种学习活动的模型——集体地解决活动系统中发现的矛盾的过程,亦即作为"从个人行为向集体活动的拓展性过渡"的新的历史活动形式的生成周期。可以说,拓展学习为维果茨基"最近发展区"("明日的成熟、今日的状态")的概念,提示了一种轮廓化与具体化的理论根据。

拓展学习同 20 世纪 90 年代以来一波接一波围绕"学与教"的根本性思考,诸如"合法的边缘性参与"论、"学习共同体"论、"社会文化研究"论、"叙事样式"论、"反思性实践"论等一起,引发了强烈的共振,受到教育学术界的关注。因为"拓展学习是指导课堂转型的基本原理,也为我们走向崭新的未来人类的学与教,提供了潜在的可能性"[13]。

二、最近发展区：教学论意涵的再认识

"最近发展区"的概念为我们认识儿童学习与发展的契机与机理,提供了基本的认识论基础及其丰富的教学论意涵。

(一) 学习与发展的契机

1. 既知与未知

所谓"既知"是指业已习得的,或是生活经验与儿童日常的思考之类"已经知道的东西";所谓"未知"是"尚不知道的东西"。学校原本是令人愉快的——儿童昨天还不知道,今天知道了或理解了。可以说,从"不懂"(未知)到"懂"(既知)的过程就是"教学"。教师的责任是着眼于每一个儿童之间交互作用的教育力,帮助每一个儿童在心中内化未知的教学内容,教学的展开就是把客观存在的科学、技术、文化(未知)加以内化。不过,倘若对儿童突然地提出未知的学习课题,是不会有解决该课题的某种线索的;仅仅追问"既知"、"既习"的事项,也不能激发儿童对探究课题的欲望。唯有引发儿童"似懂非懂"的矛盾心境,使其处于"既知"与"未知"之间,"质疑"才会发生,儿童才会面向课题的解决,展开思维与表达活动。换言之,倘若把儿童现今达到的水准视为"既知"水准,而把儿童得到教师支援、同教

师一起能够实现的水准视为"未知"水准，那么，教学就是教师在这两个水准之间，引领儿童走向"最近发展区"的活动。在"既知"与"未知"之间的设问，承担着引领学习的一种作用，即凸显儿童课题中不理解的部分与理解的部分。要使得儿童凭借自身"经验"的具体案例来展开思考，或者让他们纳入既习经验中，反映到每一个儿童的主体性之中。因此，在"既知"与"未知"之间的设问是一种面向儿童主体活动的一种动机激发，同时也是真正求得儿童的思考与理解的一种深化。借助这种"设问"，教师得以在教学中组织儿童自身内在的"既知"与"未知"的碰撞与链接，把握"既知"与"未知"之间实质性、逻辑性的关联。因此，作为集体思维的原动力，重要的是激活两者矛盾的教学行为。

2. 内化与外化

内化与外化意味着人类发展的两种媒介过程。"内化"（internalization）是主体把客观世界纳入自身内部的过程，"外化"（externalization）则是把自身展现给客观世界的过程。这两种媒介过程并不是各自独立的，而是密切相关、辩证统一的。人在具体的活动中内化而外化，或者外化而内化，展开自我发展的运动。在学习理论中，内化与外化可以视为两种典型的模型。基于内化模型，儿童将来自外界的东西吸纳到内界而习得学习内容；基于外化模型，儿童通过内界对外界的作用而习得学习内容。如果说，内化模型的学习是"传递—习得型"学习，那么，外化模型的学习是"参与—习得型"与"表达—习得型"学习。当然，纯粹的内化模型的学习与纯粹的外化模型的学习是不存在的。只不过重心置于内化时是传递—习得型学习，重心置于外化时是参与—习得型学习。设计教学时的内化与外化过程是教学实践的重要契机。比如，在从内化到外化的教学设计中，儿童先是习得知识技能，然后是将其运用于问题的解决。内化过程先行的教学设计容易偏向系统学习。反之，在从外化到内化的教学设计中，儿童挑战实践性的表现，并在此过程中实现基础知识技能的习得。这种外化先行的教学设计，就是所谓的"探究教学"。瓦习纳（J. Valsiner）指出："内化与交互作用的过程是理解'最近发展区'的重要概念。维果茨基在最近发展区的概念中整合了两种过程——对（处于社会环境之中）儿童进行指导作用的过程与儿童的经验内化的过程。"[14]借助交互作用，既形成了"知识分享"，也显示了在伙伴之间所产生的、交互传递的"主体间性"的重要性。

(二) 学习与发展的机理

那么,在社会交互作用中学习与发展是怎样实现的呢?下面就来考察一下揭示其机理的若干研究。

1. 认知冲突的增值效果

认知冲突是指从不同思维方式引出观点的碰撞。课堂教学是学习者的对话与协同学习的活动,因而,考察课堂教学的基本立场是从交互作用的行为产生的创生性。在课堂教学中存在这样一个事实——学习者之间不同的思维方式与解释是各式各样的。这种现象即所谓"异质性"。正是因为有不同的观点,才会产生对话的交互作用。拥有同样思考的伙伴,亦即只有"同质性"存在的场合,没有对话的必要。**在拥有不同观点的伙伴之间交互作用之际,不同的思维方式相互碰撞,或者相互印证,将会产生"震撼",由此发生自身思考的纠正,从而推进知识的获得与发展。这种经验被称为"认知矛盾"**。皮亚杰(J. Piaget)强调,这种经验对于学习与发展具有重要的作用。他认为,人类是根据自身经验到的东西靠自身的力量形成知识的。这时形成知识的,亦即构成发展的原动力的,就是自身内部产生的认知矛盾。就是说,**以往经验到的事物,在必须运用别的解释方式之际,就一定会产生旨在求得更好的解释,从而获得知识的内在需求**。这样,在皮亚杰看来,人总是求发展的。皮亚杰学派认为,这种认知矛盾在社会交互作用的场合也会发生。思维方式与发展水平不同的伙伴借助交互作用而产生认知矛盾,促进学习与发展。

2. 向他者解释的增值效果

向他者解释实际上是一种自我反思。试看我们在同他者讨论问题时,向他者解释自以为已经弄懂的内容之际,就会意外地发现自己并不那么理解。或者,当我们经验到时,一边向他者解释,一边借助这种解释加深自己的理解。**参与对话、交流见解,其实就是为自己提供矫正理解内容的契机,或者给自己提供反思的机会**。向他者解释也就是向自己说明。这样,通过向他者说明,加深了自身的思考从而对话双方可能达到共同的理解。而共同作业未必都能够实现这样的共同理解。

3. 内化、外化的增值效果:基于语言的交互作用行为带来的附加值

在协同学习中见解与信息的相互交换,是以口头语言与书面语言这两种语言

形式进行交际、展开交互作用的活动的。在这里既有通过口头语言倾听的活动形态，也有相互交换纸条进行交谈的场合。即便运用不同的意义表达，终究是在运用语言表达自己的思考，并且伴随有归纳的活动。这种表达活动是同清晰自己的思维息息相关的。从人们的经验可以知道，清晰自己的思维与理解的过程大多经历如下三个阶段。起初是直接的思维未能形成清晰思路的阶段，是一种漠然思考的界定，谓之"即自性阶段"。其次是向外表达的阶段，谓之"对他性阶段"。人们在同他者的交往中表达自己，向他者传递、分享自己的思考。这是一种外化活动，也是同思维的具体化联系在一起的。最后是将自己所表达的内容转化为自己的东西，这就是所谓"对自性阶段"。揭示理解与知识形成的这三个阶段，最初由维果茨基发现，日本哲学家木村素卫则用"即自态"、"对他态"与"对自态"[15]来表述。

4. 角色分工的减负效果

小组作业凭借分工，有减轻每一个人的认知负担的效果。一个人难以考虑周全，协同分担的能动作用有助于问题的专注思考。不过，倘若是机械地分工，又会产生作业的结果如何整合的问题。搞得不好，可能会使结果变得七零八落。因此，这里存在一个如何分工的问题。在分工时，不应机械性地分割作业的范围，而是必须有功能性的分工。即便在一个课题由两个人解决的场合，诸如分别承担执行者与监督者这样的功能性分工，也是有效的。在课堂教学的讨论中也会自然发生类似的角色分工。在课堂讨论之初，既有不急于发表自己见解的学生，也有立马发表自己见解的学生。要使得讨论活跃，就得有几个能积极地发表见解的学生。这样的学生大多持有这样的态势：自己的见解暂且先说说看，听取对方的见解之后再来斟酌自己的思考。实际上，这种学生是持着"在听取伙伴的见解之中来求得理解"，或者"倘有能够接纳的见解，就改变自己的想法"的看法而发言的。当然，倘若在讨论的开头部分尽是这样一些发表见解的学生，讨论也不可能很好地展开。所以，边听取见解，边梳理见解，再发表归纳性见解的学生也是必要的。另外，这样的学生也是需要的——尽管明确地梳理了自己的见解，自信满满，但在众说纷纭的阶段里并不急于发表，而在出现跟自己相同的见解时，才表示同意，或开始发表拓展该见解的意见。

这样，在课堂教学中学生们如何参与讨论，对讨论又采取怎样的思维方式与姿态,是各式各样的。各式各样的学生聚集一堂,展开各式各样的交互作用,就使得课堂讨论得以活跃起来。当然,他们在课堂教学中并没有意识到讨论中的角色分工。应当说,这是自然地反映了学生直面教学与讨论的不同姿态,因而形成了讨论方式不同的学生,使得课堂教学得以活跃。从某种意义上说,教师的课堂教学组织应当着眼于学生类型的差异与集体思维的流向。当然,小组的角色分工是很重要的。协同学习有时可以分成两个不同见解的小组,展开辩论。在这种思维碰撞的辩论中,只需要围绕自身思维的立场展开思考,这实际上是借助分工减轻认知负担。这也是协同学习的效用之一。

作为课堂教学的另一种方法是"课堂辩论",也可以引起认知性分工。不过,仅仅固执于自己的立场,不会有协同的效果。因此,即便在对决型的辩论中也需要采取听取他派见解的活动。

三、草根改革:从课堂出发的变革

在社会交互作用中,知识的社会建构(知识的习得过程)是如何展开的呢?为了实现基于对话的学习,应当怎样组织课堂教学呢?或者说,应当创造怎样的课堂文化呢?对话得以形成的基本前提是,需要有尊重他者不同见解的态度,亦即课堂中每一个人作为共同参与、共同分享的存在。

(一)重视对话中心的课堂创造

"协同学习"的前提是学习者之间拥有不同的理解与见解。因为,在同质的伙伴之间没有讨论的必要,不过是确认拥有同样的见解而已。所谓"学习"的推进一定是在学习者之间产生新的发现与见解,因此,异质者之间不同见解的碰撞是必要的。不过,实现这种碰撞需要具备若干条件。在学校中,儿童应当掌握的第一个要素莫过于"学力"。同样重要的是社会性,更具体地说,是沟通能力,这里要求的是拥有自己的见解。

正是异质才会产生新观念。承认不同于自己的他者、同不同的他者之间的交流,就会在互动中产生新的东西。俄罗斯的巴赫金(M. M. Bakhtin)指出,不是独白而是对话式的话语,是创造性不可或缺的。而独白式对话的典型是教师与双亲的话语,以及重视传递的报道性话语,在这里并不要求"应答性"。巴赫金谓之"话语霸权"。它们是以话语霸权为背景,强制性地要求无条件接受的话语。在这里,关注的是"传递",是有效地把自己的见解传递给对方,并不期待对方的"应答"。相反,巴赫金主张"有说服力的话语",求得"说服"的契机——在对话中重新改变自己的思考或确认自己的思考是对的。在这里总是产生持续地探讨"相互提出问题,相互得到应答"的活动。对话者拥有彼此不同的思考,彼此获得震撼,并由此产生新的意念,新的创造。当然,在学校的课堂里多样见解的交流或许可以说是"梦的梦"的话语,如此对话式的话语的蔓延,问题或许更加深刻。不过,同不同于自己的他者相遇,围绕某种问题产生新的见解的,就是课堂,能够产生这种情境的也就是课堂。洛特曼(Y. Lotman)用"文本功能的双重性"[16]来解读。他说,在包含发言在内的文本语言信息中存在两种功能,即"意义的适当通达与新的意义的生成"。重要的是"产生新的意义生成的发言"。这种新的意义的生成,摆脱了传统教育观所重视的把来自外部的信息传输到"器"中的记忆与灌输的方式,重视的是在"器"中产生新的意义的一种教育方式。

(二) 对话关系与对话空间

1. 对话关系的形成

在巴赫金看来,对话活动与对话关系并不是一回事。对话关系决不是跟现实的对话中表现出来的话语与交谈相一致的。对话关系更加广泛、多样、复杂,包含了当下的时间与当下的空间所限定不了的内容。重要的是,从"对话"形成"对话关系"。课堂讨论的流向或者讨论的积累支撑着现在的讨论。维果茨基"最近发展区"的"领域"就包含了这样的时间与空间,即对话关系。形成对话关系需要两个要素:一是基于主体性表现的发言。在这里,对话者之间关注讨论。这不仅限于现实的对话,无论在时空隔断的场合,还是在有共同关注的议题与问题的场合,都会产生对话关系。二是求得一致的努力。这里所谓的一致,不是随声附和,而是由于多声的碰撞与积累的结果产生的"一致"。

2. 分享"学习场"(亦即"对话空间")的生成

"具身说"与"具身表现说"揭示了同他者对话、协同活动的本质。根据"具身说",人是借助他者与具身,在人际交往中产生新的意义及其本质的。就是说,"'具身'不断地同世界共振,同他者共振,在共振中震撼我们的整个存在"[17]。共振的状态各种各样,既有更新的、深化的激烈共振,也有皮肤表面的颤抖,或者无意识之中隐隐约约地共鸣性的微振动,乃至同步共振、共振不能的状态。我们是以这些种种的水准、种种的局面的共振展开交际,形成种种沟通方式的。对世界与他者的认知即是从共振开始的,无论同世界与他者的沟通方式是和谐的抑或对立的,共振一旦发生,就会生成分享的场所。这种场所,从某种意义上说是"世界剧场"。思维也是同样情形。思维是对问题产生共振的有问有答的行为。在这里,有问的他者,也有答的他者。自己与他者在深度的具身的水准上,相互促发"同步性共振"或"拮抗性共振"。即便是独白,也需要另一个作为他者的"我","我"通过异化了的"我"促发"我",正如戏剧必须有观众(他者)分享的具体场所(并非建筑物意义上的剧场)。思维,就是这样以同他者分享的具体的思维场为源泉而产生的。

(三)个体话语与共同话语:课堂中的话语

维果茨基区别了语词的"义"与"意"。尽管在种种语脉中,单词的意涵会有种种变化,其语义却是一定的不动、不变的东西。所以,语义从某种意义上说,是辞书所界定的一个语词共同拥有的东西。相反,语意是基于单词的不同而在我们的意识中发生的整个心理学事实。就是说,存在于我们每一个个人之中,并从那里产生出来的意涵,也是一种意识。这种"语意"成为个体的意识单位。因此,不同的个人可能赋予同样一个语词以不同的具有微妙差别的意涵。从这个意义上说,语义是语词的一般性、普遍性的侧面,而语意是个体赋予该语词的意涵所具有个别的、多样性的侧面。当然,两者并不是泾渭分明的存在。语义与语意是表里一体的关系。人是在支撑语义这一社会分享的同时展开语言活动的。同时,话语又拥有未纳入语义框架的随个体而异的多样性。例如,"苹果"这一语词在语义的水准上指的是谁都能理解的一种水果,而不同的个体对"苹果"这一语意所拥有的表象也是多样的。由于语意的不同,语义也丰富起来。可以说,是语意引领着语义。语意依存于个体人格内部的、个体的意义世界。不管怎样,语词的外部侧面(语义)与内部侧面(语意)以一种辩证关系形成语言的现实。

课堂话语——在课堂教学的讨论中也交织着语词的义与意。为了同他者沟通,能够分享相互对话的意涵,首先必须有语义水准上一致的可能,从某种意义上说,就是共同语言。相反,课堂中每一个儿童都拥有语义这种共同规范的一般性水准所不能表现的内容,总想用自己的语言来表现什么,总想在课堂中把自己产生的某种想法与体验表现出来,总是在探索着如何向他者传递。这就是人际之间拥有的交流的根源性需求——为了让他者感动而分享自己的想法。语言是在人类共同的场中进行,作为人与人之间共同的关系而存在的。而借助这种基于语言的协同性关系,可以形成共同的语言意识,特别是形成基于口头语言的对话性关系的共同性的基础。课堂就是共同的意义与个人的意义相互交织的场所。人类的意识世界拥有绝不是借助共同的语言就能够淋漓尽致地表现的广泛性与多样性,同时也拥有把这个独特的世界同他者分享的强烈诉求。使这种可能性得以实现的是共同语言的"语义",亦即共同分享的意义的意涵。正是因为有这种共同拥有的语义的分享,我们才能运用嵌入了个人意涵的自己的语言。

实现同优质教材与教学内容的相遇。基于对话与协同的学习而产生的"优质的相遇"中,也包含了同"优质教学内容"与"优质教材"的相遇。在学习场中应当使用怎样的学习内容与教材,应当展开怎样的对话,这也是同采取怎样的教学形态相通的问题。在探讨基于对话与协同的学习时,必须明确论点的内容与指向何种目标。可以说,重要的是从对话学习与协同学习的角度出发研究教材,不能把系统主义学习和问题解决学习二元对立起来。

关注学生沟通能力的提升是理所当然的。不过,单纯地停留于这个视点来抓"协同学习",不应忽略一个重大的因素——在课堂中的对话与沟通存在着明确的对象,这就是应当以教材的形式引出讨论的对象。这种讨论不能离开教材,以一般的、抽象的形式来培育沟通能力。总之,不能以为只要是对话与协同,什么材料都可以,而应当具体地针对当下的教材与课题对象展开对话学习与协同学习。旨在教材研究同协同学习的实践研究,以及与协同学习相配套的具体的筹划,是今后研究的重要课题。

参考文献

[1][2][3][5] 维果茨基. 最近发展区的理论：教学过程中的儿童智慧发展[M]. 土井捷三,神谷容司,译. 大津：三学出版有限会社,2003：19,18,19,207.

[4][6][15][16][17] 佐藤公治. 学习与教育的世界[M]. 京都：あいり出版,2013：201,203,209,219,226.

[7][8] 维果茨基. 心智发展理论[M]. 柴田义松,译. 东京：明治图书,1970：212,81.

[9] 中和夫村. 维果茨基心理学[M]. 东京：新读书社,2014：17.

[10][11][12][13] 恩格斯托洛姆. 拓展学习：活动理论的研究[M]. 山住胜广,等,译. 东京：新曜,1999：210,211,238,367.

[14] 波多野谊余夫,编. 认知心理学：学习与发展[M]. 东京：东京大学出版会,1996：229.

第 2 编

学科素养与能动学习

课堂转型的根本性标志就在于将每一个学生培育成"学习的主权者"。传统的课堂教学是以"异化的教学"——学习对象的丧失、学习伙伴的丧失、学习意义的丧失为特征的。从根本上说,课堂转型的实践无非就是克服这种教学异化的局面,实现"能动学习"。

第4章
学科教学的发展及其课题
——把握"学科素养"的一个视角

"学科教学"(subject teaching)不是自然现象,而是一种同时代、社会、文化息息相关的社会现象。进一步来说,作为学校核心教育活动的学科教学是借助师生的互动而形成的兼具科学性和艺术性的一种创造性活动。本章探讨学科教学及其所体现的"能力·素养"的历史发展,现代学科教学的诉求与特质,以及在"核心素养"语境下透过"学科群"把握"学科素养"的课题。

一、学科教学与"能力·素养"的历史发展

学科教学与"能力·素养"犹如钱币的两面:学科教学是该时代对学校教育所期许的"能力·素养"的具体体现,而"能力·素养"是借助学校的学科教学得以现实化的。然而,在应试教育的背景下,这种相辅相成、相得益彰的关系被扭曲、被瓦解了,于是旨在扭转这种局面的"核心素养",应运而生。

(一) 学科教学的框架

"学科"(subjects)的历史同学校教育的历史一样,可以追溯到古希腊。中世纪的"七艺"(文法、修辞、辩证法、算术、几何、天文学、音乐),尽管整合了古希腊以来的传统,但这些世俗学科课程远离了世俗的生活,旨在培育"圣职者",是为

特权阶级服务的。"这就是作为近代史出发点的一种传统学科课程。克服这种课程弊端的过程,便是近代新的学科课程与新的学科的形成史。"[1]所谓"学科教学"是在学校的课程编制中以程序化的各门学科为媒介,作为教学活动而加以定型化的。学科教学的独特功能是以形成儿童的人类能力的方法论体系作为框架而形成发展起来的。这种框架则是"以作为人类共同的文化遗产而建构的诸学科领域的客观内容为基本构成单位,借助教学指导的实践形态,使儿童通过习得人类文化遗产与科学的见识,来形成自身的人类能力的一种方法论体系"[2]。自公共教育制度下的学校教育诞生以来,学科教学被赋予的固有意涵,不断演化,一直发展至今。今时今日,学科教学的模式仍然是牵涉到学校课程论争的一个焦点。

毫无疑问,在不同社会历史背景下的学校教育中存在着不同的课程编制意图,以及不同的学科教学构想。近代以降,随着教育内容与教学方法的经验与理论建构的积累,以学科内容的编制与排列的学科和学科群为基础的学科教学,形成了一定的框架与意涵。大体上说,作为近代化教育发展的一个指标,伴随学校教育义务化的进程,"学科教学是以全体国民为对象,借助'知识'的'解禁',实现权利、财富、社会地位等社会条件的自由化与平等化的一种启蒙"[3]。这是一个在学校教育的所有活动中准备了学科教学与学科外教育,并不断得以补充、完善的过程。作为学校教育近代化的一个杠杆,在公共教育制度形成之后形成了双轨制国家投资计划——一面是基于众多民众的启蒙,培育低廉的劳动力;一面是培养少数精英。这种教育是以知识的意识形态控制与主导权的再生产为根本特征的。近代以来的"考试时代"乱象横行:以知识测验作为有效的甄别与等级化的工具,"社会选拔"得以合法化,从而扭曲了学科教学的本来面貌。

近代以降,作为重要的社会装置的学校教育是同产业化进程同步展开,与时俱进的。不仅是中世纪以来的大学,即便是古典的中等学校,随着世俗化的进展,也在传统的古典教养学科基础上添加了近代的各种学科。无论在封闭的精英教育机构还是在开放的平民教育机构中,世俗化、实学主义受到推崇,形形色色的近代学科——诸如替代拉丁语的母语、外语、数学、几何、测量、地理、历史、博物与自然、手工业、家政、图画、唱歌、体操、政治、经济、法律等,被引入学校教育。这种近代学科大体分为两种样态。第一种样态,"要素主义",传承并发展了平民的"生活能力"这一传统特色,以"三基"(读、写、算)为基础,旨在充分地、系统地习得基础素养。第二种样态,"百科全书主义",以夸美纽斯(J. A. Comenius)、孔多塞(Condorcet)为代表,着眼于变革时代的科学与学术的探讨。这两种完全不同的学科编制隐含着"实质训练"与"形式训练"的教学逻辑的对立,构成了公共教育制度下课程发展的一个恒久的理论课题。

近现代学科发展的一个思想背景是"儿童的发现"与人权教育思想。近代学科教学的理论发祥,可以归结为"把一切事物教给一切的人"。特别是文艺复兴运动,以卢梭(J. J. Rousseau)、裴斯泰洛齐(J. H. Pestalozzi)、福禄贝尔(F. W. Frobel)等为代表的新人文主义、博爱主义、马克思主义,以及倡导学科改造的新教育运动的理论,无不贯穿着"人性教育"与"自由教育"的逻辑,成为支撑近代学科教学的基本理论。倘若从社会制约性的角度来梳理学科教学的谱系,可以将其划分为如下四个时期[4]:(1)近代直至19世纪末,学科教学不断摸索前进,及至19世纪末,伴随公共教育的确立,学科教学逐渐定型。(2)20世纪初至20世纪50年代,旨在人才培育与国民养成的国民教育形成与确立,表现出基于学校课程的综合与学科结构变革的学科教学改造,开始重视学科的有机构成与儿童的学习活动,以及学科教学还原于生活与活动的社会适应化。(3)20世纪50—70年代,在技术革新与高等教育大众化浪潮中,为确保人才培育的"学科现代化"、推进学习的程序化与教学的系统化,学界不断展开教学类型的探讨。(4)20世纪60年代后半叶,人们开始寻求教育机会均等,"教育人性化"思潮昂扬。

总之,规约学科教学的一个根本要因,是各国各时代公共教育制度的开放性与教育保障的民主性成熟程度。各国的社会历史条件的制约,决定了阶梯式的学科教学的内涵与地位。从这个意义上说,学科教学终究是一种社会现象,是同学校教育所承担的功能与作用相呼应的。

(二)从"素养"概念的演进看学科教学的发展脉络

我们还可以从"素养"(literacy)概念的演进,进一步把握学科教学的历史发展脉络。在近代学校教育中,所谓"素养"意味着"初步的读写能力",主要指以书面语言为媒介而构成的书面文字的沟通能力。19 世纪 80 年代，伴随着公共教育制度的普及，"读、写、算"成为学校中必须共同学习的基础教学内容。到了 20 世纪 20—30 年代，学校中掌握的"读、写、算"的知识与技能，已经不能适应日常生活与工作，于是产生了作为一个社会成员必须具备的读写能力——"功能性素养"(functional literacy)的要求。然而进入 20 世纪 70 年代，特别是在发展中国家，越是在中小学培育日常生活与工作中运用的读写能力（功能性素养），出生社会底层的人越是容易受到统治阶级的压迫，因而固化了统治阶级与被统治阶级的关系，形成了有助于统治阶级利益的价值再生产。巴西的"被压迫者教育学"之父弗莱雷(P. Freire)倡导，必须借助教育，使受压迫、受贬低的被压迫者能够批判性地直面自身所处的社会现实，争取自身的解放与社会的变革。这种"素养"谓之"批判性素养"(critical literacy)。进入新世纪，围绕"素养"的讨论愈益活跃。PISA 对"阅读素养"、"数学素养"、"科学素养"的界定就是一个典型。此前，以"〇〇素养"的方式，诸如"媒体素养"、"信息素养"、"金融素养"等概念层出不穷。而 PISA 探讨的"素养"，不是单纯的初步的读写能力，而是能够在现实世界中运用的能力。就这一点而言，它具有"功能性素养"的一面。但另一方面，PISA 的基础素养针对欧盟"关键能力"的界定，指向了另一个方向——不是旨在单纯地提高经济效率，而是应当从民主进程、社会沟通、人权与和平、公正、平等、生态、可持续的角度，提出了审视、矫正自己所处的社会模式的方向。就这一点而言，它具有"批判性素养"的一面。全球化时代期许的核心素养，应当从功能性素养与批判性素养两个方面来构想其学科教学的实践。

"素养"概念是与时俱进的。按照威利斯(A. I. Willis)的梳理，"素养"概念经历了三个历史阶段的演进，这些阶段表现了各自的主要特征[5]。第一阶段，素养即技能。这是近代学校教育发祥之前就有的观点，它是一种去语境的概念，不承认"素养"的具体语境和制约。这是第一阶段的主要特征。第二阶段，素养即学校里传授的知识技能。这种观点同现代学校教育制度的出现与发展相关。哈希(E. D. Hirsch)的"文化素养"(cultural literacy)尽管冠以"文化"的名称，但依然属于第二类概念。第三阶段，认识到素养即社会文化的创造，强调知识的社会建构过程，学习者的背景性知识和既有经验，读者和文本之间的交互作用。显然，第一阶段的"素养"概念是脱离或是排斥语境的立场的。第二、三阶段的"素养"概念都重视语境，但在第二阶段，是从个人出发来考虑与社会文化的关系的；而在第三阶段，重视的是民族和文化之中的素养的实践，第三类概念将"素养"视为民族和文化的创造，或是视为对于民族和文化之挑战，如"批判性素养"。

进入新世纪，奔腾着两股搅动世界学校改革的"核心素养"潮流。一是OECD以"知识社会"为背景界定的"关键能力"的潮流。OECD对"关键能力"的界定被纳入了OECD学生学业成绩调查（PISA）的框架，对各国教育改革产生了巨大的影响。二是美国界定的"21世纪型能力"的潮流。美国一直有众多项目致力于必要的"资质"与"能力"的概念化研究，形成了旨在培育"21世纪型能力"的教育改革运动，对国际教育界产生了巨大的影响。另外，国际项目"21世纪型能力的学习与评价"的部分见解在PISA 2015中也产生了影响。试比较各国各地区对"核心素养"的界定，可以发现存在诸多共同的特征。其一，作为教育目标培育的"能力·素养"，几乎所有国家与地区都以关键词的形态对其作出梳理，可以说，基于"核心素养"的课程改革成为当今时代的国际潮流，其背景主要是受OECD的"关键能力"与美国的"21世纪型能力"两股潮流的影响。其二，所指向的"能力·素养"，不同国家有不同的用语，包括通用能力、核心素养、关键能力、21世纪型能力、共同基础、核心力量、通用技能，等等。大体是以"通用"、"关键"的形容词与"素养"、"能力"（技能）的搭配组合起来的术语。其三，试梳理一下这些能力·素养可以发现，其大体可以囊括为"基础素养"、"认知技能"、"社会技能"三种构成要素。不同国家与地区显示出种种不同的构成要素，但大体可以分为三类：(1)读写能力、数学能力、ICT能力等语言、数学、信息方面的"基础素养"。(2)以批判性思维与学习方式的学习为中心的高阶的"认知技能"。(3)社会能力、自我管理能力等同他者与社会的关系以及其中有关自律性的"社会技能"。

（三）基于"核心素养"的学科教学

国际教育研究组织"课程重建中心"（the Center for Curriculum Redesign，简称CCR）的会长法德尔（C. Fadel）主张，在"21世纪型能力"的培养中必须重视四个维度，即不仅重视知识，而且必须重视知识同其他三个维度——"技能"（skills）、

"人性"(character)、"元学习"(meta-learning)的关联。[6]因此,学校课程必须从"知识本位"的课程设计转向"素养本位"的课程设计,借以培育学生的"全球(多元文化)素养"、"环境素养"、"信息素养"、"数字素养"、"系统思维"、"设计思维"等。这无异于提出了学科知识系统改造的课题,也提出了求得学科知识与跨学科知识平衡的课题。CCR基于证据与研究归纳出的"知识框架"表明,无论是学科知识还是跨学科知识都是沿着如下的方向得以表达的:(1)概念与元概念;(2)过程、方法、工具;(3)领域、主题、话题,而且包容了更多的跨学科表达。[7]

基于"核心素养"的学科教学面临诸多挑战。首当其冲的一个挑战是,梳理"核心素养"与"学科素养"的关系。"如果说,核心素养是作为新时代期许的新人形象所勾勒的一幅'蓝图',那么,各门学科则是支撑这幅蓝图得以实现的'构件',它们各自有其固有的本质特征及其基本概念与技能,以及各自学科所体现出来的认知方式、思维方式与表征方式。"[8]倘若认同这一观点,那么,准确的提法应当是"学科素养",而"学科核心素养"的提法自然是不成立的,这种提法只能导致"多核心"的"分科主义"的张扬。值得注意的一点是,"核心素养"与"学科素养"之间的关系也不是从两者引出的简单化罗列的条目之间一一对应的关系。这是因为,"核心素养"意味着学习者面对真实的环境时能够解决问题的整体能力的表现,而不是机械的若干要素的总和。

紧接着的另一个挑战是,各门学科如何彰显各自的"学科素养"的课题。换言之,新时代基于"核心素养"的学科教学面临怎样的挑战?概括性的回答是:界定各自学科的"学科素养",发起"上通下联"两个层面的挑战。其一,"上通",即从学科的本质出发,发挥学科的独特价值,探讨同学科本质休戚相关却又超越了学科范畴的"认知的、情意的、社会的""通用能力"(诸如问题解决、逻辑思维、沟通技能、元认知)的培育,进而发现学科的新的魅力与命脉。其二,"下联",即挖掘不同于现行学科内容的内在逻辑的另一种系统性。亦即从学科的本质出发,并从学科本质逼近"核心素养"的视点,来修正和充实各门学科的内容体系(学科固有的知识与技能),进而发现学科体系改进与改革的可能性。

下面,着重探讨一下同"上通下联"相关的两个命题:学科本质的探讨与"学科群"教学的创造。

二、现代学科教学的诉求与特质

（一）现代学科与学科教学的诉求

学校教育涵盖了学科教学和课外教育等主要领域，各自发挥其独特的作用。学科教学是基于传统的语言、科学、艺术、技术等学科与教材的划分与体系，展开知识与技能的教学的；而课外教育活动则是借助儿童在与环境的交互作用中所获得直接经验，所产生的兴趣与困惑展开问题解决，从而培育思考能力（问题解决能力）并求得知识的整合的。这种"综合学习"可以区分为"直接经验的情境"与"问题解决学习的情境"，"问题解决学习"就是联结综合学习与学科教学的纽带，而成为"知识整合化"的方法论原理。这两个侧面和谐地发挥功能，对于人格的形成至关重要。可以说，没有"关键能力"的培育，人格是难以形成的。这样，如何形成每一个儿童的关键能力，就成为学科教学的本质性课题，这些课题终究是同人格的形成联系在一起的。"人类的遗传基因拥有生物学的遗传信息，但不能没有人类的社会、文化、科学等历史地传递的遗传信息。人类正是通过教育来传承人类积累起来的文化科学成果的。"[9]

学科教学在学校教育中处于核心地位。学科的设定是以教育目标为依归，以扩大和深化学习者的知识积累与变化为前提的。大凡"学科"总有三个要素：(1)构成学科的基本概念；(2)基本概念背后的思维方式与操作方式；(3)思维方式背后的价值诉求。作为"学科"的元素决不是单纯碎片化的知识内容的堆积，学科结构必须具有逻辑。所谓"学科的本质"存在两个水准：其一，囊括、整合该学科的具体知识与技能的"关键概念"、"本质性问题"与"大观念"(big idea)，诸如"粒子"、"能源"之类。其二，该学科的认知方式与表征方式，诸如理科中的"剩余变量的控制"、"系统观察"，社会学科中的"多层面、多视角的见解"，数理学科中的"归纳、演绎、类比"等。[10]学科教学中的知识建构倘若离开了"人"这个学习主体的情感、意志、态度和价值观，离开了学习主体的具体的活动情境及其默会知识，那是不可想象的。学科教学必须根据学生的身心发展阶段及其能力发展实际，来组织体现知识体系和价值体系的教学内容。然而传统的学科教学是"教师中心"的培育"记忆者"的教学,而不是"学习者中心"的培育"探究者"的教学。就是说,历来学科教学的主要课题是"教师应当教什么",几乎不过问"学习者如何学习"。因此,历来的教学是基于教师的一厢情愿展开设计的,往往是不考虑学习者的状况的,是一切由教师"包办代替"的。这不是"真正的学习"。而晚近基于核心素养的学科教学则意味着课堂教学功能的根本转型——从"知识传递"走向"知识建构"。

基于核心素养的学科教学寻求的是"真实性"——真实性学力、真实性学习、真实性评价。

1. "真实性学力"归根结底是"可信赖、可迁移、可持续的真实的学力"[11]。这里的"知识"不是碎片化知识的堆积,而是一个系统、一种结构。这种知识不是死的知识,而是活的知识;不是聚焦理解了的知识,而是有体验支撑的能够运用的知识;不是不会运用的知识,而是能够运用的知识:(1)能够汇集、编码种种见解的智慧。不仅能够解释理解了的东西,而且能够借助语言,思考理解了的东西。(2)能够基于证据、根据作出自己回答的智慧。(3)能够基于反思,拓展语言范围,用于问题解决的智慧。这些就是21世纪型能力。总之,知识社会时代的教育的课题不是追求知识中心的学力,而是寻求以怎样的学习才能形成以"通用能力"为中心的"真实性学力"。

2. "真实性学力"唯有借助"真实性学习"——探究学习与协同学习——才能实现。探究学习的特征是:第一,儿童自身拥有课题意识。只有当儿童直面问题情境之际,才能从现实的状况与理想状态的对比中发现问题。比如在考察身边的河流的活动中,发现垃圾污染的现象,激发环境保护意识。在设定课题的场合让儿童直接接触这种对象的体验活动极其重要,这将成为儿童之后展开探究活动的原动力。第二,基于课题意识与设定的课题,儿童展开观察、实验、参观、调查、探险,通过这种活动儿童收集课题解决所需要的信息。信息收集活动可分自觉与不自觉两种。目的明确地进行调查或者采访的活动属于自觉的活动。而埋头于体验活动,在反反复复的体验活动中不知不觉地收集信息的情形也很多。这两种活动往往是浑然天成的。收集的信息多种多样,有数字化的,有语词化的,这是由于测量或者文献调查之类的不同活动而导致变化的结果。第三,整理与分析。整理、分析所收集的信息,有助于活跃、提升思维活动。这里需要把握两个度。一是怎样的信息,进行了多大程度的收集;二是决定用怎样的方法来整理与分析信息。第四,归纳与表达。在整理与分析信息之后,就得展开传递给他者或直接自己思考的学习活动。这种活动把每一个儿童各自的既有经验与知识,同通过学习活动整理、分析的学习链接起来,使得每一个儿童的思考更加明晰,课题更加突出,从而产生新的课题。这里需要关注的是,明确对方的意思与目的意识——向谁传递、为什么而梳理,这会改变进行梳理与表达的方式,也会改变儿童的思维方向。再者,自觉地把归纳与表达同信息的重建、自身的思考和新的课题链接起来,并且充分地积累应当传递的内容。可以说,探究过程是儿童自身直面现实中问题的解决而展开的学习过程。这种过程对于学习者的儿童而言,是有意义的学习活动的展开;不是没有目的、没有意义、单向灌输的学习,而是能动的学习活动,培育通用能力的协同学习。当然,要从根本上提升探究学习的品质,协同学习也是不可或缺的。单独一个人要实现探究学习是困难的,和众多伙伴一起协同学习,探究学习才能充实。协同学习可以集中诸多的信息;可以从不同视点展开分析;可以超越学校,同社区与社会链接起来。

3. "真实性学习"需要"真实性评价"的支撑。"真实性评价"不同于标准测验,它是"真实的"、"可信赖"的评价,是一种矫正标准评价的弊端而使用的概念。构成这种评价的三个要素是:第一,观察。以某种方式观察学生知道什么,思考什么,会做什么。第二,推测。推测学生的这些表现背后的认知过程是怎么起作用的。第三,清晰地把握学生的这些表现背后的认知过程本身的真实面貌。在"真实性评价"中最普遍的是"档案袋评价"。所谓"档案袋"不是存放儿童作品的单纯的文件夹,而是依据某种目的、按照时间序列,有计划地收集起来的儿童学习的足迹的资料与学习。"档案袋评价"的一大特征是,运用基于目标的评价,明确需达成的目标,让儿童高质量地、独立地完成学习任务,培育自己的学习力与自我评价力。这种评价法是根据多角度的学习来把握儿童学力的整体面貌的。表现性课题是能够体现儿童学习的实际成绩的最复杂的内容,大体可以分为笔记与实绩。前者诸如研究笔记、实验报告、叙事等,后者诸如朗读、小组讨论、演戏、体育比赛等。

（二）现代学科教学的特质

1. **学科具有动态性**。它不应当是僵化的、万古不变的，因为人类的知识基础在持续地成长与变化。所谓"学科"是以人类文化遗产为线索，选择儿童成长所必须的内容编制而成的，其内容与结构的设计需要与时俱进。学科无非是谋求儿童主体性学习活动的一种场域，因此，学科的教学并不只是习得教学内容而已，"分科主义"学科观与教材观是幼稚可笑的。学科教学的内容应当适应儿童的兴趣、爱好和不同的课题，做出灵活的调整。当然，学科的动态性不等于否定相对稳定的"学科结构"。20世纪60年代布鲁纳（J. S. Bruner）的"学科结构论"为我们思考学科的现代化问题提供了诸多启示。在他看来，构成学科课程的最重要的东西，就是抽取"构成一切科学和数学的基础性观念，形成人生和文学的基础性题材"，"这种观念是强有力的，同时又是简洁的"。所谓"学科结构"无非就是各门学科中所发现的"基础性观念"。以数学为例，所谓"代数"就是把已知数同未知数用方程式排列起来，借以了解未知数的方法。解方程式所包含的基本法则是交换率、分配率、结合率。学生一旦掌握了这三个法则所体现的具体观念，那么，"新"的方程式就完全不是新的了，它不过是熟悉题目的变式罢了。布鲁纳强调"学习结构就是学习事物是怎样关联的"[12]，就是说，所谓"学习结构"决不是单纯地获得基础性知识。这种基础性知识的学习，同时也是研究态度和思维方式的培育，是跟"学科素养"、"关键能力"的形成联系在一起的。

2. **学科不等于科学**。只有当"科学"经过了教育学的加工，体现了"学科逻辑"、"心理逻辑"与"教学逻辑"之际，才成为"学科"。学科编制的根基当然是人类社会积累下来的科学与文化的遗产，但同时又受制于儿童身心发展的条件。要发挥儿童的主体性及其内在条件，学科内容就得基于儿童的生活。亦即学科知识的教学要真正成为儿童的主体性活动，就得同他们的现实生活与社会实践结合起来。强调这一点，并不意味着学科内容的"经验主义"式编制。这是因为，学科教学必须遵循"从具体经验到抽象概念"的发展路径：儿童的"生活概念"——通过生活与经验所掌握的对事物与现象的表层把握，必须借助"科学概念"的教学，才能提升到本质性认识的高度。任何学科的构成总是包含了知识、方法、价值这样三个层面的要素：构成该学科的基础知识和基本概念的体系；该学科的基础知识和基本概念体系背后的思考方式与行为方式；该思考方式与行为方式背后的情感、态度和价值观。换言之，它囊括了理论概念的建构，牵涉到知、情、意的操作方式，和真善美之类的价值，以及探索未来和未知世界的方略。这种以逻辑的知识形态来表现知识体系和价值体系的，就是"学科"。

3. 学科教学归根结底是一种对话性实践。其一，学科教学具有"活动性"。学科结构必须是问题解决活动的系列。就是说，学科的设定必须包含具体的教育活动本身，设定学科环环相扣的四环节：目标、内容、活动、评价。"学科教学"作为学校教育活动的核心环节，是在课程编制中以计划化的学科（科目）作为媒介而预设的教学活动。这样，所谓"学科教学框架"可以界定为，以人类文化遗产而建构的多领域学科知识的客观的价值内容为其基本内容，以教师指导下学生自主学习的实践形态作为契机，去习得人类文化遗产和科学见识，从而形成学生的"关键能力"的一种方法论体系。[13]其二，学科教学具有"生成性"。根据"学科知识"的研究，"学科知识"是由"理论知识"（明言知识）和"体验知识"（默会知识）组成的。因此，我们应当从两个方面优化"学科知识"。一方面，要改造和更新"学科知识"的内容。事实上，许多学科知识中的"理论知识"内容过于繁难偏旧，落后于时代。直面现代社会问题的学科知识是十分必要的。另一方面，要认识到"基于体验知识的学科知识的相对化"[14]。缺乏相应的日常体验，即便如何正确地习得了学科知识，也不能说真正理解了它。脱离了体验的学科知识，只有字面上的意义，尽管这种知识不是毫无意义的。这种"体验知识"也就是所谓的"默会知识"，但在学科教育中往往被忽略了。总之，无论学科的"理论知识"还是"体验知识"各自具有其"相对正确性"。了解这些知识的特征、价值和内容是十分必要的。

基于"核心素养"的学科教学离不开三大关键课题——洞察"学科本质"（构成学科的核心概念）；把握"学科素养"（软化学科边界，实施跨学科整合）；展开"学科实践"。其具体的切入点就是"三维目标"。从国际教育界流行的"冰山模型"或"树木模型"可以发现，各国的学科教学都存在着用各自的话语系统表述的"三维目标"。只不过我国的"三维目标"用"知识与技能；过程与方法；情感、态度、价值观"来表述罢了。"三维目标"是一个整体，不可分割。有人反对"三维目标"，说"三维目标"是"虚化知识"，因此是"轻视知识"的表现。错了，"三维目标"恰恰是基于现代"学科素养"概念的界定,因而恰恰是"重视知识"的表现。为什么这样说呢?这里,可以借用日本学者提出的"扎实学力"(基础学力)的"四层冰山模型"[15]来说明这个问题。假定有一座冰山,浮在水面上的不过是"冰山"的一角。倘若露出水面的一层是"显性学力"——"知识与技能"、"理解与记忆",那么,藏在水面下的三层则是支撑冰山上方显性学力的"隐性学力"——"思考力和问题解决力"、"兴趣与意欲"以及"体验与实感"。"真实性学力"即是由上述的显性学力和隐性学力组成的,它们是相辅相成、不可分割的一个整体。为了实现指向"真实性学力"的"真实性教学",我们必须把握"真实性学力"形成的两条路径:其一,从下层向上层推进的学力形成路径,即从"体验与实感"、"兴趣与意欲"向"思考力和问题解决力"以及"理解与记忆"、"知识与技能"的运动;其二,从上层向下层延伸的学力形成路径,即从"知识与技能"与"理解与记忆"向"思考力和问题解决力"以及"兴趣与意欲"、"体验与实感"的运动。这种表层与深层之间循环往复的学力形成路径,正是培养核心素养所需要的。

不过,"学科的边界不是实线、直线,而是点线、波线"[16]。超越传统学科的边界,谋求儿童主体性学习活动的学科之间的链接与整合——这是基于核心素养的学科教学必须遵循的一个重要原理。学科教学的过程绝不是简单的知识灌输的过程,扎实的学科教学需要关注学生的道德成长,关注学生的知识习得、知识活用和知识探究。罗塞韦尔特(T. Roosevelt)曾说:"只求知性而没有道德的教育,无异于培植对社会的威胁。"[17]因此,学科教学的研究不能停留于"具体教法"的探讨,还必须追究各自"学科素养"的形成。显然,各门学科拥有体现其各自学科本质的视点与立场,但同时又拥有共同的或相通的侧面。唯有透视"学科群"的本质特征才能精准地把握"学科素养"。下面就来探讨若干学科群的本质特征,以便为"核心素养"语境下各自学科"学科素养"的界定,提供思想基础。

三、学科群:把握"学科素养"的一个视角

(一)语言学科群:语言能力与意义创造

语言学科群主要是以"语言能力"(包括听、说、读、写)作为主要对象,旨在提

升儿童当下及未来的语言生活品质而组织的教学内容的总体。语言教学涵盖了语言理解力与表达力的提升、掌握语言沟通的技能，以及基于语言的思维能力的提升等目标，希望借助语言来求得人性与人格的内在成长。

所谓"语言能力是以知识与经验、逻辑思维、直觉与情绪为基础，深化自己的思考，运用语言同他人进行沟通所必须的能力"[18]。这个定义有两个要点。第一个要点是"以知识与经验、逻辑思维、直觉与情绪为基础"，包含三层涵义：（1）知识与经验。强调学习者倘能以自身的"实感、领会、本意"去获取知识，那他获取的知识就不会被剥离，而是会作为学习者的生存能力固着下来，在种种情境中加以运用。（2）逻辑思维。逻辑思维薄弱的话语难以说服别人，获得他者理解，而且表明学习者理解事物的能力、运用知识的能力也薄弱，控制情感与欲望的理性的作用也会薄弱。培养这种逻辑思维有两点是重要的，一是能够明确地叙述判断与见解、解释之依据；二是能够琢磨、思考判断与见解、解释之依据的逻辑性。（3）逻辑思维和直觉与情绪。两者并非二元对立，而是相互影响、相互关联的；两者并非各自活动，而是统整地活动的。两者的关系可以转换到认知层面与情意层面。语言能力与内心世界是相辅相成的关系。所谓儿童的"内心世界"，既有获得的知识，也有经过语言化了的体验——经验，也有逻辑思维、直觉、情绪的综合作用。所有这些都是个人固有的"内心世界"。"语言能力"在内心世界的培育中起着巨大的作用，两者不可分割、相辅相成。第二个要点是"人际沟通"。要建立诚信的、良好的人际关系就不能表面化地理解沟通。仅仅抓住同他者沟通所必须的语言运用力的部分，把语言力视为沟通力，是一种狭隘的理解。"沟通"是以知识与经验、逻辑思维、直觉与情绪为基础的，是在深化自身的思考中展开的。因此，所谓"沟通"亦即"表达自己的内心世界并传递给对方，理解对方的内心世界，最终理解自身从而培育自己的内心世界"。可以说，"沟通"是在沟通过程中培育和深化人际之间内心世界的行为，是受对方的内心世界的触发，从而理解并培育自己的内心世界的行为。

"语言能力"必须在打破学科边界的条件下培育。语言是学习的对象，同时也是学习的重要手段。没有语言能力，学科教学就会受到影响，因为语言是从事学习的重要手段。好的数学教学就是运用语言培育数学思考方式，运用语言加深对数量和图形的知识与理解，其结果亦即培育语言能力。社会学科、数理学科等其他学科莫不如此。语言能力原本就具有通过语文学科之外的各门学科培育的一面，培育各门学科的学科素养的教学终究是培育语言能力的；而培育语言能力的教学终究是培育"基础学力"的。尽管如此，通过各门学科提高的语言能力，反映了各门学科的特质。各门学科既有共同的要素，也有学科独特的要素。比如，逻辑思维能力是数学教学和语文教学的要求，但它们之间有共同点和不同点，因此需要讲究学科之间的"整合"。语文作为培育语言能力的核心学科应当发挥愈益重要的作用。语言能力不充分，个人的成长与发展就不会充分。语言能力病病歪歪，无异于个人的成长与发展病病歪歪。要保障儿童的学力和成长，需要各门学科教师的通力合作，致力于语言能力的培育。

（二）数理学科群：认知方略与问题解决力

从数理的角度综合地、发展性地考察和处理客观现象的态度与技能的学群科，谓之"数理学科群"。在"数学"教学中"培育数学思维的能力"与其说是授予数学的知识与技能，不如说是养成如下"数学素养"：尽可能地运用数学来考察与处理现象的能力与态度；展开数学创造的能力与态度。归根结底是在数学的思维中养成数学的审美与数学乐趣。"理科"是以自然界的事物与现象为对象的学科，其对象包括生物与无生物。儿童通过同这些自然现象的接触，借助感官获得信息，而其所获得的信息作为概念在头脑中构成网络的一部分，并形成记忆的一端。在这里，是否汲取来自外部的信息，同网络的哪一部分链接，必然受到儿童既有的"前概念"的极大左右。儿童通过同自然现象的碰撞，在建构科学概念和习得探究能力的同时，也获得了情意方面的培育。一般而言，儿童的既有概念（朴素概念）是顽固的、难以变化的。要习得科学概念就得面临两难困境，探究变革概念的策略。这种策略包含了诸如"生成"、"置换"、"拓展"、"修正"、"整合"、"坚守"、"缩小"等类型。作为理科教育的目标，其最大的公约数是形成"科学素养"，亦即把握科学的基本概念构图，通过探究过程作为自然科学的方法，在重视直觉、发展创造性能力的同时，养成理想的科学态度，形成科学的世界观。

(三）艺体学科群：艺术表现力与鉴赏力

包括音乐与美术在内的"艺体学科群"在应试教育的背景下往往是被边缘化的。然而音乐是古希腊的七艺之一，我国古代的《十三经·礼记》之《乐记》作为"礼乐论"也表明了音乐应当是人所必备的教养，"琴棋书画"可谓"教养"的重要表征。"音乐不是描述如何看待社会生活的语言，而是同社会现实紧紧相连的情感的比喻性表达。"[19]音乐语言不同于语词语言，它不仅仅是一种知性的理解，也是一种基于情感的理解方式。美术教学的目的不是旨在习得实用技能、熟练技法，而在于丰富的人性的形成，由此生成美术教学本身的知识与创造性思考力、技能之类的目标，这就是美术教学的价值存在。这种知识与技能只有不是碎片化地，而是系统地、结构性地习得与熟练，才可能为丰富的艺术观与世界观的形成奠定基础。在美术教学中求得自身内在感悟的表达，自然是一个创造性的过程。正因为这是独特的个性化的东西，所以同人格的形成密切相关。这种美术教学的创造性表达作用借助于"表现力"——把自身内心的感悟化为可视的形态——的支撑。这种表现大体可分成作为"心像表现"的绘画与雕刻，和作为"功能表现"与"适应表现"的劳作、工艺与设计。其作品是作为儿童的经验与知识、印象与感动而能动地产生的。[20]21世纪的艺术教学（音乐、美术、舞蹈、戏剧、戏曲、影视）则秉持其独特的教育哲学[21]——超越"为了艺术的教育"和"通过艺术的教育"这样一种二元对立的观念，着眼于"学科整合"的前提，把"艺术表达"、"教育"、"认知"、"整合"等概念彼此融合，形成一个统整的"艺术学科群"的框架。根据纳什（J. B. Nash）的界定，"体育是教育过程的一个侧面，是通过个体的运动冲动之运用，从神经肌肉、知性、情绪各个方面有机地发展人的功能的一种教育领域"[22]。就是说，"体育"是旨在"保障健康、强健体魄"而系统地组织的教育活动或学科形态，拥有参与人格形成的教育功能——借助运动以及嵌入相关的体操、舞蹈的实践而展开的教育，谋求儿童身心的健全发展，同时养成"终身体育"的态度与能力。21世纪的学校体育面临的新课题是，如何基于运动所拥有的"六种教育学视点"——发现身体、审美体验、危机状态的经验与考验、成绩的保障、竞争与合作的社会性行为的机会，以及健康的维系与对健康的认知，来展开体育教学。

(四) STEM 学科群：跨学科能力

有别于分科主义的教学传统，也不同于传统的学科群划分，近30年来美国教育界致力于推展所谓"STEM"（科学、数学、工程和数学）学科群。这个学科群的框架，既是分科（学科）的，又是整合（跨学科）的，也是包容（可延伸和拓展）的。比如，STEAM——包容了"艺术"（Arts）；STEMx——包容了x，这里的x代表计算机科学、教师思维、调查研究、创造与革新、全球沟通、协作等"21世纪型能力"。STEM学科群的学习活动可以开发出种种模式：或者基于一个学习领域课题的学习活动，让学生综合诸多学习领域相关的学习元素；或者通过专题研究让学生综合不同学习领域的学习元素。进入新世纪，STEM进一步发展为美国课程发展的战略。[23]"K-12年级STEM整合教育"就是旨在使学生展开"问题导向型学习"，为学生提供运用知识的实践机会——设计、建构、发现、创造、合作并解决问题，积累"真实性体验"。STEM瞄准的是"跨学科能力"，其整合教学的设计突出了三个要诀[24]：其一，整合，重视整合教育的设计。其二，重建，支持学科概念的运用与重建。其三，适度，整合不是越多越好。可以说，STEM能够为学生提供超越传统的分科教学价值的适当时机、情境和目标，代表着新时代学科教学发展的新路标。

值得注意的是，这里的"跨学科"概念有别于"融合"的概念，它指的是两个学科结合的同时，又保留各门学科的特征和区别，利用各门学科不同的视角更好地求解某个问题，从而强化"有意义的学习"。美国国家纳米科学与工程教学中心（NCLT）开发的纳米科学跨学科课程就是一个典型的案例。它首先确定了初、高中教育水准下以纳米科学为主题的八个"大观念"：(1)尺度与数量级；(2)物质的结构；(3)尺度所决定的特性；(4)作用力；(5)自组织；(6)工具与设备；(7)模型与模拟；(8)纳米与社会，然后编制了同大观念相关的科学与数学原理矩阵图。这里仅撷取其中的五个"大观念"为例（表4-1）[25]：

表4-1 纳米科学的"大观念"同相关科学与数学原理的矩阵图（局部）

大观念	科学视角	数学视角	探究性问题
(1) 尺度与数量级	● 测量 ● 精确性与准确性 ● 估计	● 比例推理 ● 尺度数字 ● 误差	● 多小尺度才算小？

续　表

大观念	科学视角	数学视角	探究性问题
(2) 物质的结构	● 物质的结构	● 制图	● 微观物体是怎样排列的？
(4) 作用力	● 分子间的作用力		
(6) 工具与设备	● 制图 ● 建模 ● 适合的工具 ● 实验	● 整数 ● 制图 ● 绝对值 ● 测量	● 我们如何制作微观物体？
	● 数据收集	● 二维与三维图表	
(8) 纳米与社会	● 科学的本质	● 数字认识 ● 比率与比例	● 纳米与社会有多大影响？

(Eric Brunsell 编《在课堂中整合工程与科学》，周雅明、王慧慧译，上海科技教育出版社 2015 年版第 165 页)

这种纳米科学跨学科课程的框架是基于**探究学习的如下五大特征**设计的：**(1) 与科学相关的问题激发及参与性；(2) 回答问题的重点在于列举事实；(3) 在事实基础上阐述解释；(4) 解释要和科学知识相联系；(5) 对解释内容展开对话、展示并验证其合理性**。[26] 这样，整个课程的框架结构就包括了与各个大观念相关的探究性问题、主题分类问题、活动及总结性问题。探究式问题旨在激发学生的参与积极性。

如果说，近代学校教育以"双轨制"为其根本特征，那么，**当代学校教育改革的方向是由两个基轴交叉而成的：一方面是推进教育水准的维系与拓展的"均等化"的水平轴，另一方面是追求质量提升的"卓越性"的垂直轴。如何实现这种"鱼与熊掌兼得"的教育策略，也是当代学科教学的发展回避不了的一个严峻挑战**。显然，STEM 跨学科课程的设计可以彰显新时代学校改革的方向，为基于"核心素养"的学科教学发展提供广阔的视野与潜在的效能。

参考文献

[1] 佐藤正夫.教学原理[M].钟启泉,译.北京：教育科学出版社,2001：63—70.
[2][3][4] 山根祥雄,编.学科教学的理论谱系[M].东京：东信堂,1989：3,4,182—184.
[5] 寺崎昌男,等,编.新的学习方式"学科的作用[M].东京：东洋馆出版社,2001：16—19.

[6][7][17] C. Fadel,等.教育的四个维度[M].岸学,主译.京都：北大路书房,2016：62,94, 126.
[8] 钟启泉.基于核心素养的课程发展：挑战与课题[J].全球教育展望,2016,(1)：8.
[9][19] 真野宫雄,等,编著.21世纪期许的学科教学模式[M].东京：东洋馆出版社,1995：69,59.
[10] 奈须正裕,江间史明,编著.基于核心素养的教学创造[M].东京：图书文化社,2015：20.
[11] 森敏昭,主编.创造21世纪的学习：学习开发学的进展[M].京都：北大路书房,2015：11—12.
[12] J. S. Bruner.教育过程[M].华东师范大学比较教育研究室,译.上海：上海人民出版社,1973：5—11.
[13][16][21] 日本学科教育学会,编.新型学校课程的创造——学科学习与综合学习的结构化[M].东京：教育出版,2001 81,81,150—151.
[14] 钟启泉,编著.对话教育[M].上海：华东师范大学出版社,2006：117—122.
[15] 梶田叡一.新学习指导要领的理念与课题[M].东京：图书文化,2008：120—121.
[18] 人间教育研究协议会,编.新学习指导要领[M].东京：金子书房,2008：122—125.
[20] 福泽周良,等,编著.学科心理学指南：基于学科教育学与教育心理学的理解教学的实证研究[M].东京：图书文化社,2010：128.
[22] 奥田真丈,等.主编.现代学校教育大事典(第5卷)[M].东京：行政出版,1993：1.
[23][24][26] 赵中建,选编.美国STEM教育政策进展[M].上海：上海科技教育出版社,2015：116,182—185,166.
[25] Eric Brunsell,编.在课堂中整合工程与科学[M].周雅明,王慧慧,译.上海：上海科技教育出版社,2015：164—165.

第5章
教学方法：概念的诠释

教学方法不同于一般的应用技术，拥有其作为"育人"的方法论的特征。由此，引出了教学方法研究固有的"教育关系"问题，形成了基于沟通理论的教学方法研究的基本范畴——教学形态、教学方式、教学策略。教学方法是一种复杂的、动态发展的概念，倘若没有多层面、多角度研究的支撑，是难以得到诠释和理解的。教学方法的发现与超越归根结底是教师学习的过程。

一、教学方法的概念特征

教学方法作为教师达成教育目的之手段的体系，是教师"教学实践力"的最直观的表现。教学方法的概念是一种复合的概念而非单一的概念，同时指涉一组繁复的概念或活动流程，拥有不同于一般"方法"的独特性。

（一）教学方法不等于应用技术

所谓"教学"是"教授与学习的过程"。教授与学习并不是单纯的并存关系，真正的教学唯有通过教师的教授活动，触发学生产生学习活动，并据以展开进一步的教授活动，才能产生。这是一种合作性的交互作用的过程，而教学方法则是"引导、调节教学过程最重要的教学手段"[1]。

教学方法必须在教学的"目标—内容—方法"的关系链之中加以考察。"方法"相当于古希腊语的"methodos"一词。就词的本义而言,一方面是指操作行为的顺序,亦即"达成某种目的的途径";另一方面则是指狭义的"导致所在情境的问题解决的方法"[2]。在教育史上,长期以来"教学方法"的概念远比现今的用法广泛。例如,在夸美纽斯(J. A. Comenius)看来,"方法"意味着包括教学的最一般原则在内的所有一切。他的《大教学论》开宗明义地声称教学是"把一切事物教给一切人类的全部艺术",探讨"不会使教员感到烦恼,或使学生感到厌烦,能使教员和学生全都得到最大的快乐"的方法[3]。在这里,他给我们提示了教学方法暗含的前提——使得每一个学生"迅速地、愉快地、彻底地懂得科学,纯于德行,习于虔敬"[4]。这就是说,我们可以确立这样一种方法意识——借助教学的技法是有可能对每一个学生施加教育影响,教授其一切的事物的;每一个学生是有可能得到"形塑"的。裴斯泰洛齐(J. H. Pestalozzi)则把认知过程本身,亦即相当于儿童认知路径的教学进展视为"方法"。赫尔巴特(J. F. Herbart)在种种不同的意义上使用"方法"的概念。诸如,认识的阶段、教学的连接顺序,或是各个阶段中运用的方法等等。也就是说,"方法"这个概念在过去是包含了所有的"过程—方法"在内的。不过,在发展的进程中"方法"的概念越来越精细,替代了逻辑学的性格,教学法的性质越来越强烈;"解决的方法"的意义替代了"途径"的意义,占据了支配地位。而今,我们基于精致化的教学论认识,明确地区分了教学的过程与方法,尽管两者密切相关,处于复杂的统一的关系之中。

一般所谓"方法"是受"目标"与"内容"制约的,指的是该采取怎样有效的方式、方法、手段和技巧来实现目标。教学方法当然也具有这样的侧面与性质。不过,教学方法不能等同于应用技术,它拥有其作为"育人"的方法论的独特性,由此延伸了教学方法固有的种种问题。从发生学的角度看,应用技术也是从教育活动中产生的经验加以系统化的结果,诸如"○○教学法"之类的定型化的知识,尽管有其广泛应用的可能性,但同时作为一种惰性态,却丧失了活力,终究难免同教育活动产生矛盾。就是说,教学方法原则上是基于不断的反思与洞察,求得经验的不断重建和超越的一种指针。如果说,应用技术是从教育活动中"发现"的知识的整合,那么,教学方法则是涵盖了应用技术在内的不断"发现"与"再发现"的尝试。归根结底,教学方法是一种动态发展的概念。

当然,强调教学方法受制于目标与内容并不意味着可以轻视教学方法本身所具有的价值与作用。这是因为,"教学目标—教学内容—教学方法"之间的关系不是线性的、片面的依存关系,它不过是大体反映了教学过程的逻辑罢了。教学方法的选择是有效地达成一定的教育目标,提升师生互动,促进学生能动性的重要前提。这就是说,方法受制于目标与内容,反之,方法又反作用于目标的达成与教学内容的习得。方法并不是中立的,某种教学方法既可以积极地,也可以消极地影响学生。教学方法本身带有重要的教育意涵。在"目标—内容—方法"关系链的内部存在着诸多衍生的关系,往往会在具体的教学过程中直接地发生作用。例如,在数学、历史、文学的教学中,我们不能把"内容—方法"的关系当作"一般关系"来处置。历史教学是帮助学生理解历史演进过程的问题,文学教学需运用适于文学事实的思维方法,我们不能用教历史的方法去教文学。因此,"内容决定方法"这一命题必须考虑学科教学方法的特殊性。[5]

(二) 教育关系:教学方法的根基

所谓"方法",就在于依据作为现实的客观认识的理论,形成行为或是操作的规则体系。"方法"具有规范性。"方法"的功能在于引导人实现目标的行为,因此具有"人的行为楷模或规律性要求"的性质。"方法"的本质是:(1)方法是旨在实现目标的手段。(2)方法受客体的制约,并适合于客体的操作系列,即方法是受内容制约的。(3)方法的基础是理论,方法接受理论的指导。(4)方法是规则的体系,具有指令性。(5)方法具有结构,它是构成一个体系的有计划的一连串行为或操作。[6]教学方法同其他方法一样,"是从一定的条件出发,导向规定的目标,规定可操作的系统的原理与规则的系统"[7]。

教学方法受教育的目标、教学内容、儿童观和教师观的制约,同时也受到可供利用的设施设备的制约。因此,教学方法将会随着这些要素的更新而被不断地"再发现"。事实上,迄今为止一直在倡导并实践着各种各样的诸如"同步教学"、"个别教学"、"小组学习"、"经验学习"、"系统学习"等教学方法,都是基于有效达成各自的目标的可能性而备受青睐的。不过,要使这种可能性变为现实,就不能不直面"教育关系"的问题。就是说,教学方法能否发挥出色的功能,取决于该方法本身的属性与模式。倘若其不能有效地发挥功能,不能解决问题,就得分析其原因——该方法或是不恰当,或是错误,或是不能适应,转而摸索别的方法。反之,倘若其能够有效地发挥作用,就可以判定该方法是适当的、可信的。这就是说,"方法"优劣与否是需要考察的。

不过,在这里同时存在着难以把握的、重要的、隐性的方法意识的前提和理解——师生之间、生生之间的"教育关系"。既然教学方法是在师生之间、生生之间形成的,那么就得基于"教育关系"来考察其是否能够有效地发挥作用。可以说,作为教学方法的问题应当探讨的是"合作性教育关系"的模式及其重建。这是因为,"所谓'学习'就是参与文化实践。就是说,关系的创造不是面向集体内部的规范,而是面向集体外部(文化的、社会的场所)的。当关系的创造面向集体内部之际,特别是面向维系集体规范之际,成员之间的关系只能是权力关系。但是,当关系的创造面向集体外部(文化的、社会的场所)之际,成员之间的关系是合作性关系"[8]。关于建构教学方法之前提的教育关系及其模式的问题,日本教育学者吉本均给出了富于启示的观点。他说:"本质上儿童拥有'拒绝的自由'。唯有以儿童的拒绝的自由为前提,才谈得上真正的教学。不承认对方的'拒绝的自由',无非就是'管理与支配'的逻辑。"[9]现代学校教育中师生关系的崩溃,就是对拥有'拒绝的自由'的关系的一种觉醒。师生关系、生生关系是以双向主体之间的相互关系为基础的"对话"、"合作"、"沟通"的关系——这是一种新型的"合作性教育关系"。我们必须基于这种新型教育关系的构筑,发现和发展新的教学方法。

明晰教学方法的概念特征,特别是把握教学方法的基础——教育关系,有助于教学方法从单纯的"育分"手段上升到"育人"的高度。这是因为,教学的使命在于为每一个学生的"学力成长"与"人格成长"奠基,造就有社会责任感、有教养的公民。学校中的教育活动归根结底"不是基于私密性原理,而是基于公共性原理展开的"[10]。教师唯有借助构筑师生之间、生生之间充满信赖感的沟通关系,并且借助这种"关系性"功能的发挥,才能有效地展开日常的教学活动。

二、教学方法研究的基本范畴

教学方法研究需要强化作为教学方法的"方法意识"——应答性沟通。在此前提下，至少涵盖如下三个范畴的研究：其一，教学形态，大体是三种教学形态的分类，即个别学习、小组学习与班级的同步学习。其二，教学方式，诸如"阐释性学习"（有意义接受学习），"探究性学习"（发现学习、问题学习、项目学习等），"个别性学习"（程序学习、网络学习等）的研究。其三，教学方略，即教学形态与教学方式的组合。这种"组合"不是单纯的方法、技法的选择，而是兼容了"内容之知"、"方法之知"、"体验之知"的教学的"战略"（strategy）与"策略"（tactics）的研究。[11]

（一）方法意识的觉醒：应答性沟通

"教与学作为教学的基本关系是一种社会现象，一种沟通与合作的现象，因而是我们全部教学论考察的出发点。"[12]教学是以教材作为主要媒介而展开的。问题在于，是仅仅停留于从某种意义上说仅是教材的符号体系处理的教学，还是使学生从教材的语言中咀嚼其意涵，进入想象的世界，拥有自己的思考的教学——两种教学之间存在着显著的差异。倘若学生不进入各自的教材世界，是不会有学习发生的。只有进入教材的世界，教师和班级同学之间真正的应答性学习才能成立。

在教学中必须借助教师的话语，引导学生进入教材的世界，而且根据教师的指令，使得学生的思维一步一步地聚焦。当教师的话语不是单纯的物理性声音而是扣动学生心弦的声音时，真正的教学才能形成。教师使得学生与教材相遇之际，学生便作为"学习主体"站立起来了。此时的学生能够运用既有知识和自身的思考，拥有自己的想法，期待着老师与同学是怎样思考的，从而拥有了应答的准备。唯有学生在从事特定课题的活动，并且这种活动在应答性的沟通语脉中得以展开，才真正称得上是教育性的活动。没有同教师与同学之间的应答关系的活动，纯粹孤立无援的活动，即便学生掌握了某种知识、态度，也不能说是获得了真正的学习和发展。

当教师与学生进入一个共同的教材世界、一起展开对话的时候，教师的话语才能同学生关联起来，学生才能接受，这时教师的问题才能成为学生的问题，教师的应答性评价才能促进学生的觉醒。学生在协同学习中逐渐地认识自己的经验、表达自己的见解，交换各自的主张，从而理解自己与他者，并在相互启发和激励之中，形成协同学习的纪律。当学生经历这样的步骤，同教师和班级同学分享某种知识与技能、态度以至信念、价值，这就是"应答性沟通"。应答性沟通不是单纯的交谈。"'教学对话'的特质是目标指向性与内容关联性。在这一点上有别于'自由对话'。教学中的对话是受指导的对话，是沿着一定方向实施的对话。"[13]师生作为主体，参与主体之间相互的应答性沟通，就是教育、发展学生的过程。满足这种应答性沟通的要素是：

其一，学生的智力能动性。没有学生能动地进行的智力活动，就不可能有学习。因此，在教学中如何组织学生作为能动的主体展开学习的过程，探明其原理与方法，成为教学方法研究直面的重大课题。这是因为，唯有在教学中不是被动地接受片断知识的灌输，而是能动地习得价值体系，才能实现学生的学力成长与人格成长。学生并不是教学的"客体"，而是能动地建构自身学习活动的"主体"。唯有这种教学才能出色地形成学生的人格。不过，在这里，不应当仅仅将形成教学中学生高水准的能动性视为有效教学的一种手段，它本身就是教学的重要目标。重要的是，在教学中必须区分外在的现象形态与内在的能动性。这里所谓的"内在的能动性"是指"在扎实地习得教学内容的过程之中的认知的能动性"。在教学中不是追求外表看来"忙碌"、"活泼"的状态，而是强调学生对教学内容本质的对话性实践的"认知的能动性"，这才是教学中智力能动性的本质所在。

其二，教师的应答性评价。教师越是时刻地关照学生的发言、行为、表情，逐一地作出评价，就越是能够强烈地影响学生。教师对学生的不懈的应答是极其重要的。学生在发言、表达和采取行动之际，总是怀着某种焦虑和困惑，总是期待着来自教师与同学的反应的。师生之间与生生之间持续不断地应答的课堂是活跃的、发展的课堂。在没有应答、只有不着边际的反应的课堂里，学生往往是离散的、利己的。为了培育学生作为能动的主体应答的课堂，必须展开教师的教育性评价活动。得到教师即时的评价，学生才会产生积极性，确立起自信心。应答性评价是教师具备的一种根据学生的现实，激发并引领学生的强有力的影响作用。资深教师善于在学生的发言和行为之中发现"成长"的萌芽，然后给予肯定性的评价。对于学生而言，所谓"好老师"就是能够发现自己长处的老师。倘若对于学生的失败和不足一味做出否定、斥责的反应，就会切断师生之间的信赖关系。学生的发展潜能是肉眼看不见的，学生本人也未必会发现，但教师应当是可以发现的。这是因为，教师心中拥有作为理想的学生、班级、教学的具体形象，而且能够具体地把握达于理想状态的路径。所以，教师是能够在学生的动态发展之中发现"成长"的萌芽的。教师致力于不断地发现学生，并且做出应答性评价，就是在激励学生、发展学生。

（二）教学形态的研究：个体与集体

我们司空见惯的教学形态是这样的：在课堂"同步教学"的背景下，教师把教科书作为主要教材进行讲解、板书，时而提问，确认儿童理解的情况，次第展开教学。这是一种"应对集体"的"知识传递、教师中心"的被动型教学方法。这种教学方法是一种灌输式的教育，学生被动地应付，既谈不上真正的理解、巩固与应用的问题，也谈不上创造"集体思维"的班级教学。这种教学理所当然地遭到批判。另一方面，重视学生的经验、兴趣、爱好的教育，可以谓之"个别应对"的重视"学习者中心"的能动型教学方法，并且着力于支撑、促进这种教学的转换技巧与方法的摸索。支援个别施教的教学方法不仅限于今日，在以往也有"自主学习"和"个别学习"的构想和实践。

在教学方法研究中围绕"集体优先"还是"个体优先"的问题，一直论争不休。然而，集体与个体并不是毫不搭界的，而是不可分割的关系。学习是一种个体性的行为，而非集体的。因此，教学的方法也必须首先从如何支援个体性学习的角度来构想。教师需要守护每一个学生的"独自学习"，回应来自学生的需求，给予必要的援助和建议。同时，班级教学并不是单纯的便于集中管理的权宜之计，其根本的意涵在于确立起"自他关系"的理想的"合作关系"与"协同学习"。现代学校教育中人际关系淡薄、有意义的他者的丧失等异化现象，并不是同教学方法无关的问题，应当积极地作为课题纳入教学方法研究的视野。个体应受到尊重是谁都不会否定的,正因为如此,才必须探讨如何组织对个体产生巨大影响的"集体"的问题。在封闭的僵化的关系起支配作用的组织中,是不可能有个体的解放感与自由感的。唯有在个体的愿望、困惑、失败与挫折得以终结,可信赖的集体之中,才能实现个体的解放与自由,才能实际感受到个体受到的尊重。倘若如此,那就不仅仅是构筑师生之间一对一的关系,而是必须有意识地谋求兼顾个体与集体的教学活动的展开。否则,在班级教学中就难以体现全员分享合作思维的意义。在教学活动中,倘若仅仅关注有效教学的组织,却轻视了学习的这种原本的意义,那么,就不可能改变同他者关系性的丧失的现状,甚至会加剧这种现状。一味强调"个别化",强调个体与集体对立关系的构图,是违背教育的逻辑的。

当代的自主学习认知模型告诉我们,"自主学习不是孤立地推进学习,而是在同伙伴与教师的交互作用之中自律地调控学习的过程"[14]。在课堂学习的情境中存在着学习者的友人与伙伴,借助他们的榜样作用,或者把同伙伴的交互作用的机会作为学习资源来利用,学习者可以提高自己的内在动机,获得自我调控的方略。关键在于如何把握"学习个别化"与"学习共有化"的课题。"学习个别化"大体有两种意涵:其一是如何应对教学中的个别差异的问题;其二是如何尊重并涵养个性,亦即个性化的问题。显然,传统的班级授课中一味讲求划一的"同步教学"是根本适应不了"学习个别化"的要求的。但另一方面,不能忘了"学习共有化"的教育价值。所谓"共有"是指,"共同拥有异质的个人与集体直面的课题,参与共同问题的探讨,共同创造问题解决的过程"[15],亦即具体课题的共同拥有与具体的交互作用行为。"学习共有化"的一个潜台词是,没有差异就不可能有对话,也不可能形成集体思维。学生之间的差异,才是课堂教学的原动力。

教学方法的研究不应当从二元对立的构图出发,而应当以"合作性教育关系"的存在为前提,多角度、多元化地创造出基于对话的"文化性实践"——展开自主合作的学习——的教学实践。

(三)教学方式的研究:习得与探究

教学方法的追求就在于,基于上述"合作性教育关系",超越单纯的"习得型教学",走向"自主、合作、探究的学习"的创造。实现这种"协同学习"需要满足如下条件：

其一，学生主体性地"参与"。教学方法主要是从教师如何作用于学生、回应学生的角度来论述的。此时学生的地位需要从被动受教的客体身份转换为自主学习的主体身份。教师预先决定好的"主体理解"往往是在一定框架内的"主体"而已。值得关注的是"参与"的概念。不过，以"参与"为名的学习其实存在着种种阶段与差异。今日一般的所谓"参与型学习"都是借助诸如竞赛、演习、辩论之类，调动参与者的积极性的"活动"与"动作"。各种活动重视参与者相互交流、交换见解等协同学习的方法，具有"自由度"、"愉悦度"、"想象性"、"具身性"等特点。这种"参与"不仅停留于参与这些活动的层面，而且也推广到教学的设计与展开的层面。亦即汲取学生对教学的愿望与要求，在课堂教学的框架中反映这些要求，同学生一起创造教学。这种场合的"参与"就不是按照教师预先设计的教学方案来参与学习，而是参与教学框架本身的创造。在这里，学生被置于课堂教学的"合作创造者"的地位，这样做不仅使学生成为教学的主体，而且促进了学生的"权利"意识。基于这种"参与"的教学方法，可以让学生主动地进入学习过程，其优越性是不言而喻的。

其二，从"习得型教学"走向"探究型教学"。从学生的学习方式来看，存在着"习得型教学"与"探究型教学"的分野。在"习得型教学"中，学习并不是全都仰赖于学生凭借自力和合作解决问题，相反，教师必须琢磨教材教具，采取令学生明白易懂的教学，并在此基础上加深学生对概念的理解，或是准备好学习的课题，让学生应用知识与技能。因为"习得型教学"仅仅着眼于教，然后借助反复练习来求得熟练。"探究型教学"则是按照学生的兴趣、爱好来设定课题，寻求有助于思考力、判断力、表现力的活动的支援。在探究中激活习得的教学内容，这是一种更大意义上的活学活用。前者的教学方法，将一元的价值观强加于学生并由此带来了过度的竞争状态，知识的识记与注入导致了思考力、想象力、创造力的欠缺。后者的教学方法不仅有助于提升学生的感悟、思考与行为，而且有助于增强社会的集体意识。

其三，开辟超越课堂的社会性合作学习的平台。值得关注的是超越课堂时空的教学尝试，如应用互联网的教学网络，利用数据库的电视教学的储存，同其他学校与课堂进行信息交换。这些学习是知识社会里可以设想的教学型态,能够超越传统的教室,获得世界的信息。师生能随时将教学活动的成果发送给别的学校和班级,并据此展开沟通交流。信息技术成为学生思维的工具、对话的工具、表达的工具,从而创造出新的学习场和环境。学生的学习范围得到前所未有的扩充,不同于教师对教材的教学论"加工",这种教学使学生直接经验到立时直面信息与现实的人际交往的场域。在这里,重要的不是经验的多寡,而是学生直面信息与现实以及人际互动之际直接作用于对象的行为和由此接纳的行为。这样,超越时空限制的扩散式学习的课题——如何凝练课堂中的学习,如何历练学生的学力,如何把作用与被作用这一双向行为主体化——成为教学方法研究的一个课题。在信息通信媒体成为教学必不可少的工具的场合,必须培养如何有效地应用教学媒体,以及基于媒体展开教学的技能和素养。媒体基本上是联结儿童特性与教学方法的一种装置,因此,期待创造出不同于传统课堂教学的、支持学习的新的教学方法,乃是理所当然的。不过,这种基于信息媒体与网络媒体的广度与速度的新的学习,可能会带来虚拟体验,以及虚拟世界与现实世界的混淆,导致缺乏具身性与体感性的危险。媒体终究是学习与思维的一种"工具"。因此,重要的是如何把媒体置于人与人、人与物之间,把通过媒体获得信息,设计成批判性解读的学习活动。可以说,这是当代教学方法研究必须直面的时代课题。[16]

(四)教学方略的研究:方法论范式

教育学史中有关教学过程的形象模型,以及师生心目中有关教学过程之结构的形象,都是借助不同的隐喻来解释教学过程的法则性关系的[17]。我们可以从种种不同的隐喻之中,找到关于教学方法研究的一些概念线索(表5-1)。

表5-1 "教学"的隐喻

1. "道路"的隐喻——学生从一开始就按照既定目标,或组织队列,或各自步行,行进在大体笔直的道路上。
2. "阶梯"的隐喻——学生必须沿着一个个阶梯向上攀登,教师尽量不让一个学生掉队,沿着预先设计好的级差均等的阶梯攀登,要求学生在每一个阶段逐渐积累起成果。
3. "植物"的隐喻——教学作为一种教养过程,类似于逐渐地使得自身得到发展的植物。

续 表

4. "套娃"的隐喻——拥有更多教养内容所达成的成果,被连贯地嵌入,从而形成层级性的教养过程。在这种层级性的教养过程中,以尔后更高级的阶段里能够熟悉地运用前段习得的能力作为前提条件,从而实现新的阶段。
5. "支架"的隐喻——学生专注于一定的学习对象,熟悉它、运用它,从这样的支架(即"脚手架")出发,犹如飞一样地达致下一个支架。理想的专心状态,以及从一个支架飞向另一个支架的勇气,在学习过程中相辅相成,形成一个整体。
6. "专心和致思"的隐喻——教学过程是借助(在方法上和意识上)引发专心的阶段与达到致思的阶段来解释的。教学如同呼吸一般,在具体与抽象、实例与法则、行为与思考之间穿行。
7. "螺旋"的隐喻——教学过程看似螺旋上升的状态。不过,尽管如此,囊括了提高问题意识、丰富直觉、增加难度的内涵。
8. "储蓄"的隐喻——教学是一种储蓄行为。这个隐喻一方面批判了传统教学中学生只是知识的被动接受者,另一方面提示了一个关键课题——学校的教学如何确保"文化资本"均等地存进每一个学生的账号上。
9. "戏剧"的隐喻——教学是戏剧。教师把剧本演绎得栩栩如生,吸引学生观众参与学习;或者作为戏剧导演,让学生成为主角演出。
10. "旅游"的隐喻——教学可以比喻为从已知世界到未知世界之旅。在这个旅途中,我们同新的世界相遇,同新的他人相遇,同新的自身相遇;在这个旅途中,我们同新的世界对话,同新的他人对话,同新的自身对话。教学的实践是对话的实践。

[注]上表为笔者根据 H. Meyer《教学方法、技术与实践理念》(2004 年)、A. Ornstein《课程:基础、原理和问题》(2002 年)、佐藤学《学习的快乐:走向对话》(2004 年)等相关著作的论述整理。

通过这些形形色色的教学的隐喻,我们可以找到"什么是真正的学习"、"怎样的教学才称得上优质的教学"的回答。其实,对于"学习"的科学研究是从 20 世纪初才正式开始的。在以往的百年间,心理学家与教育学家围绕人类学习本质的解读,概括来说发展出了三种隐喻[18],体现了学习概念的三个里程碑式的进化:第一,20 世纪前半叶的隐喻是行为主义的"反应的强化",即教师提供奖惩,学习者被动地解读奖惩。教学的作用是求得反应、做出反馈。换言之,所谓"学习"就是行为的变化。第二,20 世纪中期的隐喻是认知主义的"信息的获得",即教师提供信息,学习者被动接受信息,教师的主要作用是提供信息。换言之,所谓"学习"就是认知结构的变化。第三,20 世纪末的隐喻是建构主义的"知识的建构",即基于学习的经验,在学习者认知性地重建所提示的教材之际,学习才会发生。教师是协助学习者的认知性处理的向导,学习者则是为所提示的教材建构意义的意义形成者。这种场合中,教师的作用不仅是提供信息,也包括在学习之际帮助学习者的认知性处理。换言之,所谓"学习"就是基于活动的意义与关系是建构。显然,"有意义的学习"倘若离开了聚焦"知识建构"的隐喻,是难以奏效的。因此,重要的是秉持这样一种视点:学习者在习得知识、运用知识的过程中,成为能动的参与者。

这样,依据社会建构主义的学习概念,21世纪的教育目标旨在提升能动性的"学力","CSSC"被视为理想的教学模式。所谓"CSSC"具有四个特征:(1)"建构性"(constructive),即学习者积极地建构知识与技能;(2)"自控性"(self-regulated),即学习者积极地运用学习方略;(3)"情境性"(situated),即从环境的文化脉络中获得充分理解;(4)"协同性"(collaborative),即不是单独活动,而是合作展开活动。[19]这四个特征意味着实现"课堂革命"——从"灌输中心的课堂"转向"对话中心的课堂"。这是培育"新世纪学习者"的必然诉求。

世间不存在唯一最优的教学模式,不应当偏执于"××型"的教学。从培育"核心素养"的视点来看,最重要的既非单纯的"探究学习"那样的"归纳型教学方式",亦非单纯的"系统学习"那样的"演绎型教学方式",而是在"单元设计"的维度上组合两者并求得平衡的一种教学方略。"方法论范式"是师生在具体的教学情境中合作扮演彼此的角色而构筑起来的。"正确的教学方法的本质在于,学生不是临时演员,教学方法是为使学生成为主角而准备好教学课题的演出。"[20]因此,教师与其说是教师中心,毋宁说是寻求在教师提供的教学格局与学生中心的教学格局之间能够取得一种平衡。

三、教学方法研究的现代走向

倘若没有多层面、多角度研究的支撑,教学方法的问题是难以得到诠释和理解的。教学方法本身的复杂性决定了研究活动的复杂性。

(一)教学方法的"普适化"与"个性化"研究

其一,基于"感性经验"的教学方法研究。教学实践的构成要素是学生、教材和教师三者之间的不断交互作用。当教师以教材为媒介作用于学生之际,教师即便在一节课的课时中也得临机应变地不断作出选择与判断。可以说,"教学"就是教师凭借自身掌握的教学技术的"感性经验",推展教学进程的一种活动。

其二，基于"工具理性"的教学方法研究。教师的教学就像是医生和律师一样，不过是一种"科学技术的合理运用"[21]。专家的实践是借助专业领域的基础科学和应用科学的确立而形成、发展起来的。20世纪60年代以降，在教学研究的领域也存在这样的认识与实践——无论是哪个教师，在哪间课堂里都存在普适的教学程序及其原理与技术。在这种认识前提之下，研究者尝试开发一般化的、普遍适用的教学程序，并且致力于把这种程序运用于具体的教学实践。可见，在教学研究领域同样浸透着"工具理性"的模型。就是说，这是一种"技术性实践"的教学方法研究。指向"技术性实践"的"教学科学"探讨任何课堂都通用的一般性技术原理，寻求法则、原理、技术的一般化，探究客观的"范式性认识"，求得系统、程序、技术的开发。特别是在20世纪60年代，受行为科学和行为主义心理学支撑的教学的科学研究——"过程—产出模型"得到了发展。从美国兴起的教育技术学研究就是把教学视为一种系统，通过探索规定的学科来寻求最佳的教学方法的一种研究。这种研究以行为科学的理论为基础，把教学过程视为价值中立的技术过程，将构成作为一种系统的教学的多样的要素，置换成可测的变量加以研究。在"过程—产出模型"中，教学研究的着眼点在于借助因果关系来解释课堂中产生的事实与现象，同时阐明控制教学过程的合理技术。"过程—产出模型"的教学方法研究缺乏3C——"内容"（content）、"认知"（cognition）、"背景"（context）。"过程—产出模型"的教学方法研究往往不过问内容，不过问师生的认知与思维，不过问课堂的社会背景，仅限于教学大纲与教学技术的有效性的验证，最终导致了"课堂学习的异化"[22]。

其三，基于"实践知识"的教学方法研究。然而，所谓教学原本是情境化的一种活动。不同的课堂中产生的课堂事件和儿童的学习也不同。具体的实践案例在各自的语脉中得以研究，无非就是探讨实践者自身作出的思考、选择和判断对于学生的学习产生了怎样的意义。这种教学研究为教师的专业发展提供了重要的机会。可以说，反映了每一个教师个性的教学实践知识的案例研究，是支撑在职教师发展的基础。就是说，这是一种"反思性实践"的教学方法研究。指向"反思性实践"的研究探讨某种课堂事件和某种方法的意义，探讨某课堂与某学生的活动与经验的意义，旨在阐明特定课堂产生的个别的、具体的经验和事件的意义，追求尊重主观的"叙事性认识"，求得教师的实践性认识的形成与课堂中经验的含义与关系的重建。[23]

（二）教学方法的"技术化"与"艺术化"研究

其一，教学方法的技术化研究。关于教学方法的研究往往是从析出放之四海而皆准的教学技术出发的，每一个教师只要运用了它，就可以获得某种程度的成效。在这里，分享这种教学技术的研究取向，谓之"技术化"。实现教学的"技术化"需要满足三个条件：可传递性、可再现性、可验证性，这是具体编写教案和编制教学记录的条件。所谓"可传递性"不是指"只要出色教学，儿童就会变化"之类的信息，而是要细致地揭示"何谓出色"的内涵，诸如具体地描述教师的提问、讲解之类的教学行为，借此传递教师的教学事实。所谓"可再现性"不仅要提示这样做的条件，而且要提示"为什么这样做"的道理。所谓"可验证性"是对教学展开评价的条件。教学记录不仅要描述教师的教学行为，而且要描述学生学习活动的过程与结果的事实。这样既有助于揭示教学形成的条件，也可以成为正确评价学生学习活动的记录。

其二，教学方法的艺术化研究。艾斯纳（E. W. Eisner）倡导"教学是一门艺术"[24]，与教学方法研究的"技术化"取向形成鲜明的对照。一般说来，人的认知活动是借助两种作用——分析与直觉、科学认识与形象认识而形成的。教学实践活动也是一样，不仅要求科学的方法（技术化），而且要求艺术的方法（艺术化）。诸如"教育机智"之类的行为，借助这种研究方法论，是可以被揭示的。这种"教育机智"倘若能够作为艺术的方法——"教育鉴赏"和"教育评论"——的对象，形象地加以记述，就能够阐明教学事件的具体面貌。日本著名教育实践家斋藤喜博说："教师是艺术家。教学倘是真正创造性、探究性的，那么，它就会达到艺术般的高度，给人以艺术般的魅力。唯有借助这种教学，儿童也罢，教师也罢，才会满足，才会成长，才会获得自我变革。而要实现这种教学，教师就得时时抱有同艺术家的创造态度一样的态度。"[25]

这样看来，教学是科学，同时也是艺术。教学方法的研究形形色色，包括了感性经验的研究，获得科学见解的研究，运用科学见解的研究，教育技术学的研究，超越科学研究的研究，等等。在教学方法的研究中，主体与客体，主观研究与客观研究是复杂地交织在一起的。这里牵涉到一种新的"教学观"的确立——教学不是单纯的"技术性实践",而应当是"反思性实践"。教学是"同课堂中出现的种种冲突相遇"与"反思性思考的促发"的契机结合在一起的。借由这两种契机,构成了在师生的交互作用中临机应变地直面问题情境的过程。[26]

(三)教学方法的"知识基础"研究

作为教学技术的教学方法研究向来重视"决策技术"与"行为技术"的研究,而这些技术则是由教师拥有的"知识"构成的。20世纪80年代,教学方法的"知识基础"研究基于两种需求而问世。其一是,同医生、律师之类的专业教育一样,在教师教育中也要求探索构成专业教育内容的"知识基础"。其二是,要求探索教师在课堂教学中运用的"实践性知识"的内涵与性质。"教师的教育实践不是行动而是决策的过程。教师拥有构成决策之依据的教师特有的知识。"[27]美国教育学家李·舒尔曼(Lee Shulman)基于这样一种认识,展开了他有关"教育实践过程中教师知识发展"的研究。

1. 教师决策过程中的"转换"与支撑"转换"的"教学设计的知识"*

李·舒尔曼首先把教师的决策过程界定为六个阶段的过程——理解、转换、指导、评价、反思、新的理解。在他看来,教育实践是从理解开始的。在理解的阶段,教师从儿童用的教科书中析出应当教授的内容。接着是转换的阶段,教师对教科书内容进行批判性解读、明确目标,思考表达的数据库,从数据库中选择特定的素材,思考学生的困惑与能力。然后进入指导的阶段。在指导的过程之中和指导之后,应进行学生理解的评价。教师也对自身的教学进行评价,这就是反思。反思是指教师重建事件与情感,从经验中得到学习,从而达致对教学内容、教学方法乃至学生与自身的新的理解。他在界定决策过程的同时,也梳理了作为决策之根据的"知识基础"。这种"知识基础"包括:(1)关于内容的知识;(2)关于一般教学方法的知识;(3)关于课程的知识;(4)关于教学设计的知识;(5)关于学习者及其特性的知识;(6)关于教育语脉的知识;(7)关于教育目的、目标、价值及其哲学、历史基础的知识。[28]他特别把支撑教师决策过程的基础及其特征——"转换"——的知识谓之"PCK"(Pedagogical Content Knowledge),即"关于教学设计的知识"*。PCK不能还原为别的任何知识,它是"关于内容的知识"和"关于教学方法的知识"的特殊混合物,因此是各门学科固有的知识。优秀的教师不仅仅在于课堂管理中教育技术与教学过程决策的出色,而且还必须具备这样的能力——深刻理解教学内容,能用生动的例子提示教学内容的知识,理解知识的种种逻辑,能够设定激发知识建构的恰当的课题,能够引发并且交流儿童多样的表现与思路,能使儿童的学习逼近教学内容。[29]可以说,PCK知识正是教师专业性的核心之一。

2. 教师"学习一览表"与教师专业学习模型

李·舒尔曼在2002年提出了"学习一览表"(Table of Learning)。这是一个教师专业学习的模型,拥有六个阶段的周期性循环。这六个阶段彼此拮抗,又保持作为一个整体的平衡:(1)学习者"从事"一件工作;(2)达致"理解"的构筑;(3)伴随理解而产生"行为";(4)批判性地"反思"自身的行为;(5)在尔后的阶段里对照借助反思把握的各种因素所构成的复杂情境,琢磨理解,以求得"判断";(6)通过判断,内化伦理与价值观,形成发展人格的"期许"。借助这种"期许",一则浸润自身,二则面向更广泛的共同体和专业的他者开放。而在"期许"之后,便迎来了新一轮的"从事"阶段。不仅是期许阶段,其他阶段也是向他者开放的合作行为。[30]如上,李·舒尔曼为我们提示了教师通过教学实践,在学习的过程之中不断重建有价值的经验,从而形成教师的教学实践力的模型。

我们可以从美国的教师知识研究中把握教学方法研究的现代走向。从历史上看,教师的形象经历了"工匠型教师"到"方法型教师",再到整合了两种教师形象的"有学识的专家"(learned profession)的第三种教师形象。所谓"有学识的专家"是指培养这样一种教师形象——拥有融合了"关于内容的知识"和"关于教学方法的知识"的PCK知识,和基于知识与经验建构起来的实践能力。晚近出现了从"有学识的专家"出发,进而界定"学习的专家"(learning profession)的动向[31]。在这种教师形象中,教师被界定为"每日每时和同僚一起创造着教育实践,终身向同僚教师、学生和课堂持续地学习的存在"。从这个意义上说,教学方法的发现与超越归根结底是教师学习的过程。

*"关于教学设计的知识"(Pedagogical Content Knowledge),简称PCK,即

国内一般所谓的"学科教学知识"。然笔者从其内涵出发,认为日本学者晚近所用的译法"教学设计的知识"更为贴切,故此处引而用之。

参考文献:

[1][5][6] 佐藤正夫.教学原理[M].钟启泉,译.北京:教育科学出版社,2001:286,288—289,285—286.

[2] N. Sandor.教学论[M].羽仁协子,译.东京:明治图书,1979:268.

[3][4] 夸美纽斯.大教学论[M].北京:人民教育出版社,1985:3,1.

[7] 欢喜隆司.教学方法:理解与运用[M].京都:智慧女神书房,1989:6—9.

[8] 佐伯胖."学习"的意涵[M].东京:岩波书店,2001:146—147.

[9][16] 山崎英则,编.教育哲学的诱惑[M].东京:学术图书出版社,2007:44,46—47.

[10] 藤井千春.儿童苏醒的问题解决学习的教学原理[M].东京:明治图书,2010:32.

[11][26] 古藤泰弘.教育方法学的实践研究[M].东京:教育出版公司,2013:127—133,67—68.

[12] 木下百合子.教学沟通与教学语言的研究[M].东京:风间书房,1996:126.

[13] 吉本均.授业论入门[M].东京:明治图书,1985:183.

[14] 钟启泉.课堂研究[M].上海:华东师范大学出版社,2016:51.

[15] 恒吉宏典,等,主编.授业研究:300个重要术语的基础知识[M].东京:明治图书,1999:196.

[17][20] H. Meyer.教学方法、技术与实践理念[M].原田信之,编译.京都:北大路书房,2004:108—110,115.

[18] 佐藤学.教育方法[M].东京:左右社,2010:86—96.

[19] OECD教育研究革新中心.学习的本质[M].东京:明石书店,2013:61—66.

[21][23][29] 佐藤学.课程与教师[M].钟启泉,译.北京:教育科学出版社,2003:360,336,390.

[22] 佐藤学.相互学习的课堂,共同成长的学校:学习共同体的改革[M].东京:小学馆,2015:99.

[24] 艾斯纳.教育想象——学校课程设计评价[M].李雁冰,译.北京:教育科学出版社,2008:150.

[25] 筑波大学教育学研究会,编.现代教育学基础(中文修订版)[M].钟启泉,译.上海:上海教育出版社,2003:274.

[27][31] 岩田康之,等,编.现代教育改革与教师[M].东京:东京学艺大学出版会,2011:156,164.

[28] Shulman, L. S.. Knowledge and Teaching: Foundation of the New Reform [J]. Harvard Educational Review, 1987,57(1):1-22.

[30] Shulman, L. S.. Making Differences: A Table of Learning [J]. Change, 2002,34(6):36-44.

第6章 两种教学范式的分野

所谓"课堂转型"是指教学范式的根本转型,即从"知识传递型"教学转向"知识建构型"教学。实现这种转型的条件是教学观念与教学体制的同步变革。具体地说,需要从应试教育的教学观念与体制下解放出来,确立素质教育的教学观念与体制。本章从认知科学的角度辨析两种不同的教学范式在观念与体制上的分野。

一、行为主义与认知主义教学观的分野

(一) 行为主义教学观

从20世纪初到20世纪中叶的心理学领域,占据压倒性地位的是行为主义,行为主义把"学习"定义为"行为的变化"。行为主义的研究对象仅限于外部能够观察到的人的行为,因此,不可观察的思维、情感、意志之类的内隐要素被排除在外。行为主义的代表人物桑代克(E. J. Thorndike)认为,借助动物实验揭示的"学习法则"同样可以原封不动地适用于人类。在他看来,"学习"基本上服从于两个法则——"效果法则"与"练习法则"。所谓"效果法则"是指借助反应结果的重要性,联结或强化或弱化。在同一状态所构成的众多反应中带来动物满足的反应,比之别的反应更能强化同该状态的联结。反之,带来不快的反应,同该状态的联结弱化,难以产生反应。所谓"练习法则"是指越是练习,联结越强;练习中断,联结

变弱。

　　桑代克确信，动物学习中表现出来的现象是人类学习的基础，即便是复杂的人类的学习，基本上也可以理解为单纯的学习。人类的学习也同动物学习一样，是由两个可观察的要素——客观的外在刺激与对其做出的反应——构成的。他把自己的理论应用于"算术心理学"的研究，主张效果法则与练习法则在算术教学中的应用十分重要。他把算术题从易到难地排列，让学生进行反复练习，发现作为问题的"刺激"与作为答案的"反应"的联结变得强固了。据此，他认为，学科教学中教师的作用是将各自领域中的问题用适当的顺序加以呈示，让学生进行适当的练习。反复练习便是促成零散知识联结的重要的教学方法。不过，在20世纪20年代，布劳内尔(W. A. Brownell)批判了这种教学方法。他通过同师生的面谈收集数据，仔细分析了这些数据，发现儿童会用种种方法解决问题，主张反复练习既不能发展学习的意义，也不能促进理解。[1]然而，当时诸多学校的教师并不能接受他的这种主张。

　　行为主义的联结理论在学科教学中至今仍然有着强烈的影响。斯金纳(B. F. Skinner)基于这种联结理论对教学目标进行结构分析，把教学的要素作了从易到难的最优顺序排列，发展了渐进式的教学，谓之"程序学习"。加涅(R. M. Gagne)的"学习层级模型"也属于这个流派。他把复杂的课题分解成下位技能，加以排列，形成学习层级模型。这种模型基本上囊括了课题所包含的刺激与反应，把课题分解成若干下位行为。学习层级的思路多用于实践情境：把教学目标以行为目标的方式进行从下位技能到上位技能的分析，再根据这种行为目标设计教案。行为主义运用实验与调查作为方法论，其目的是验证假设。要验证假设就得制定严密的要素计划，探讨如何操作自变量，测定作为因变量的发言时间之类的指标。在这里运用的实验材料旨在控制实验，采用的是非日常的、无意义的学习课题，实验是在受控制的实验性条件下实施的。如今，在教育系统，一般人的思考中也仍然残留着这种行为主义研究的影响，在学校中众多教师梳理教学的信息，反复练习，然后考试——这种教学方法仍然顽固地存在着。不是把"学习"视为建构，而是死记硬背；把学科的教学视为程序性知识的获得的倾向，表明来自行为主义的影响仍然根深蒂固。

（二）认知主义教学观

认知科学在界定"学习"概念时更为重要的概念是"知识"与运算（信息处理），把"学习"视为一种"信息处理过程"。20世纪50年代末，心理学发生了研究范式的转换，从行为主义走向认知心理学，这就是所谓的"第一次认知革命"。[2]在行为主义看来，"学习"是借助刺激与反应的联结而形成的，处于刺激与反应之间的"认知"全然没有掌握研究的对象。不过，人们逐渐认识到，像动物的学习那样，用单纯的刺激与反应的联结图式是不能解释人类复杂的学习的。于是，用来解读人类复杂的知识结构的理论是"信息处理"。信息处理的研究在20世纪70年代逐渐占据了优势地位，这种研究把人脑视为电脑那样的某种信息处理系统，揭示了知觉、学习、记忆、思维等认知的机制。在这里，电脑可以表征人的内在的表象。这种研究的优点是，在人脑中进行的肉眼看不见的信息处理，却可以借助电脑用明白易懂的模型来显示，并且判断模型的妥当性。阿特金森（R. C. Atkinson）和希夫林（R. M. Shiffrin）运用这种信息处理理论设计了"人类信息处理模型"[3]。这个模型把人类的信息处理过程用感觉记忆、短期记忆、长期记忆的时间仓库的概念来揭示，显示出信息是如何移动至记忆的储藏库的。信息处理模型揭示了考察记忆的有效框架，以及从短期记忆移动至长期记忆的必要方略。

早期的认知心理学是把电脑同人类的信息处理等量齐观的。不过，人们逐渐认识到，人脑的思维同电脑的处理并不是一样的，于是转而探讨认知心理学中固有的机制。早期认知心理学研究的是相当于电脑硬件的机制，然后才逐步转移到如何进行信息处理的软件的研究。随着认知心理学中固有机制研究的进展，教学的研究也获得了飞跃的进步，认知心理学所发现的学习中固有的机制有如下几个关键观念：

1. **学习是建构的**。所谓"学习"是借助业已掌握的知识与新的信息的交互作用而形成的，并不像行为主义主张的那样，是往水桶里逐渐灌满水的过程。表征这种过程的一个例子便是"图式"（schema）。所谓"图式"是关于事物与事件的知识网络的结构与框架性的知识，在人类的认知活动中起着极其重要的作用。即便信息不完整，借助图式的运用和推论，学习者也可以理解信息、记忆信息。这表明了在教学中能够形成包摄学习材料的图式的重要性，对教学实践产生了强烈的影响。

2. **学习依存于既有知识。学习者并不完全是以一张白纸的状态参与学习情境，而是带着在日常生活中获得的种种既有知识来到课堂的。** 比如，关于自然现象的知识，尽管不是系统的知识，却有着不同于"科学概念"的作为错误知识的"朴素概念"。在学校中学习的科学概念就是以非正规路径获得的知识——朴素概念为背景而产生的。这种**非正规路径获得的知识既可能促进理解，也可能妨碍理解**，对学习的形成至关重要。

3. **学习方略。** 所谓"学习方略"是指旨在提高学习效果的心智操作与活动。就像阿特金森的人类信息处理模型所揭示的，在诸多把短期记忆的信息过渡到长期记忆的方略中，"练习"是重要的。不过，单纯的练习并没有效果，他提出了信息处理水准——是浅层处理还是深层处理的问题。信息停留于长期记忆的程度取决于刺激的深度。**所谓"深层处理"是指对"学习"的意涵作出处理。** 要形成学习的长期记忆就得考虑这种处理的方略。此外，研究还发现了一种**"生成效果"**，即被试一旦形成了记忆的信息，记忆成绩就会好起来。

4. **知识数据库。** 认知心理学认为，**决定人的行为与理解的是人所拥有的知识的量与质，拥有优质知识者会获得优质的理解。** 因此，从 20 世纪 80 年代开始盛行"知识基础"的研究，诸如从"熟练研究"来看"知识数据库"的作用——课堂教学中学生拥有的知识的量与质，决定了他们理解教材的方式不同。经验浅薄的初学者与经验丰富的熟练者的差异就在于**"熟练化"**。所谓"熟练化"是指熟悉课题，能够有效地完成课题。**熟练者表现出来的特征是，拥有丰富的某门学科的知识，能够适当地把握问题的本质，而且这种知识得以系统化、结构化。**

5. **动机作用。** 早期的认知心理学强调记忆、思维与问题解决，并将这些概念运用于教学实践之中。不过，认知心理学的学习与教授的新概念，不仅包括作为纯粹的认知变量的记忆与思维，还有"动机作用"。**儿童学习的成功是在这样的框架中产生的——多大的快乐、选择什么、持续程度、学习目标、自我能力的判断。认知心理学可以说是站在建构主义的立场——学习者是能动地建构知识、建构表象——上的。** 基于认知心理学的深度学习与基于行为主义的教师主导的学习，在教学观上存在着明显的差异。随着认知心理学的昌盛，研究方法也越来越多样：

进行实验的场所不是实验室,而是学校的教室;分析的方法不再仅限于"正答率"和"反应时间",而是综合运用临床面谈与案例分析、微观分析、眼球分析、电脑模拟等多种旨在研究复杂的人类行为的方法。

(三) 情境认知论

人不能一个人成长。第一次认知革命认为,人的思维仅仅是在个人头脑中进行的,社会的、文化的、历史的语脉被完全置之度外。不过,人们还是从"人类的认知是系统的、逻辑的、合理的"见解中,认识到人类思维和行为的多面性与差异性。20世纪80年代,发现了信息处理研究局限性的心理学家展开了新的尝试,即把认知功能置于社会的、文化的、历史的语脉中[4],倡导"情境认知"——认知与思维是在情境中展开的,是处于同环境的交往之中的,这就是社会建构主义的研究。社会建构主义同认知建构主义之间的差异就在于,认知建构主义认为认知与学习是在心智内部产生的过程,知识是不依存于情境的自律性的东西;而在社会建构主义的情境认知论看来,认知与学习是个人与情境的交互作用的活动的结果。知识是在文化和生活中发展的,是浸润在学习活动的情境之中的。莱文(J. Lave)的"情境学习论"标志着第二次认知革命。维果茨基在20世纪30年代倡导的学习理论,成为情境认知论的思想背景。今日认知科学发生了巨变,涌现了诸多新的研究领域:一是教育神经科学的研究,旨在揭示认知在脑神经系统中是如何实现的。二是考虑到人的身体性、物理性基础,把基于认知的行为加以定式化。三是情境论,主张认知不是在个人头脑中产生的,而是浸润在情境,包括同工具与他者之间的交互作用之中的,提出了诸如"情境认知"、"合法的边缘性参与"、"分散认知"等概念。

认知科学对学校教育产生了莫大的冲击。从20世纪70年代后半叶开始,基于信息处理的认知科学、认知心理学的成果被大量地运用于学校的教学,诸如运用决策理论的文章理解研究、理科中的朴素概念研究。从20世纪80年代后半叶开始,教育学者借助情境研究展开了学校文化与课堂文化的批判性研究,以及学习环境设计研究。诸如基于"合法的边缘性参与"的学习共同体理论、教育神经科学的见解等也被作为"读、写、算"效果的科学依据。到了90年代末,认知科学运用于教育实践的"学习科学"这一新的研究领域应运而生，20世纪90年代初展开的联结理论与实践的强有力的学习环境设计的研究，凸显了两个关键概念：其一，元认知。所谓"元认知"是一种客观地把握认知（记忆、思维）的高阶认知功能，是人监控自身认知功能中的认知知识及其认知过程的活动。尽管元认知的定义至今仍然混乱，不过都包含了"元认知知识"与"元认知过程"两个要素，这一点几乎是一致的。元认知知识是了解个人认知的容量，理解与记忆的限度，包括监控认知过程中的所有活动——能动地学习问题解决过程，监控进行过程，或者发现错误答案的活动。这种元认知在学习和问题解决中起着重要的作用。其二，批判性思维。20世纪90年代，按照恩尼斯（R. H. Ennis）的定义，这是一种"把重点置于值得信赖与值得行动的反思式的理性思维"[5]。这种思维拥有两个侧面——"情意侧面"与"认知侧面"。所谓"情意侧面"指的是志向与态度。这里表现为不带偏见地关怀他者，不逃避责任，不偏袒，虚怀若谷的态度，包括怀疑自身的见解，运用自我批判的思考能力。所谓"认知侧面"指的是能力与技能，包括勘定被叙述的前提与未被叙述的前提，勘定自身的前提与他者的前提，明确并聚焦相关的话题而不至于跑题，理解推论、演绎和归纳，评价信息源的可靠性。作为学习者，秉持这样一种态度与能力十分重要：并不是生吞活剥地对待教师的讲解，被动地"被灌输知识"，而是培育自身的问题意识，对应当学习什么有自己的思考，能够主动地行动。不过，必须注意的是，"非难"有别于"批判"。批判性思维不是反反复复地纠缠于争论缺点和短处的非难，而是包含了"创造性"与"共鸣"等因素在内。

归纳起来，可以区分三种教学观。第一种，行为主义教学观。这是一种"记忆·再现"型教学观，其主张是：（1）求得唯一的正答、唯一的解法；（2）记住并运用正答就是"学习"。因此，其特征是：（1）知识的获得靠尝试错误与练习；（2）动机作用是强调外部强化；（3）教师作用是有效地传递知识。第二种，认知主义教学观。这是一种"理解·思维"型教学观，其主张是：（1）答案与解法多样；（2）利用自身的知识与他者的知识，建构思考、表达思考过程，同他者分享，就是"学习"。因此，其特征是：（1）知识的获得在于知识的自主建构；（2）动机作用强调内发动机；（3）教师的作用是帮助学习者的知识建构。第三种，情境学习教学观。尽管同样是认知主义学习观，但认知心理学重在以个人为单位的知识建构，而情境学习教学观则强调"知识的情境依存性"：人是不能一个人成长的，需要同学习伙伴之间的协同活动来促进学习。因此，其特征是：(1)知识的活动靠协同学习；(2)动机作用强调基于协同的问题解决；(3)教师的作用在于形成学习共同体。

二、教师主导型与学习者中心型教学体制的分野

(一) 教师主导型教学

这种教学形态适于明确地界定了应当掌握的知识与技能的学科。从学科观的视点来看，是一种立足于累积的学习观——知识与技能是由从低到高的累积式的构成要素构成的。因此，学习过程就成为系统地根据自下而上的阶段排列知识与技能的构成要素，让学生习得的状态。在这里，学生的学习阶段与学习进度是由教师控制的。所谓"教师主导"意味着教师控制学生的整个学习活动。教师主导型教学主要可分为以下几个下位形态：

1. 同步教学，指由教师主导进行的通常的班级教学。教学一般分"导入—展开—终结"三个阶段。学习目标是在一节课时内习得应当掌握的知识与技能。教学实施之际，学习目标是最重要的，因为教学的内容就是旨在达成所有的学习目标。因此学习目标必须贯穿整个教学的组织，所有其他的教学要素——教材、学生的活动、教师的提问、板书等都必然根据学习目标加以设定。导入部分对于提升学生的问题意识非常必要，在实际的教学展开中，导入部分要求采用能够联系学生生活经验的内容以及激发学生对学习内容的兴趣的内容。在展开部分，根据该课时的学习目标，习得知识与技能，能够运用思考力、判断力、表达力的内容，教师必须思考运用怎样的教材、怎样的教学方法来达成教学目标。在终结部分，进行本课时的归纳与评价，主要内容是活学活用，展望下一节课。在同步教学中，代表性的影响作用是教师提问。教师提问可分中心提问、基本提问、辅助提问。中心提问旨在形成教学的高潮，是引导学生逼近学习目标展开思考，给学生带来体验的一种提问。基本提问是随中心提问的前后逐步展开教学的一种提问——在形成中心提问之前的思考流、中心提问后学习目标的确认、本课时的总结、其后课时的展望之际运用。辅助提问是补充个别回答不充分，以完善学生的回答(表现)

的一种提问。杜威(J. Dewey)针对这种划一的教学批判道:"在传统的教室里,让学生活动的余地是非常少的。儿童能用以建造、创造和积极探究的工场、实验室、材料、工具甚至必要的空间大都是缺乏的……在课桌椅整齐地排列的教室中,教师面对众多学生展开教学之际,看到的并不是一个个活生生的儿童,而是一个集合体。因此他们是处于被动地位的。在这种学习环境中,不可能培养儿童的个性,也剥夺了儿童自由自发的活动。"[6]

2. 分层教学,指根据学生的理解与熟练程度进行分组的教学。这种形态的特征是根据学生的程度来调整相应的教学内容的习得。就是说,理解一定的教学内容所要的时间,由于学生掌握不同程度而有个别差异,熟练程度低的学生小组要比熟练程度高的学生小组,花费更多的时间。在实施之际,理想的方式是让学生自己来选择学程。这样,学生就容易有自我决定感而消弭抵触感。其次,学程的编制能够灵活地进行。诸如,分单元的学程编制,可以短期流动的学程编制,后者也可以中途调整。关于这种教学形态中令人担忧的学生的优越感与自卑感,有如下考虑:在学习体验中最重要的是自己确实理解、学习有所进步的学习反应。学习反应的重要性远胜于同他者比较而获得的优越感和自卑感,足以支撑自己的学习。20世纪70—80年代,国际教育界曾经进行过广泛的调查研究,结论是"分层教学"的有效性值得怀疑,分层教学是落后于时代的。[7]

3. 教师小队(team teaching,简称TT),指以年级为单位,几名教师组成小队展开教学的形态,是为了能够同时实现教师的相互钻研与教学改革而诞生的。为实现相互钻研的目的,应根据教学经验与教师能力的差异来编制小队。借助这种方法,教师可以学到其他教师的教学技术与教学方法。从改革的目标看,这种形态具有适应个别差异的意义。适应个别差异的教学可以分为两种——"学力层面"与"课题层面"。就学力层面而言,几个教师组团可以实施分层教学;就课题层面而言,在同一个时间节点上,学生可以分组,从事多种课题的学习,需要复数的教师应对分组。这种教学形态关注的几个要点是:其一,组成小队的教师之间要在教学目标、教学展开、教学内容、教材使用方面,求得共同的理解。其二,组成小队的教师的作用明确。仅仅局限于物理性的分工——单纯的划分教室前后或指导学生的教学分工,不能说是充分利用了这种形态的教学。比如,可以根据组成小组的教师的能力与经验，进行教师角色的分工——负责上课的教师，负责个别辅导的教师。一节课内也可以引入复式的教学形态，如根据学生困惑的内容分类编制不同内容的学程等。

（二）学习者中心型教学

课堂教学是生动活泼的学习的场所，不应成为教师单向传递知识的静态的场所。教师应当发挥"领舞者"的作用，引领学生在课堂这样的舞台上展开学习。所谓"学习者中心型教学"是指学生自主调节学习阶段，控制学习进度。在这种教学形态中导入对话与协同作业之类学生之间的交流活动，不是为了记忆知识点，而是为了形成基础能力。这种教学立足于社会建构主义的学习观——人是在同他者的交往中建构自己的知识的。根据这种理论，知识的建构并不仅仅是在个人头脑中产生的事件，而是在同人的交互作用中产生的事件。有代表性的学习者中心型教学形态包括：

1."蜂音教学"（buzz session）。这种形态是指几个小组同时讨论。所谓"蜂音"是指人们相互会话时发出的嗡声。倘若6人一个小组，各自进行6分钟的会话，就叫做"六六法"。这种形态是在多人数的会话中导入少人数的、短时间的会话。这种方法可以避免课堂讨论仅局限于少数人，其他人没有发言的机会。就是说，蜂音教学的目的在于给集体的所有成员参与对话——围绕某种特定的课题发表自己的见解、交换创意的机会。[8]因此，这种方法在大班额的场合格外有效。也有反复操作蜂音教学的形式，即在一个小组最初的讨论终结后，合并两个小组重新讨论同样的课题。小组规模逐渐扩大，围绕同样的课题展开讨论，可以期待见解的深度与广度，谓之"雪崩式讨论"。在实施特定单元的各个教学阶段的场合，蜂音教学根据各个教学阶段的内容，大体可以分为三种：（1）旨在确认动机与准备的"导入蜂音"；（2）旨在理解与解决问题的"核心蜂音"；（3）旨在归纳与确认的"确认蜂音"。这三种蜂音教学的课题分别谓之"准备课题"、"核心课题"、"确认课题"。另外，在蜂音教学中构成核心的活动有不同的名称，诸如倾听蜂音、研讨蜂音、比较蜂音，笼而统之，可谓之"课题方式蜂音教学"。

2."拼组教学"（jigsaw，或译"激智教学"）。在这种教学形态中，教师一开始组织复数的专家组,并给 A、B、C 的专家组分别布置 A 课题、B 课题、C 课题。学生在各自的专家组掌握了相应教学内容之后,专家组解体,再从各个专家组抽取成员,重新拼组。在这里各个成员把自己原先学习的不同课题教给其他成员。这种教学法的优点是,学生有可能同时学习复数的课题,并且可通过教授他者,确认自己的学习状态。平日不能积极地参与学习的学生也可以在小组中起核心作用,从而激发学生的学习自觉性与积极性,带来学习过程中的学业成功经验,并通过同班友的稳定的协同,提升学业成绩,增强自信。[9]

3. "互惠学习"(reciprocal learning)。这种教学形态是让学生通过教授他者的行为,促进自己的理解。这种形态通过赋予班级成员明确的角色与责任,来达到提升认知方略的目的。例如,旨在提升阅读方略的讲解活动中,可以让每一个学生承担特定的阅读方略的角色,诸如提问员、概括员、明确员、预想员等,并把自身承担的阅读方略教给别的学生。这时,班级成员通过轮流承担各种阅读方略的角色,能够体验到所有的阅读方略。这种形态的特征在于,通常在自己头脑中展开的认知活动(如阅读方略)得以在教学活动中外显化。这种体验有助于"教"与"被教"双方认知活动的提升。

4. 项目学习。这种教学形态由一连串活动组成——组织小组,围绕特定课题决定调查的内容,明确角色分工与步骤,把调查结果作为成果加以归纳。这种形态不是让学生根据教科书预先规定好的步骤展开实验与调查,而是让他们自己组织学习,以类似于专家的方法来展开活动。通过这种过程,学生得以建构主体性知识。就是说,在同现实社会息息相关的问题的发现、通过尝试错误教学、调查与实验等考察学习的意义的活动中,能够获得基于教科书的间接体验所不能获得的拥有实际感受的深度理解。这种教学方法多用于科学教学。学生通过这种活动所习得的,超越了所探讨的内容知识,而是自身进入新的视野、形成真正学习的一种方法论知识,而这种方法论知识唯有通过实际的体验才能掌握。现代社会突飞猛进,既有知识的有效期限越来越短。因此,现代人必须时刻习得新的领域、新的课题的知识。在这种情况下,掌握习得新课题的方法论知识有助于知识的更新。

5. 体验性学习。这种教学形态指的是学生通过生活体验与体验性活动进行知识建构的学习方法[10],可以谓之"工作坊"。工作坊的关键词是参与、体验、小组。所谓"参与"指的不是教师单向传递知识，而是双向学习。在这种学习中，学习者不是单纯地记笔记、听讲解，而是基于自己的知识与体验，相互交流见解，积极地互动。因此在工作坊里没有特定的"先生"，也没有从旁观察的"客人"。所谓"体验"不是通过语词获得的知性的理解，而是通过"具身"和感性的实际感受的作业。在体验活动中，学生唯有共同地获得某种体验，才能形成学习。在这里，借助的是这样一种循环——时时分享体验、分享发现、分享感悟，并从其解释中深化学习，付诸下一步的行动。所谓"小组"意味着集体中的交互作用。在这里，师生之间并不是纵向关系，每一个参与者都是平等的。小组活动的意义在于相互分享。就是说，可以从他者——即便是同样的体验也会得到不同的感受与知识的他者——身上，分享心得、深化学习。因此小组，是每一个成员得以安心成长、发生变革的场所。通过参与、体验、交流，就能实现人的创造与变革的工具，就是"工作坊"。

（三）自主学习的价值与培育

"自主学习"（self-regulated learning）是从元认知、动机作用、行为三个侧面，主体地求得自主调整功能而展开的学习。[11]支撑这种学习的重要因素是自我效能感、自主调整方略与对目标的干预。所谓"自我效能感"是指，是否拥有"我能"的强烈确信。所谓"自主调整方略"是指，旨在有效地推进学习的每一个人的认知过程、学习行为、学习环境这些侧面。自主学习者能够很好地控制自身及周遭环境的学习方略的多种多样。所谓"对目标的干预"是指，是否明确地拥有要达成自己的目标的意愿。这三个要素，相辅相成。面向学习目标的达成，运用自主调整方略可能带来这样的结果，即倘若实现了执行的水准，就会提升自我效能感，而自我效能感又成为学习的动机。学习者进一步求得知识与技能，形成持续的运用该调整方略的关系。这样一种良性循环使得学习得以扎扎实实地推进。

自主学习的策略同课堂教学模式息息相关。课堂中展开的教学通常是在多样的目的之下设计的：深化知识与理解，学会思考方式与表达方式，培育兴趣、动机、态度。可以说，教师的意愿与学生自身的意愿应当是相互作用的。教学设计中的一个重要因素是精准地把握自主学习理论所强调的学习的心理机制之概念。

一方面,使教师的目标成为学生的目标(目标的内化),借助学习方略的运用加深学生的理解(知识与理解),另一方面展开有助于提升效能感与激励作用的支援(兴趣、动机、态度的形成)。在日常的教学实践中遵循自主学习的理论,就能在教学设计中获得新的发现与新的见解。

自主调整的过程由三个阶段组成——预见、执行控制、自我反思。[12] 所谓"预见"阶段是指在实际执行之前进行的活动准备过程。所谓"执行控制"阶段是指在学习中产生的,对注意与活动直接施加影响的过程。所谓"自我反思"阶段是指在执行之后产生的,对自身的努力进行观察反应的过程。这种自我反思的方式会影响到其后的预见,构成循环往复的过程。进入学习情境之际,在预见阶段,学习者拥有某种目标,对于执行的自我效能感与课题的兴趣方式也是多样的,因而需在此拟定展开学习的计划。在执行控制阶段,学习者首先实施对学习与动机产生影响的学习方略,再是聚焦如何出色地执行,或者提供"指示"(自我教示),或者进行"自我监控"。到了自我反思阶段,学习者参与自我评价这样一个重要的过程,思考为什么"好"或者"不好"(归因)。倘若学习者凭借自己的能力获得了成功,就会带来肯定性评价;学习方略有问题的话,就会加以修正。这种自我反思的结果会在其后的预见中反映出来,学习得以深化。

跟上述要素相同,这种自主调整的过程模型可以同教学过程对应起来展开探讨。"导入—展开—终结"就是教学过程的一种各自的学习步骤,包含了这种调整过程的具体步骤。可以说,培育自主学习能力的目标对教师的要求,就在于能够确保"预见—执行控制—自我反思"的循环,根据这些步骤展开教学过程。

强调"自主学习"并非排斥协同学习,两者是相辅相成的。我们可以从三个侧面来把握学习的调整活动——自我调整学习、学习的共同调整、分享的学习调整。[13]

"自我调整学习"指的是,面向学习目标的达成,以自身的认知、行为、情感、动机对对象进行控制、评价与调整。或者说,通过自我调整来变革知识、信念、方略这样一些自身的学习方式,并对环境作出改变。其焦点是一个人的自我调整,可从是否促进个人的自我调整的视点对社会环境加以分析。

"学习的共同调整"是指学习者之间同伙伴一起整合地进行调整,要点在于伙伴之间的交互作用。通过这种方略监控、评价、目标设定、动机作用的调整，伙伴为学习者制造有意义的机会，或者形成支架，促进学习方略的动力过程，这就是学习的共同调整。可以说，借助这种交互作用，自主学习才得以形成。学习伙伴之间的共同调整，带来这调整的内化。

面向集体水准、多样的伙伴共同调整与相互学习，存在复杂的过程。所谓"分享的学习调整"就是指调整的过程、信念与知识相互依存、集体分享。这种教学方式可以说是共同建构学习的成果，是通过分享这些成果而形成的。要把自主调整学习研究的范围拓展到班级与集体中的伙伴学习，就得从多种视角来把握这样一种现象。在学校现场，要求建构相互学习的共同体。关于自我学习力，以及作为共同体培育自律地相互学习的协同学习，已经有诸多实践展开了实证性的探讨。

随着学习理论从行为主义向建构主义的转型，指向"核心素养"的教学设计也必须从行为主义向建构主义转型。这种教学范式的重要课题就在于寻求现实中真正的境脉与课题的"真实性"。我国一线教师正直面严峻的挑战——是固守陈旧的应试教育的教学范式，还是拥抱素质教育的教学范式。毫无疑问，唯有义无反顾地选择后者，才会有教育的明天和教师的明天。

参考文献

[1][3][5] 栗山和广.授业心理学[M].东京：福村出版,2014：14,16,69.
[2][4] OECD教育革新中心,编著.学习的本质[M].立田庆裕,平泽安政,主译.东京：明石书店,2013：47,49.
[6] 杜威.学校与社会·明日之学校[M].赵祥麟,等,译.北京：人民教育出版社,1994：43.
[7] 佐藤学.学校的挑战[M].钟启泉,译.上海：华东师范大学出版社,2010：196—203.
[8] 日本教育方法学会,编.现代教育方法事典[M].东京：图书文化,2004：329.
[9] 西林克彦,等,编.教学的方法与技术[M].东京：新曜社,2000：7—72.
[10] 恒吉宏典,深泽广明,编.授业研究300重要术语[M].东京：明治图书,2010：204.
[11][12] 自主学习研究会,编.自主学习[M].京都：北大路书房,2012：28,14.
[13] B.J. Zimmerman, D.H. Schunk,主编.自主学习指南[M].塚野州一,等,主译.京都：北大路书房,2014：50.

第7章 能动学习：教学范式的转换

进入新世纪以来，众多国家都在实施基于"核心素养"的学校改革实践，回应时代的要求。尽管各国界定的核心素养模型有所不同，但都表现出同样的基本内涵，意味着基于核心素养的学校教育的功能必须从"知识本位"走向"素养本位"；基于"核心素养"的课堂教学必须从"被动学习"走向"能动学习"。本章旨在考察基于核心素养的课堂转型的基本意涵及其课题。

一、从"被动学习"走向"能动学习"

（一）被动学习：培养"记忆者"的教学范式

"被动学习"是以教师灌输知识为中心，学生尽可能快、尽可能多地记住知识、公式和原理、规则，旨在培养"记忆者"的一种教学范式。整个教学活动一般靠"分数值"来持续地支撑——"知识量"越多，"分数值"就越高，"记忆者"的学习成果是借助"考试"来测量的。"记忆者"的学习是"为了应试的学习"，其结果必然导致竞争性教育。

这种应试教育早就受到教育舆论的挞伐。杜威在《学校与社会》(1916年)指出："在传统的教室里，让学生活动的余地是非常少的。儿童能用以从事建造、创造和积累探究的工场、实验室、材料、工具甚至必要的空间大都是缺乏的……（这种教室）说明的另一件事就是，一切事情的安排是为了管理更多的学生，把他们看作是单个体的集合体，这些教室同时意味着，学生被看成是被动的。在这种学习环境中,不可能培养儿童的个性,也剥夺了儿童的自主自发的活动。"[1] 所谓"读书即记忆",记得越多,考试成就越是能够取得高分。为了成为优秀的记忆者,学生、家长、学校教师都在倾注心力。这就是为什么这种"被动学习"尽管受到舆论的批判,特别是受到十几年来"新课程改革"实践的冲击,仍然根深蒂固的深层原因。

这种制造"记忆者"的教育必须转变了。"核心素养"的世界教育思潮表明,支撑"记忆者教育"的世界结构已经土崩瓦解,"记忆者教育"的历史使命已经终结了。[2] 能动学习基于建构主义学习观,体现了素质教育的诉求。所谓"学习"不是教师单向地传递知识的活动,而是在实际的体验过程之中,在教师与学生之间或者接受教师的指导的学生之间交互作用,探究有效的知识,作为掌握学习者的方法所建构起来的活动。所以,从严格的意义上说,"学习"是不能脱离生活的脉络而去实施的活动。事实上,儿童的学习不可能在孤立的真空的条件下进行。即便实施了,这种学习对儿童的生活并不具有怎样的意义。

(二) 能动学习:培养"思考者"的教学范式

"记忆者"的教学基本上是教师传递知识为中心的教学,学生被动参与;教师主导灌输知识,给出一个标准答案,学生记住一个标准答案。而"思考者"的教学,从学生面貌上的差异就可以作出清楚的区分。它要求学生从"被动"的姿态转为"能动"的姿态,为此要求教师设计种种情境,具体地说,就是"能动学习"(Active Learning,简称 AL)的教学设计。

"能动学习"最初是 20 世纪在北美兴起的一种旨在摆脱教师传统讲解的大学教育学习论,从 20 世纪 70—80 年代,特别是 90 年代以降,成为囊括大中小学的当今世界各国教育改革的一种思潮。[3] 在超越单向式知识传递型授课(被动学习)的意义上,它是一种能动学习。在能动学习中,参与写、说、发表等活动,同时伴生着认知过程的外化。这里所谓的认知过程是指知觉、记忆、语言、思维(逻辑性思维/批判性思维/创造性思维)、推理、判断、决策、问题解决等作为心理表象的信息处理过程。学生借助能动学习,求得涵盖了认知性/伦理性/社会性能力、教养、知识、经验在内的通用能力的培育。"能动学习"意味着从"教"转向"学"(from teaching to learning)的范式转换。[4] "能动"指向两种偏向:其一,否定灌输式教学,这是一种"被动学习";其二,否定单纯地听取,这也是一种"被动学习"。

"能动学习"是学习者彰显"主体性"、"协同性",能动地参与学习的教学方式的总称。这种教学方式指向的是通用能力的培育,诸如问题解决力、逻辑思维力、沟通能力、元认知能力,体现学科本质的思维方式以及学科固有的知识与技能。未来社会期许的教育不是"记忆答案的教育",而是每一个人"创造答案的教育"。这种"核心素养"的学习隐含的一根红线就是"真实性":真实性的学力——可信赖的、可迁移的、可持续的学力;真实性的学习——基于单元教学设计的问题解决学习,展开探究性、协同性、反思性学习活动的学习;真实性评价——学生求解的不是大量的机械性的"良构问题",而是具体的、现实的"劣构问题"。一位牛津大学毕业生艾莉逊最近在日本的《读卖新闻》(2016年10月28日刊)撰文道:"思考力与创造力比知识更重要。"她举了两个牛津大学的入学面试题目:"为什么人的鼻子有两个孔,嘴巴只有一个?""在英国每四人中有一人死于癌症,但在菲律宾每十人中只有一人死于癌症。造成这种差异的原因是什么?"在这里考官并不要求回答标准答案,而在于考察学生对这些问题是怎么思考的,又是如何将这些思考表达出来的,是否有创造性与好奇心等。

"能动学习"的基本理论是以学生的高度参与高能量为其特征的"有意义的学习经验"理论。芬克(L. D. Fink)全面论述了旨在创造"有意义的学习经验"需要有怎样的学程,从教学目标到教学构成、教学战略、成绩评价。[5]在他看来,"能动学习"有别于"边听讲"、"边解读"教材的"被动学习"。"能动学习"是"把学生卷入活动以及关于活动的思考"。倘若这里的"活动"置换成"经验","思考"置换成"反思",那么,其具体所指与课题如下:A. 经验——行动,观察。B. 反思——学习什么与如何学习;独立学习与协同学习。这样,所谓"有意义的学习经验"可以理解为:"指向基础知识(有关关键概念、术语、关系等理解与记忆)、运用(了解应用知识的方法)、整合(能够揭示主题与别的主题之间的相关关系)、人性维度(主题学习,获得个人与社会的启示)、学习兴趣,以及学习方法的学习,显示出超越了知识的习得与技能、态度的训练,涉及广泛的人格成长的目标,可以说,系统地、囊括性地展现了学生的学习与成长。"[6]邦维尔(C. Bonwell)进一步归纳了"能动学习"的一般特征:(1)学生从事超越了"听讲"的积极学习活动。(2)着重于学生技能的培育胜于信息的传递。(3)学生展开高阶思维(分析、综合、评价)。(4)学生积极参与活动(诸如阅读、讨论、写作)。(5)学生关注自身的态度与价值观的探究。(6)伴随认知过程的外化。[7] 能动学习着力于摆脱单纯的"听讲",重视"说、写、表达"这种教学形态,其本身并不是目的,而是牵涉到教学的方法。不过,全盘否定讲解型教学并不能实现教学的目的,两者的关系并不是非此即彼,而是应当相辅相成。换言之,"记忆者"与"思考者"绝不是对立关系,两者是密不可分的。正如美国教育学家所形容的,记住事实、训练能力的学习是"二维度学习",在二维度之上进行建构"概念"的学习就是"三维度学习"。如果说,"记忆者"的学习是二维度学习,那么,"思考者"的学习就是三维度学习。而要实现三维度学习,就要借助单元教学的设计了。单元,是课程的最小单位。能动学习重视单元设计是势在必然的。

(三) 能动学习即"深层学习"

从某种意义上说,"能动学习"即"深层学习",或者说,实现"深层学习"是提升能动学习型教学的策略。比格斯(J. Biggs)与坦(C. Tang)归纳了"深层学习"(deep approach to learning)与"浅层学习"(surface approach to learning)的特征。"深层学习"的特征是面对课题展开"反思"、"变式"、"确立假设"、"原理与运用"等高阶认知功能。反之,"浅层学习"以形式上的问题解决为特征,诸如"记忆"、"认识、取名"、"理解文本"、"变换说法"、"描述"之类的机械反复的、非反思性的形式上的问题解决。[8]

表 7-1 深层学习与浅层学习的特征

深层学习	浅层学习
在既有知识与经验的基础上展开思考与链接	把学程视为知识点的堆积
探索范式与重要原理	死记硬背,照本宣科
持有证据,得出结论	一旦出现新的思考,觉得难以理解其意涵
关注逻辑与议论,进行批判性探讨	不求甚解,不去追寻学程的任何课题的价值与意义
领悟在学习中成长的真谛	得过且过,不体现学习的目的与战略
极其关注学程的内涵	感到负担过重,忧心忡忡

海(D. Hay)编制了"深层学习"、"浅层学习"与"非学习"的判定标准[9]：(1)"深层学习"判定标准的要点是，显示出新学习的概念，既有知识和既有概念与有说服力的语词形成链环，表明了整体的知识结构的重要变化。(2)即便显示出新的概念，但或者同既有知识没有形成链环，或者没有显示出概念性统整的再造，亦即倘若没有显示出有意义的重要变化，那么，就可以判定是"浅层学习"。(3)倘若缺乏新的概念与链环，仍然强固地维持学习前的既有知识，看不出进行了学习，就可以判定为"非学习"。在这些标准中嵌入了"意义生成"的基本思考，即同既有知识链接的质的一种思考。在学习中同既有知识的链接至少存在三个问题："非活动型"、"不充分型"、"不适当型"。

"深层学习"的判定标准：(1)在学习后的概念地图中，显示出新学习的概念。这是学习前的概念地图中没有的，同原先拥有的既有概念也是不同的。(2)在学习后的概念地图中，显示出以有意义的方式同既有知识勾连起来新的知识。(3)在学习后的概念地图的整体知识结构中，显示出不同于学习前的重大变化，亦即表现出更好的结构、更优的链接、更丰富的意涵。

"浅层学习"的判定标准：(1)在学习后的概念地图中，没有显示出新学习的概念。既没有同既有知识的勾连，也没有概念统整。概念结构在学习前后没有崩溃或发生变化。(2)在学习后的概念地图中，不包含新的概念，概念链环从总体上说没有增加。(3)在学习后的概念地图中，并没有显示出学习前的概念发生了重大变化。具体地说，看不出结构的丰富性，或者解释力(意涵)薄弱。

"非学习"(无学习)的判定标准：(1)在从学习前到学习后的概念地图中，既有知识维持不变或崩溃。(2)在从学习前到学习后的概念地图中，缺乏概念结构的重要再建。(3)在学习后的概念地图中，缺乏新导入的概念。(4)在学习后的概念地图中，缺乏新发展的链环。(5)从学习前显示的链环结构看，缺乏新发展的有意义的链环结构。[10]

二、能动学习教学实践的要件

从能动学习的目标可以引申出能动学习实践需要的三大要件：探究性学习、

协同性学习、反思性学习。所谓学习活动的指导，无非就是让儿童理解、思考、判断，以小组学习的方式达成课题，觉悟到自身的变化（成长）。那么，在我国应试教育传统势力盘根错节的土壤中，如何来打造这些基本条件呢？

（一）能动学习是探究性学习活动

思维，唯有在"探究"这样一种具体的情境中才能活跃地发挥作用。在能动学习中，儿童通过"质疑、思考、判断、表达"这样一种情境化的探究学习活动，培育建构探究的"质疑、思考、判断、表达"等思维能力。因此，教师不能把教学视为"了解、记住"的过程，而必须将其视为构成理解、思考、判断的过程，必须是这种有情境的探究性的学习活动。即便是"知识与技能"也是通过这种探究学习活动，必然地在运用过程之中习得的。

其一，要培育儿童的探究能力，就得积累基于"精密编码"的对话的经验。伯恩斯坦（B. Bernstein）论述了中等阶级儿童与底层阶级儿童之间存在的文化背景的差异，揭示了两种家庭的亲子之间对话结构的差异。他把前者称之为"精密编码"，后者则是"限定编码"。[11]

精密编码——亲：早点睡吧。/子：为什么？/亲：不早点睡，明天上学就要迟到了。今天不是赖床了么！/子：明早一定按时起床，我想再读一会儿书，可以吗？/亲：那好，你自己把控，别忘了关灯。

限定编码——亲：早点睡！/子：为什么？/亲：别啰嗦！早点睡就早点睡。

后者的"限定编码"的对话结构，是权威性、命令式、习惯性的。对话在亲子之间是不可能发展性地持续下去的。儿童的思考被家长的权威性、命令式、习惯性的话语封闭了，被服从的方式切断了。因此，缺乏这种能力的儿童会陷入种种不良状态：(1)不会思考学习课题。(2)不能洞察教师的意图与课题的旨趣，不能把自己的思考与不懂之处适当地告诉教师。(3)课题的完成缺乏积极性与自信。这样，在学习活动中处于不利的地位。而在"精密编码"的对话结构中，亲子之间的对话像是接球那样持续地发展，儿童的思维得以精密地展开，可以实现如下经验：(1)质疑、被问、推察、解释、预想、想象、判断、决策等探究性思维能力。(2)从对方的表达中洞察对方所想表达的内容，以及以对方乐意接受的表达方式来说明自己所想表达的内容等沟通能力。(3)自己决定自己的行为,负责任地监控自己的行为。所以,对于学校教育与课堂教学而言,不应倡导什么"零起点教学",而是应借助展开精密编码的对话的经验,消弭客观存在的家庭文化背景之间的差异。

其二,要培育儿童的探究能力,就得把学习活动同具体的生活经验联系起来。借助合科式、学科群(STEM)的或跨学科的"综合学习活动",即借助其学习课题的情境性与挑战性,及其评价的直接性与具体性,使得儿童能够切实地感受到学习活动的目的(价值)、内容、方法、责任,提升了学习活动的可视性,也提升了自我能力成长可视性。这是一种儿童自身思考与情感强烈参与的真正的学习,同传统的学习活动形成了鲜明的对照。传统的学习活动具备如下特征:(1)就教科书的内容,接受教师作出的解释。(2)通过教师的讲解与板书,被动地记忆被视为重要的事项。(3)接受教师的提问,向教师报告所要的标准答案。(4)接受教师的等级制评价。

(二) 能动学习是协同性学习活动

能动学习是儿童以小组学习的方式致力于课题达成与问题解决的协同性学习活动。就是说,这是通过彼此拥有知识与技能、见解与认识的相互交流,从而建构课题达成与问题解决的新的知识与见解的"最优解"的学习活动。能动学习就是培育这种沟通能力——参与建构新的观念与概念的活动,并贡献自己的主张的一种教学范式。所谓"学习",只能同他者协作才能完成。知识与技能、见解与认识,通过同教师与家长等年长者的交互作用,协同地习得的。而且对学习对象的兴趣、爱好往往是在同他者的交往中受到激励而产生的。学习者因他者的评价而得到鼓励,从而提升了学习的积极性与自信。学习活动不是在各个儿童的头脑中借助孤立的作业实现的。教师必须以小组的方式,作为沟通协同活动来建构学习,从某种意义上说,是引出儿童集体的教育力。如何更好地发挥儿童集体的教育力,是学校教师如何作为一个学习指导者发挥专业作用的课题。

能动学习是在儿童之间自主地展开共同活动,是儿童一起思考的学习活动。因此,教师必须从"背靠黑板向儿童单向传递知识"——教师成为主讲者与对话内容的审批者,儿童与教师之间的对话性沟通被切断了——的角色作用中摆脱出来。即便是教师的提问,也不是让儿童单纯地复述"正答"或者"信息",而必须要促发儿童自身的思考。教师对学习活动的指导是对儿童集体的指导,目的在于将儿童群体培养成能够自主地、主体地展开沟通的集体。在这里,教师需要琢磨一系列的教学指导行为[12]:

1. 倾听。儿童倘若不能倾听同学的发言,儿童之间自身的主体性的沟通就不可能产生。所谓"倾听"不是被动性的观念,而是一种能动的听取——倾听者必须同发言者一起思考,帮助发言者思考的发展。所谓"沟通能力"是在众多的人际之间起着推进协同活动的作用的。协同性探究活动就是通过这样的沟通,凝练思维活动的。

2. 议论。在这里,重要的是促进基于议论的反应。议论是激活儿童提出质疑、思考判断的一种自主性探究,儿童自主性、主体性的协同关系从议论中就开始了。一旦禁止了议论,儿童就不会再倾听,心理活动也就戛然而止,不再思考,成为课堂的"客人"了。若是那样,儿童之间是不可能展开"质疑、思考、判断"的协同探究的。从一个儿童的议论往往会引出众多儿童的议论,学习活动或许一时会处于脱轨状态,但这种脱轨状态(在许多场合这种脱轨甚至长达5分钟左右)是能动学习的雏形。在此期间,儿童们自由地交谈,取得赞同之后,自然会回归原本的话题。而教师的指导力表现在激励儿童,大家一起质疑、思考、判断,就像儿童自身发现了新的知识与技法那样,引导学习活动的展开。"脱轨"即便脱离了本课时的目标,也并非离开了学习的本质性轨道的"脱轨"。教师指导的方向应当是引出儿童的议论,提升反应的品质,而能够丰富地编织出议论的反应才是高质量的反应。

3. 洞察。所谓"洞察"是指通过沟通理解他者的意义世界,从他者的经验中得到学习。沟通能力无非就是这样从他者的经验中得以丰富地学习的能力。能动学习就是这样一种儿童之间以诚实的态度去体悟求知努力的学习活动。

(三)能动学习是反思性学习活动

能动学习是作为儿童的探究性、协同性学习展开的。在这个过程中,伴随着同伙伴的高密度的沟通,思维,正如"质疑、思考、判断"那样,能动地、自觉地发挥作用。也就是说,在能动学习中,作为自主性、主体性、探究性、协同性的学习活动产生着关于学习课题的高密度的意识流。不过,即便有高密度的意识流,关于思考是如何发挥作用的、知识是如何活用的、沟通是如何展开的、观念是如何发展的,仍然是处于未梳理的原始状态。这些背景往往会被"削除",然后被"消去"。因此,有必要对于这个阶段里究竟发现了哪些问题、如何解决的,在这个过程中思考的概念、知识的运用、沟通的展开、概念的发展——进行反思,展开一番梳理。这样,这个小小活动才能作为一种学习经验加以建构,才有可能向下一步的学习活动延伸与发展。因此,在能动学习中,一节课或一个单元终结时,需要有一个反思的过程。

所谓"反思"就是对于学习活动中自己思考的内容与思考的方法进行反省性思维。[13]就是说,这是一种回忆自己在学习活动中的思考是怎样展开的,进行教学反省性的发现、检点、明晰与评价,然后抽取能够运用的知识与技能的智力作业。通过这种智力作业,能让学习者意识到在学习活动中习得的、使用的知识与技能、尝试的方法、同伙伴的协作等,并以在其后的活动中可能运用的形态加以记忆。教师的责任是帮助、指导儿童故事性地写出(叙述)自己在学习活动中"学到了什么,怎样学习的"。其教学的诀窍是:

1. 揭示事件与事实的关联与关系。揭示事件与事实的关联与关系不能简单地罗列事件与事实。首先是按照发生的顺序,将事件有序地梳理出来。然后就各种事件与事实、设想与归纳、作用与反作用、混乱状态与被解决的状态,分第1次、第2次加以阐述,亦即必须揭示其间的关系。

2. 区分事件与自己的思考与情感。关于事件的事实与自己关于事件的思考与情感必须加以区分。事实上在一种活动中,事实、思考与情感往往是浑然一体的,但这些是借助反思性思维可以加以区分的要素。重要的是通过"反思",围绕体验,能够作出如下的分析:(1)自己产生了怎样的思考与情感?(2)这种思考与情感是同怎样的教学设计遭遇而产生的?(3)为什么从这些事件中会产生这种思考与情感?通过这种分析,学习者可以体悟到某种事件所拥有的"对自身的意义"。只要把这种体悟到的意义同伙伴分享,就可以同他者分享共有的意义世界,加深自己对于世界固有意义的认识。

3. 重视叙事展开的逻辑。叙事可以按照"起承转合"的逻辑展开。重要的是,叙事是为了让他者明白,因而叙事的展开表现应同时间顺序与理解关系的形式一致。

4. 前瞻。反思的意义体现在儿童在其后的学习活动中采取作为有能者的意欲与自信的姿态。就是说,在其后的学习活动中能够充实自己的自主性学习,能够构想自身学习活动的叙事。归根结底,培育每一个儿童成为自己人生主宰的能力正是能动学习的教育价值之所在。

能动学习不是单纯的教学方法与形态,而是教育的原理与基础。在探究性、协同性、反思性的能动学习实践中,儿童借助自身的智慧努力,不断拓展交互作用的世界,从而不断丰富新的意义世界,同时也伴随着自身个性的成长。

从现成知识的死记硬背走向自主地思考与知识建构,或者说,从"记忆者"教育走向"思考者"教育,从某种意义上说,是一种哥白尼式的大转变。在这里,知识从一个标准答案的知识到每一个儿童学生建构的知识;教学不是教师向学生传递知识的单向型教学,而是师生之间、生生之间对话协商的双向乃至多向型教学;教师的作用不是"知识灌输",而是"促进学习",从而启发每一个学生——这就实现了对教育本质的回归。

三、教师的叙事研究能力与教师文化

(一)能动学习带来教学观的转型

能动学习的教学实践要求满足如下目标:(1)主体,即通过旨在实施、完成课题的具体情境中的某种活动,建构能动地探究知识的活动。(2)协同,即参与同他者对话的协同性活动,并且作出贡献。(3)对话,即培育伴随作为成员的有能感增强的个性发展。[14]这样,学习者通过能动学习指向了自我形成——拥有探究能力、协同沟通能力、反思性自我学习能力的个性发展。因此,能动学习带来的教学观转型是:(1)在教学中不是让儿童了解、记住,而是让他们理解、思考、判断。(2)不是个人个别地完成学习课题,而是以学习小组的方式一起求得学习课题的完成。(3)学习活动的成果不仅让儿童习得知识技能,而且使其觉悟到自身的变化(成长)。这样,"能动学习"指向如下目标:(1)让儿童展开探究性学习,培育探究能力。(2)让儿童在人际交往中协同地学习,培育沟通能力。(3)让儿童对自身的学习进行反思,培育作为有能者的个性。[15]

能动学习的课堂是每一个儿童精彩表现的天地。在能动学习中,所谓的"好课"就是儿童通过自己的话语与行为,能够具体地展现自己个性的优点、风韵、成长与潜能的教学。当然,在这种精彩的教学中教师的教学艺术是不可或缺的。不过,在以教师主导、生拉硬扯的教学中,儿童是不可能有自主性、主体性可言的。因此,从儿童的视点来说,所谓"好课"是儿童能够聚精会神地"质疑、思考、判断",聚精会神地同伙伴沟通,聚精会神地表现自己的教学。所谓"好课"绝不是教师出色地显示自己的教学技巧的教学,倘若没有儿童的"能动性",即便教师的讲述"头头是道"、"井井有条"、"丝丝入扣"、"津津有味",也是绝对谈不上"能动学习"的。这里所谓"能动性",是指儿童出于内在动机的、基于本意的、由体验支撑的一种心智能量,包括旺盛的好奇心,效能感与成就感,对课题与学习的重要性与意义的理解,兴趣盎然等。[16]因此,在校本研修中必须废弃传统的所谓"好课"的思维方式,转换到"儿童中心"的视点上来。课堂研究的目的是催生儿童自主性与主体性,亦即能动学习。教学研讨会可以聚焦两个问题:(1)每一个教师相互报告自己感觉到的显示儿童"成长"的事实,由此把握该儿童应按照怎样的方向、怎样成长。(2)在教师之间对于儿童成长的面貌,求得共同的理解与关心,同时共同求得帮助儿童成长的策略。日常的"教学研讨会"必须成为教师讨论儿童的场所。每一个教师必须是自主性、主体性的参与者,整个研讨会必须是开放的,作为教师的能动学习来展开。能动学习的实践应当纳入"学习共同体"学校建设的视野,致力于提升教师的专业性,形成教师团队的同僚性,并在此过程中把学校的教师组织逐步锻造成"探究性、协同性、反思性教学"的教师团队。

(二)教师的叙事研究能力与教师文化

如何在能动学习的实践中转换教师实践研究的方法论,是推进能动学习的教学实践中伴生的一个首当其冲的课题。

叙事研究开辟了社会学、医学、心理学、社会福利学、法学、管理学等众多学术领域的新局面,"叙事研究"也成为课程教学、教师教育领域的一个关键词。芬兰的哈卡赖宁(P. Hakkarainen)指出:"叙事研究的逻辑打破了从单纯到复杂、从既知到未知、分阶段地教授的传统教学论原理。好的故事常常是重叠构成的,这正是故事的魅力所在。这样一个特征也应当体现在课程与教学之中……当我们把教学视为叙事概念时,就会有助于我们把课程视为人类文化所拥有的宏伟故事的珍宝,把教师视为这种文化故事的表述者。"[17]事实上,杜威早就认识到故事的这种魅力。旧与新、既知与未知的平衡的组合,可以把故事演绎得娓娓动听。多年来我国教师的实践研究局限于教材、教法的研究,而这种叙事的创造却不是单纯教材的解读与教法的照搬照抄,而是一种文化实践的创造。这种文化实践的叙事,就是维果茨基所说的一种"心理工具"。所谓"心理工具"是指为变革其自身的心理结构与过程而进行的文化实践。教师的能力表现在如何去激励、援助儿童采用心理工具,促进儿童"普适能力"——自我概念、个性、自我反思、动机作用、想象力、创造性——的发展。正如"通用能力"(Generic Skills)一样,运用范围广泛,不同于表层的技能,可以说是支撑人格深层部分的学习行为。所谓"叙事能力"是指教师创生课程与教学的能力,诸如要使得教学成为一种叙事,就得建构故事的情节与场景,勾勒故事的角色,教师自身也承担一种角色,从而故事的事件得以戏剧化,学习课题也隐含在故事情节的展开之中。因此,叙事研究不仅满足于知识与技能,而是聚焦于能力深层的核心部分,或者说,不仅聚焦于认知性要素,而且聚焦于情意性要素。教师围绕教学实践记录中所描述的儿童"学习的故事",展开多角度、多层次的"反思",这种分析可以改进教师自身的实践。可以说,这是教师实践研究的基本方法。

成功的能动学习需要多方的投资——行政手段的投资,以及师生之间认知的、社交的、情感的投资。一个理想的教师文化的创造,需要满足如下五个要素:愿景、知识、技术、实践、态势。能动学习的教学实践特别需要每一所学校、每一个教师的强烈"态势",即对教育的忠诚,对每一个学生的期待与热忱,同事之间对话与交互作用的维系,以及一种挑战精神和应变力。有了这种态势,就能拓展推进能动学习的专业资本——借助结构化的或者没有结构化的经验、实践、反思,来获得、积累推动课堂转型的专业资本,就能够创造出持续革新的教师文化。

参考文献

［1］杜威.学校与社会·明日之学校［M］.赵祥麟,等,译.北京:人民教育出版社,1994:42—43.
［2］大迫弘和.作为能动学习的国际会考:从"记忆者"到"思考者"［M］.东京:日本标准出版公司,2016:18.
［3］梶田叡一,主编.何谓能动学习［M］.东京:金子书房,2015:6—7.
［4］［5］［9］［10］沟上慎一.能动学习与教学范式的转换［M］.东京:东信堂,2014,9,17,104—116.
［6］［7］［8］松下佳代.深层能动学习［M］.东京:劲草书房,2015:37,1—34,45.
［11］［12］［13］藤井千春.能动学习的教学原理［M］.东京:明治图书,2016,40,73—79,103.
［14］［15］C. Fadel.教育的四个维度［M］.岸学,主译.京都:北大路书房,2016:40—42,126.
［16］人类教育研究协会,编.学力观的转换［M］.东京:金子书房,1993:136—140.
［17］松下佳代,编著.新能力能够改变教育吗［M］.京都:智慧女神书房,2010:309.

第8章
认知模型与读写教学

基于阅读的理解,亦即阅读与写作的基础能力的培育,主要是由语文课程来承担的,但其他学科也必须做出相应的指导。从认知心理学看来,阅读与写作是人类高度复杂的智力活动,需要建构模型来加以把握。本章主要从"自主学习"认知模型的角度来考察读写教学的认知过程,以便有助于读写教学的改进。

一、从阅读模型看阅读教学

(一)阅读:读者的意义建构活动

传统的语文教学着力于课文的"结构分析",教师的讲解是以"作品"与"作者"为中心展开的,分析课文的主题与篇章结构成为阅读教学的主要内容。在这里,教师只是让学生(读者)接受作品与作者的信息,产生鉴赏(消费者)的作用。所谓"阅读"往往容易给予人一种"被动地输入信息的作业"的印象。然而心理学的阅读研究表明,即便是再短小的文章,其阅读也是一种牵涉到文章背后某种意义信息之关联的复杂过程。学习者不是被动的存在,而是主体地展开学习的存在。根据"接受理论",所谓"阅读"是课文(作品)与学生(读者)之间交互作用的一种读书行为。因此,"阅读"不是机械地接受来自作者的表象(文本)的"消费者",而是"生产者"。从某种意义上说,阅读"是以来自作者的表象(文本)作为'经线',和以来自读者的阅读活动作为'纬线'交织而成的织物"[1]。亦即阅读是在课文(作品)与学生(读者)之间的交互作用之中形成的。这就是"读者"的诞生。所以,阅读教学研究理所当然地关注"作品"与"读者"之间的交互作用。当然,这并不意味着可以容许读者肆意妄为地解读作品。离开了作家与读者所处的社会制约,以及离开了作品本身的肆无忌惮的"场外乱斗",都是不容许的。

国际教育界有众多"阅读模型"来解读这种阅读现象。金奇(W. Kintsch)推出的"情境模型"表明,人的阅读理解过程包含了三种层次的处理:文本的"表层结构处理"、"文本基础处理"、"情境模型处理",分别构成"表层理解"、"中层理解"、"深层理解"。[2] 所谓文本的"表层结构处理"是指把握字、词、句、篇的阶段,谓之"符号化"。这是读者深入阅读之前把握其梗概的准备阶段,这种符号化了的信息会在其后迁移到"文本基础处理"的阶段。所谓"文本基础处理"是把握课文意涵的阶段。即明晰构成篇章的要素(命题)之间的关系,把握全文的意涵。所谓"情境模型处理"是指从课文中提取信息的基础上,动员既有知识,据以细致地分析概括、解释推断、揭示意涵,整合多种信息的阶段,从而把握全文内容的情境。上述三层处理的分析,同PISA"阅读能力"的界定——"信息提取、解释、反思与评价",大体相当。

基于"自主学习"论的"阅读模型"则表明,在阅读过程中建构的知识结构与其后的推断活动是循环往复地进行的。这个模型是从两个方向来解释"阅读"的:其一,根据文中的信息,"自下而上"地积极积累的阅读过程;其二,基于既有知识进行"自上而下"地推断的过程。[3] 在实际的阅读过程中,"自下而上"与"自上而下"这两种方向的认知过程是交织在一起的。读者是借助同文本的对话,在自己的心中形成一种意义世界的。为了读懂,就得有效地实施"自下而上"与"自上而下"两种方略。在认知心理学中,所谓"方略"是"旨在使得学习者在学习中以其从事的行为与思考,影响符号化过程"。亦即读者旨在更有效地展开自己的阅读过程的行为与思考;读者会自发地运用这样的方略。日本学者以初中生到大学生为对象,探寻学生阅读课文(说明文、议论文)时所运用的阅读方略,揭示了"能动阅读"的因子构造。亦即可以把阅读方略分为七个范畴,然后再归纳成三个上位因子:旨在消除阅读障碍的"理解补偿因子";理解与记忆文章内容的"内容理解因子";理解文章中未明示的"理解深化因子"。这些因子可以借助理解的深度得到解释。就是说,"理解补偿因子"是体现表层水准理解的方略,"理解深化因子"是体现深层水准理解的方略。[4]

表8-1 阅读理解方略的三因子模型

处理	方略因子	方略范畴	具体内涵(方略案例)
浅	理解补偿方略 内容理解方略	明晰意义 控制 把握要点 记忆 生成质问	变换语词,琢磨难字难句 调整阅读速度与次数,不懂的部分慢慢读 在重要之处划线,写眉批,概括要点与内容 记住不懂的词句和内容 自我检测理解的程度,边问边读
深	理解深化方略	关注结构 活用既有知识	关注段落与篇章结构 同自己既有知识结合起来进行阅读

当然,上述这些阅读方略也可以置于"精准地理解文本内容"的视角来探讨。比如,研究人员阅读文献或者实业家阅读业界动向的报告,就得有更高层次的阅读,就是说,展开更能动的阅读——检讨逻辑的整合性,发现新的问题。在这种场合,还得在上述方略的基础上添加新的方略。这样一种品味信息、追求逻辑性的阅读可谓之"批判性阅读"。批判性阅读不仅涵盖了形式的推断能力,还牵涉到态度、学科知识、理解监控的功能。关于批判性阅读方略的结构尚无系统的研究,不过,有人从语言技能的角度制成了评判批判性阅读的检查量表。[5]

表8-2 批判性阅读检查量表

A. 语词的用法:	1. 重要的用语界定了吗? 2. 用语的意涵是否前后一致? 3. 概括是否过于草率? 4. 比喻和类推是否适当? 5. 语句是否有感情色彩?
B. 作为证据的素材与案例:	6. 作为证据的素材与案例是否充足? 7. 是否称得上代表该事实的典型案例? 8. 是否有隐匿的素材与证据? 9. 是否考虑到反方的素材与证据? 10. 是否有不恰当的素材与证据?
C. 论述的方法:	11. 是否有无根据的主张与结论? 12. 是否有隐匿的假设与前提? 13. 是否存在隐匿(或滥用)的理由?

(二) 自主学习与元认知的视点

上面阐述了种种方略及其结构，接下来的问题是，这些方略何时运用、怎样运用。重要的不是求得在任何场合都适用的某种有效的"方略灵丹"，而是能够选择适应情境的有效方略。我们可以从如下两种视点出发，来探讨运用方略的过程。

第一个视点，把阅读作为一个课题，分为阅读前、阅读中和阅读后三个时段来考虑。从自主学习的视点看来，"明确阅读的目的"、"粗读课文的读法"之类阅读前的方略，可以置于自主学习的"自我调整与监控"、"目标设定与方略计划"的步骤中，而方略实施与监控的步骤可以说是借助"重要信息的特定推论"的方略性活动来实现的。再者，阅读中和阅读后的"确认自己运用方略的阅读过程的效果"的活动，可以置于自主学习的"方法实施结果的监控"的步骤中。阅读的活动就是这样一种多种过程参与的活动。将这些方略实施综合起来，作为一个课题来把握这一点，体现了自主学习的特色。从实践的观点来看，由于阅读是在更广泛的学习活动的境脉中来把握的，在教学计划中很容易得到体现，这可以说是自主学习的优势。齐默尔曼(B. J. Zimmerman)精选了所运用的方略，提出改进阅读教学的四步式的方案。[6]

表8-3 文章理解与归纳技能的指导步骤

指导步骤	概要	举例
自我评价与监控	揭示当下的阅读过程与进展情形	所读文章的特征、阅读中的行为、阅读后摘要的得分
目标设定与方略计划	制定具体的目标，确定旨在实现目标的方略	文章中认定的主题、具体的方略（找出摘要，写出来）
方略实施与监控	观察阅读过程与进展情形	阅读时的方略实施状况（回数），阅读后摘要的得分
方略实施结果与监控	观察阅读过程与进展情形，引进必要的新方略	阅读时的方略实施状况（回数），阅读后摘要的得分，新的具体方略（自评）

第二个视点，采取了聚焦阅读的动态过程的一种思考方式。基于第一个视点，把实施阅读方略视为一种课题来把握的阅读指导，特别适于阅读困难的学习

者和初学者。但另一方面,对于更熟练的阅读者而言,就要求其自主地运用精细阅读的方略。着眼于这种阅读者,就得聚焦解决阅读方略的实施这一问题进行探讨。日本学者从这种立场出发,归纳了从种种方略中选择并运用适于当下阅读状态的自我调整方略。阅读者必须具备方略"在怎样的情境发挥作用"的知识,同时也必须适当地把握自己的理解状态。这种关于方略的效果的知识和对于自身理解状况的理解,在认知心理学中谓之"元认知"。关于课题与方略的认识就是一种"元认知知识",把握知识理解状态、监控自身认知活动的过程就叫做"元认知活动"。这就产生了对认知活动的两种水准的把握——元认知水准与对象水准。就阅读活动而言,不仅是理解表象的建构这一"对象水准"的认知活动,还必须从"元认知水准"来引导"对象水准"的活动。因此可以说,聚焦阅读的过程,把课题中的方略的适应性与灵活性纳入视野的观点,是一种更加重视"元认知"的立场。

上述两种视点,在过去没有得到充分的整合。在以往的自主学习研究中以方略实施的有无(或者回数)作为检讨对象的居多,而从元认知观点角度所重视的能否有效地运用适于自己理解状态的检讨并不充分。由此可以看出两种视点的差异:尽管在自主学习中看重自我方略的适应性及其掌握,但在元认知知识中更重视"怎样理解适应性"。在晚近的研究中出现了把"自主学习"与"元认知"观点统一起来的理论化与实践化的尝试。从阅读过程的复杂性来看,仅仅影响单独的过程不可能带来阅读的提升,把综合了种种过程的阅读作为一个课题来把握的自主学习的观点,显然是重要的。这里面,嵌入聚焦动态过程的"元认知的观点"将成为今后研究与实践的课题。比如,日本学者提出了激活阅读教学中的元认知活动的概念——"教学诀窍"(思考解读方略、收集别的信息源、生成自我质问),让学生展开促进元认知活动的练习。[7]

(三)阅读信念与阅读兴趣

基于"自主学习"论的阅读教学不仅重视从认知侧面整合复数过程,也重视情感因素给予学习过程的影响。特别是在导入新的方略之际,由于难以出现好结果而导致自信的丧失或者方略的复杂性,都可能妨碍适当方略的习得,需要教师的支援。这里考察一下同阅读过程相关的情绪性因素——"阅读信念"与"阅读兴趣"的影响。

所谓"阅读信念",就是所谓"'阅读后的理解'是怎样一回事"这样一种每一个阅读者都拥有的思考,也可以表达为"阅读观"。如前所述,所谓"阅读"是阅读者成为主体,作用于文章,构筑理解表象的一种自我调整活动。事实上,阅读由文字符号——"字、词、句、篇"这些更小的单位组合而形成整体的"自下而上"的过程,以及形成知识掌握过程的框架的"自上而下"的过程构筑的一种表象。在这种过程中必须运用各种各样的方略。由于仅仅局限于这种复杂的解读过程之中有限的一部分,所以运用的方略也就有局限性。根据施拉韦(G. Schraw)和布里宁(R. Bruning)1996年的研究,"阅读信念"可以分"传递信念"与"变换信念"两个向度来探讨。[8]前者把阅读视为"根据作者的意图"来解读,后者把阅读视为"根据读者的意图"来解读。研究表明,阅读"议论文"后,读者的变换信念越高,则其写作的评论文的评论程度也越高。

所谓"阅读兴趣"可以界定为"对于特定领域的肯定性志向",它会影响到阅读过程与方略的运用这样一些质的侧面。日常经验告诉我们,人们对于有兴趣的事物总会花费时间与精力。在理解课文之际,首要的因素是学习者对内容有多大程度的兴趣。研究揭示了"趣味性",即学习者对主题感兴趣的程度是学习中的重要资源:兴趣越高,阅读的成绩越好。"兴趣"是参与所处理的信息选择的核心要素。但另一方面,"兴趣"不是单独产生影响的,它是同课文内容之外的要因交互作用的。探讨阅读者的兴趣与课文结构的明确性,会对阅读成绩产生影响。研究表明,课文结构不明确的场合,阅读者的兴趣对成绩的影响很大。越是对主题感兴趣的人,越是能够生成高质量的归纳,由此可见"兴趣"对理解产生的影响。学习者对主题的兴趣有助于促进积极的信息处理,提升阅读成绩,内容的"趣味性"会积极地影响到阅读方略的运用。

二、从作文模型看作文教学

(一)作文模型:自我调整的重要性

作文教学研究的历史比较短浅,国际教育界从20世纪70年代初期才开始有写作的实证研究。其后的研究进展比之阅读研究与数学研究，仍然缺乏力度。20世纪80年代的代表性研究以弗劳尔(L. Flower)与海斯(J. R. Hayes)的"作文模型"最为有名。该模型由"作文过程"、"写作者的长期记忆"与"课题环境"三个部分组成，其核心是"作文过程"。作文过程又分三个阶段："构思"、"执笔"、"推敲"，这三个阶段构成监控部分。作为一种修正模型，20世纪90年代海斯又推出了"个人—环境模型"，由"认知、情绪、记忆"的个人侧面与"社会物质环融为一体"的课题环境两个要素构成。这个模型表明了牵涉到作文的种种要素与下位要素，涵盖了要素之间的关系。[9]在作文之前的"构思"中，写作者设定文章目标，生成主意，形成写作框架。然后根据框架展开文字，相当于"执笔"的过程。在作文之后的"推敲"过程中，则是把自己写的文字作为外部资源来读取和编辑的活动。这些活动不是顺序的、线性的过程，而是不断回归的过程，即频繁地矫正、推敲与构思，再构思，再推敲。一篇好文章不仅取决于认知过程的功能发挥，课题环境与写作者的记忆内涵也十分重要。所谓"课题环境"是指涵盖了写作者所有外部要素的一切资源。

海斯的作文模型忽隐忽现地表明，学生作文中的自我调整过程是极其重要的。这种自我调整的方略多种多样，包括：目标设定与行文计划(表达与主题目标的设定，旨在达成目标之策略的设定)、信息检索(基于作文主题收集适当信息)、记录(记笔记)、结构化(笔记与文本的结构化)、变换(旨在凝练文字，凸现人物形象)、自我监控(检查是否达到写作目标)、记录的修正(此前的笔记与文本的修正)、自我评价(对自己的文字与布局进行诊断)、修正(文字与思路的修改)、自我启发(提醒自己应当关注的要点)、拟定草稿(落笔之前试写出情境)、环境设定(找到写作的安静场所)、时间安排(估计写作的时间)、自我强化(倘若目标达成，去看一次电影)、社会性援助需求(请人校正)、模型的自我选择(模仿优秀作者的风格与手法)。这些自我调整方略在学生作文中起着重要的作用，至少有四种形态可以实证：其一，好的写作者比差的写作者更重视自我调整。其二，好的写作者随着年龄与学历的增长而学会自我调整。其三，写作者的自我调整水准同写作的成绩相关。其四，给写作者以写作练习机会，同时进行自我调整的指导，可以提升成绩。

根据这个作文模型，我们可以聚焦作文的下位过程——构思与推敲，作进一步的探讨。在构思阶段，初习作文的学生往往决定不了"写怎样的文章"或者决定不了"目标"与"计划"，从某种意义上说是"无头绪"地开始其写作的。在作文教学中，比如在指导"说明文"的场合，在构思阶段教师可以围绕"主张是什么"、"可以列举哪些根据"、"可能会有怎样的反驳"等问题，帮助学生去思考和整理思路。文章写完之后总得推敲。在推敲阶段，倘若是"论说性"文章，以往关注的是"字句的表层修改技能"与"伴随主题变换的修正技能"的比较，结果发现，不同写作水准的学习者在这两种技能的比例上显示出了差异。专业作者的表层修改与深层修正之比是 2∶1，高水准学生是 3∶1，低水准学生是 7∶1。[10]可见不同水准的写作者其推敲能力是不同的。在论说性文章的推敲阶段，应当指向基于深层修正的对内涵的本质性提升，而非表面语词的更换而已。也有实践研究提及类似于创造性问题解决过程的策略——"孵化"或"冬眠"。所谓"孵化"是指保留对于该问题的直接解决手段的考察，保温问题本身的一个时期。创造性问题解决过程中的孵化机制并未得到揭示，但作为创造性思维机制的方向性探讨——不是扩散性，而是收束性的问题解决过程，在孵化阶段也是值得关注的。"冬眠"也是一样，不过是变换了一种说法而已。

众多的研究者从不同的理论角度，诸如认知论、认知行为论、建构主义、社会性认知、社会文化性、动机作用、熟练化等来展开研究，聚焦作文的各个侧面——包括文章的构造与形式、特征、目的与目标、作者的视点与要求、传递的意图及其效果的评价等，涉及写作的诸多规则与技法。学生作文过程的最有力的模型旨在回答：所谓"作文过程"是怎样一回事；优秀作者该怎样进行培育；怎样才算有效的作文指导，并在此理解的基础上，赋予独特的视点。而当今流行的作文模型中则是把学生作文视为更广泛的社会境脉的认知的、语言的、情感行为的、身体的过程的集合，强调学生作文是一种连续的、讲究策略的、多元的过程。包括：(1)制定作文计划，即叙述什么、怎样叙述；(2)把意念变为文稿；(3)修正文稿。齐默尔曼等人 1997 年提出的学生作文模型包含了"环境变量、行为变量、个人变量"这一自我调整的三个基本形态。[11]在他们看来，这三个自我调整的形态是在反馈循环中相互影响的。借助反馈循环，学习者对于特定的自我调整技法与自我调整过程的效果的反馈,能够进行自我反思与自我反应。作文的自我调整包含了复杂的相互依存的系统。在这里,自我效能感的概念非常重要。因为这种复杂的相互依存的过程从根本上说是同效能感密切相关的。倘若写作者认识到监控自己的活动、写作的环境,内在地思考自我调整方略,有了出色的发挥,就有可能变动自己的效能感。反之,自我效能感对作文的内发动机作用、自我调整过程的使用,乃至最终会对产出的文章产生影响。研究表明了在写作能力的提升上,自我调整所发挥的作用。在这里,可以发现聚焦写作过程中特定的自我调整技法及其作用的研究所提供的见解。

(二)作文的自我调整过程

基于"自主学习"论的作文模型研究得出了诸多关于学生作文中自我调整技法的重要见解,这些自我调整技法包括:目标设定、自我启发、自我强化、自我监控(也叫自我诊断与自我记录),以及自我评价与修改。这些自我调整方略在理论与实践两个层面都得到了很好的验证,被证明是有效的。

其一,目标设定。目标设定是作文教学的重要要素,熟练的作文是以目标指向性活动为其特征的。广义地说,在目标设定中具体地包含了设定适当难度的、够得着的对象。有效的目标有助于当下课题的理解、各种风格做法的考虑、必要的劳力的结构化、作业中信息的提示、动机作用与成绩的维持。有效的目标是具体的、贴近的、适中的。所谓"具体性"是指界定了怎样一种目标。倘若在目标模糊的场合,具体目标(写得引人注目、选择优美词句)和精致目标(制定作文中应当包括什么、应当说什么、应当怎样说的计划)并没有多大的效果。所谓"贴近性"是指目标的时间侧面。一般而言,短期能够完成的目标比长期的目标更加有效。所谓"适中性"是指目标所规定的难易度。有效的目标对于每一个学习者而言是难度适中的,既不过分难也不过分易。教师有效地把握目标的设定,是作文教学的重要侧面。

其二,自我启发。一般而言,优秀的写作者在写作过程中能够悄然地(或者公然地)画出图表,反复琢磨自己正在写哪一部分,写这个部分有何必要,为什么自己的思考表达得顺利或者不顺利,如何表达自己的思考,如何感动读者,自己喜欢什么。自我启发在引导并组织写作，以及作文的结构化方面，有助于成绩的调整。研究揭示了在学生写作之际通用的六个基本的自我启发环节：(1)课题的界定（定义课题的性质与要求）。(2)注意的焦点化与设计（介入课题，生成计划）。(3)方略的叙述（注意方略的运用）。(4)自我评价与失误的纠正（自我诊断的过程和产出的文本，修正失误）。(5)自我检点与自我监控（困难的克服与情绪反应的处置）。(6)自我强化（在写好后给予自己报酬）。师生为生成有效的自我启发而一起进行作业和练习时，教师可以显示进行自我启发的样本，让学生从所有六种启发中选择其一，写出自己的自我启发来。

其三，自我强化。所谓"自我强化"是指满足或者超越了事前决定的标准之际，学习者写作的强化因子与自我报酬。运用自我强化的学习类似于自然的发展过程——在满足期待的场合，作积极强化；在不满足期待的场合，则不作反应，或者作消极强化。自我强化的步骤是：(1)决定报酬的标准。(2)选择强化因子。(3)评价成绩。(4)在标准获得满足之际给予强化。自我强化往往是同其他的自我调整技法组合起来运用的。

其四，自我监控。在作文的自我监控的场合，写作者对自己的作文课题成绩的各个侧面（关于手法的要素，有效的单词的选择等）进行诊断，记录其结果。自我诊断与自我记录是在作文完成之后进行的。一般而言，自我记录是运用图表进行的。

其五，自我评价。自我评价同自我反思密切相关。作文中的自我评价的概念化有两种方式：一是关于作文的行为，用决定好的时间间隔来判定。学生将自我评价同其他观察者的评价进行比较，看其在多大程度上同他者判定一致，学生据此得到强化。例如，学生的行为按照1（没有按时开始写作，文章没有写完）到5（按时开始写作，写完了）的程度来进行判定，得到来自外部判定者的一致同意，学生基于自己的评价给予自己报酬。二是自我评价。自我评价是写作者发现想写的文章同实际写出的文章不一致的"问题解决过程"的概念化。作为问题解决过程的自我评价是旨在修正文章内容与写作技法而频繁地、有效地使用的。

其六，评价与修改。在作文的认知模型中"修改"承担着重要的作用。一般而言，"修改"包含两个方面：一是变更写好了的文章；二是变更在写作前生成的计划与主意。在关于修改的早期模型中,"修改"被界定为:发现想要写的文章同实际写出的文章不一致的问题解决过程,晚近的模型中加上了"发现问题所在"。找到新的主意也包括在修改之中。不管怎样,所谓"修改"是依存于自我评价过程的。写作者阅读自己的文章进行作文评价,发现问题,尝试改进作文。初学者一般局限于机械地修正问题所在,而熟练者能够聚焦意义,对于修改拥有更加凝练的概念。另外,初学者往往把修改当作每一个错误的调整。修改依存于评价文章的能力,而初学者缺乏这一种能力,因此,即便是发现了问题,也难以对文章作修改。

从作文的认知过程的复杂性与回归性(反复性)来看,除了个别阶段的方略,整合整个作文认知过程的指导也是很重要的。大量研究表明,在自主学习中立足于这种立场,准备好旨在有效进行作文的方略,通过习得这些方略,可以提升作文的成绩。例如,开发作文的"自主方略学习计划"(SRSD)[12]。该计划的特征是着眼于设计与修改两个阶段。在该计划中,写作者与指导者通过交谈,揭示必要的方略,借助六个阶段来学习。SRSD 的六个步骤是:(1)活跃背景性知识——揭示关于课题(作文)与方略知道了什么。(2)讨论方略——讨论并决定对于学习者而言,必要的方略是什么。(3)模仿方略——让其见习、仿效榜样与指导者运用方略的情形。(4)记忆方略——在榜样不在的状态下,运用方略。(5)支持方略——监控自身能够运用方略。(6)自己能够运用——在必要的场合能够自觉运用方略。这个计划的一大特征是,显示了构成方略学习原则的阶段性大体框架,同时指向如下两点:一是,每一个学习者琢磨必要的知识的计划;二是,学习者自身不仅获得方略,而且能够熟练化,自觉地运用方略。该计划适用于大多数学习者,对初习写作者尤为有效。当然,作文的优劣与否难以客观地判定,如何开发适当的评价手法仍然是一个课题。

上面探讨了阅读教学与作文教学的模型及其策略。在日常生活中阅读与作文并不是单独的活动,两者往往是交织在一起的。从思维与沟通的视点看来,必须统整地思考读与写的活动。接受信息与表达信息未必是一个方向——不仅有接受信息、探究信息的方向,也有表达信息、深化理解的方向。就贴近现实的情境而言,单向进展的沟通并不多,反而是"接受—表达—接受"这样一种循环往复的过程居多。再者,一般总以为学习者的阅读与写作大多是"听凭感觉"展开的,但相关的研究表明,运用适当方略改进过程,是可以提升成绩的。同时,除了这种认知过程,作为阅读与作文的动机作用的"兴趣"与"自我效能感"也是很重要的。从强调环境因素的社会建构主义的立场看来,关键的一点是,阅读与写作的学习不是单纯的机械性工作,而是应当作为"建构意义的创造性活动"来把握。

参考文献

[1] 佐藤公治.学习与教育的世界:教育心理学的新发展[M].京都:あいり出版,2013:180.
[2][7][9] 栗山和广.授业心理学:从认知心理学看教育方法论[M].东京:福村出版,2014:96,99,104—105.
[3][5][6] 自主学习研究会,编.自主学习.理论与实践的新发展[M].京都:北大路书房,2012:138,140,141.
[4][8][10] 犬塚美轮,等,著.逻辑性读写的理论与实践:面向知识社会生存能力的培育[M].京都:北大路书房,2014:10,8,93.
[11][12] B. J. Zimmerman,等,主编.自主学习指南[M].塚野州一,等,主译.京都:北大路书房,2014:148,154.

第9章

学业评价：省思与改革

——以日本高中理科的"学习评价"改革为例

我国愈演愈烈的应试教育扭曲了"学业评价"，是时候回归"学习评价"的本义了。"学习评价"的本质是"学力评价"。本章阐述日本高中理科"学习评价"改革的举措——凝练评价视点，提供案例示范，探索可视化策略。同时，本章将揭示"学习评价"的建构主义特征。日本高中理科的"学习评价"改革及其建构主义思想背景，或许可以为我国中小学"学业评价"转型为"学习评价"的尝试，提供某些参照。

一、"学业评价"即"学力评价"

（一）两种不同的评价逻辑

我国的"学业评价"充其量不过是借助学生知识点的巩固程度，来检验教师教学行为的效果而已。这种"学业评价"局限于"学绩评价"，是完全服从于、服务于应试教育的需要的。在日本，则用"学习指导要领"取代"课程标准"或"教学大纲"，用"学习指导"取代"课堂教学"，借以彰显学校中的"教学过程"是以"学生的学习为中心"的过程。所以，对应于"学习指导"的学业评价，自然而然地谓之"学习评价"。前者是"教学大纲的实施—客观知识的传授—教学成果的检验"，后者则是"学习指导要领—学习指导—学习评价"。这是两种不同的评价逻辑。

学业评价的本义应当是学生学习状态及其成果的测量与评价。一言以蔽之，"学业评价"即"学习评价"。"学习评价"对于教师而言，是把握教育过程的一种行为；对于学生而言，是确认自身的学习状态，培育自主性学习的一种行为。[1]在这里，"学习评价"具有教学与评价一体化的含义。教师必须对学生学习作出支持与指导：搜集旨在发现每一个学生的困惑的信息，寻求困惑的原因并反馈信息。为此，就需要有能够分辨学生的学习变化的评价方法。教师倘若不能捕捉学生学习的变化，就不可能发挥学习指导的作用。我国愈演愈烈的应试教育扭曲了"学业评价"，是时候回归"学习评价"的本义了。

（二）"学习评价"的本质是"学力评价"

"学习评价"本质上是一种旨在把握学习状态并促进"学力"形成的"形成性评价"。所谓"形成性评价"是指，教师以改进学生学习为目的，在学习过程的特定时间点，对照教学目标，来把握学习者的状态；教师据其结果对学习者进行反馈，借以改进学习，并且作出补充指导。然而，我国中小学教育现场多年来实施的"学业评价"，向来把可计测、可量化的"学绩"（考分）当作"学力"的唯一表征。就是说，片面地以可量化的"客观"的、"可比"的"学绩"来代表"学力"的水准。其实，"学绩"充其量不过是"学力"的部分表征，而非全部。应试教育偏偏把"学绩"当作学生发展的唯一指标，沉迷于"排行榜"，激化你死我活的"应试竞争"。

教育与教学的过程是学习者自身"发现意义"、"建构意义"的过程，不能简单化地归结为单纯的"知识记忆"、"知识积累"。随着国际学力竞争的加剧，20世纪90年代以降，世界各国的学校教育实践已从"知识中心"转向"思考力中心"，转向能动的、扎实的、能够实际运用的能力。学校中的学习不是在学生个人头脑中孤立地进行的，而是在同他者的关系之中展开的。正是在同他者的合作学习中，学生发现他者思维的异质与差异，从而培育丰富的思考。在这里，形成"学习共同体"成为重要的课题。因此，在学校教育的评价中，需要探讨"学力"的评价方法，替代单纯的"学绩"评价。

根据日本学者的研究，通过学校教育形成的、作为人类能力的学力（基础学力）是由三个彼此相互关联的轴心构成的。其一，认知能力（狭义的学力），主要是基于文化的传承与发展的认识而形成(内隐)的认识能力。包括：(1)作为知识习得的结果性表达的学力(达成的学力);(2)作为习得新知、解决课题的学习可能性的学力(作为学习能力的学力);(3)在知识习得过程中形成的作为认知基础的心理特征(心智能力——思考力、观察力、想象力、直觉力)。其二,表达能力(感应力、表达力、肢体动作能力、劳动能力)。其三,作为人格特征的社会能力(价值观、世界观、集体意识、纪律性),即人格特征(意志、信念、情感、行动力)。[2]因此,"学力"或"基础学力"的概念特征为：(1)学力是借助后天的学习获得的。构成其活动的媒介是重建人类和民族的文化遗产(科学、技术、艺术的体系)的学科和教材。学习者通过有计划的系统的教学活动,获得被客体化的能力与特质。(2)学力是同每一个学习主体的内在条件密不可分的,是在人的各种能力、特质的整体发展的有机关系之中得以形成的。(3)学力是在客体侧面(作为学习对象的内容)与主体侧面(学习主体的兴趣爱好、意愿、意志等)的结合与统整之中,学习者作为主体的人的活生生的活动力、实践力。归根结底,学校教育所追求的是奠定人的能力发展之基础的"健全人格"和"基础学力"。对于"学习"和"学力"的这种教育学的界定和解读,是素质教育所需要的。

基础教育学校的评价不应当一味着力于"选拔"功能,而应当关注"发展"功能。每一个人都有其各自的学习能力的优势,每一个人的学习能力需要同样得到社会的尊重。多元智能理论的潜台词是,8种智能是等值的,没有高低贵贱之分。同样,学科课程与非学科课程,学科课程与活动课程是同等重要的,不应当有主科、副科之分。不能说,数理能力强的是高贵的,体育运动、社会交往力是低贱的。应试教育的观念与体制同学校教育的基本功能背道而驰,同多元智能理论格格不入。

(三) 革新陈旧的以知识点为中心的"学业评价"

2008年,日本第8次课程改革对《学习指导要领》进行了修订,提示了日本中学(初中、高中)理科教育改善的方向[3]：

1. 重视主动积极地从事问题解决的方向。学生以智力、好奇心与探究精神,通过亲近自然、有目的有意识地进行观察与实验,培养科学思维的能力与态度;同时,谋求科学认识的巩固,形成科学见解与思考方式。

2. **重视理科内容系统化的方向**。为了掌握理解科学概念所需的基础知识与技能,以能源、粒子、生命、地球等科学见解与概念为支柱,根据学生的发展阶段,通盘地安排小学、初中、高中的理科教育内容,谋求教育内容的结构化。

3. **重视语言,培育表达力的方向**。为了深化科学的见解与认识,必须培育表达力,亦即能够适当地梳理观察与实验的结果,对照观察与实验的目的,进行琢磨、考察,养成流畅地表达的能力。

4. **充实自然体验、科学体验的方向**。特别对于理科学习而言,有无自然体验与科学体验是关键所在。为了形成科学见解与思考方式,要求教师在授业中进一步充实学生的观察活动、实验活动及其自然体验与科学体验。

5. **联系现实生活、现实社会的方向**。倘若能够把学到的知识回归日常生活,用不同的视点来重新审视日常生活,学习的理解就能加深。学到的知识能够活用,才能体验到学习的意义。学习情境中的学习倘若脱离了现实生活,就不可能有真真切切的学习。懂得把学到的知识运用于生活情境或是纠正实际的生活情境,正是今后的学校教育所要求的。

日本中央教育审议会教育课程部强调,知识社会时代新的学校课程的方向之一,就是着力于奠定科学技术的基础——"数理教育的充实"。这是时代与社会的要求。在以生命科学、超微技术、信息科学领域为中心的学术研究和科学技术的全球化竞争日益激烈的今日,新一代科学技术人才的培养显得越发重要,每一个国民的基础性科学素养的提升成为紧迫的课题。同时,这也是基于对当今学生现状的分析——科学基础知识不扎实,需要强化理科教育与自然体验、日常生活的联系。因此,通过观察与实验,培养问题解决能力和多方面的综合见解变得愈发重要。在这里,提出了一个富于挑战性的课题——如何革新陈旧的以知识点为中心的"学业评价",代之以真实的学习与学力状态的评价。

二、理科教学的评价视点与可视化策略

(一) 凝练理科学习的评价视点

日本中学的理科课程是一体化设计的。2008年公布的高中理科《学习指导要

领》的要点是：（1）扎实地掌握基础的、基本的知识与技能，同时进一步充实探究性学习活动。（2）涵养广博的基础性科学素养，提高修习的弹性。（3）适应科学的急剧进展也要注意同日常生活与社会的关联。[4]基于上述规定，理科学习的评价视点，以历来的四个评价视点的框架为基础，根据《学校教育法》及《学习指导原理·总则》中明示的三个"学力要素"，重新梳理了新的评价视点。这里所谓的"学力三要素"是指：（1）基础的、基本的知识与技能；（2）运用知识与技能解决课题所必须的思考力、判断力、表达力；（3）主体性地从事学习的态度。具体地说，把历来评价视点中的"科学思维"变更为"科学思维与表达"，"观察、实验技能"变更为"观察、实验技能与表达"。"对自然现象的关心、动机与态度"、"对自然现象的知识与理解"也作了同样的处理。具体如表9-1所示。

表9-1　日本理科学习评价视点的名称

修订后	修订前	修订后	修订前
兴趣、动机、态度	兴趣、动机、态度	观察、实验技能与表达	观察、实验技能
思考、判断、表达	思考、判断	知识、理解	知识、理解

（文部科学省教育课程课编辑《中等教育资料》2012年第8期第95页）

做了大幅度变更的"科学思维与表达"，强调了学生科学地展开思维的情境——发现自然事物与现象中的问题；有目的有意识地计划、观察与实验；分析并解释所得之结果，或是运用科学概念来思考、说明所得之结果。"学习评价"就以上述学生科学地思考的情境为对象，同他们表达这些思考的活动一起，展开一体化的评价。由于思考是隐性的，除了知识与理解、观察与实验技能之外，如何通过所表达的东西去把握其思考的过程，自然受到了重视。这样，就把思维与表达组合起来了。可以说，同科学思维的表达配套并加以评价，是其要点。这里所谓的"表达力"是指"利用语词、数字、公式、图表、图解等来进行思考、说明、表达的能力"[5]。因此，不仅要单纯地评价文章、图表之类的外在表达的现象，而且要根据记录、要约、说明、论述，来评价学生是如何运用基础知识、基本技能的思维与判断，通过观察与实验发现规则。这就要求充实能够表征外显化的思维的语言活动。

日本理科教育强调的所谓"思考力、判断力、表达力"的评价,是指这样一种能力的评价——在若干知识背景下,进行创造性思考,在问题解决情境中基于知识与经验,作出自主判断,并根据自己的思考与判断进行表达的能力。"思考力、判断力、表达力"是在掌握学科的基础知识与基本技能的过程中,以及一旦习得了知识与技能,在进一步深化这种知识或是习得别的知识的过程中,起着极其重要的作用的能力。因此,旨在掌握这些能力的教学与评价应当如何展开,是学科教育面临的重大课题。

(二) 提供学习评价的案例示范

日本国立教育政策研究所公布了《旨在评价标准之制作、评价方法之改进的参考资料》(高中理科编,2012年3月)。该资料是根据高中理科的教育目标、评价视点及其旨趣,和各门科目评价视点的旨趣,提供案例示范,"旨在为各个学校实施学习指导提供参考"而编制的。[6]具体如表9-2所示。

表9-2 日本高中理科"学习评价"的案例示范

物理基础	案例1 波
	从授业计划开始直至各个评价视点的概述
化学基础	案例1 物质与化合
	思考、判断、表达的评价,兴趣、动机、态度的评价,相互评价
	案例2 化学反应
	观察、实验技能与表达的评价,实验操作与记录
生物基础	案例1 植物生态的多样性与分布
	思考、判断、表达的评价,校园中树木的分析
	案例2 免疫
	兴趣、动机、态度的评价,思考、判断、表达的评价,表达学习成果的学习
地学基础	案例1 变动的地球
	兴趣、动机、态度的评价,思考、判断、表达的评价,社会团体工作
	案例2 太阳与恒星
	思考、判断、表达的评价,知识、理解的评价,观察手册的利用

(文部科学省教育课程课编辑《中等教育资料》2012年第8期第71页)

案例示范中的《生物基础》案例1,以"生物的多样性与生态系"单元(8课时)评价为例;案例示范中的《生物基础》案例2,以"免疫"单元(6课时)为例;案例示范中的《地学基础》案例1,以"变动的地球"单元(7课时)为例。分别见表9-3、表9-4、表9-5。

表9-3 "生物的多样性与生态系"单元的评价视点(案例1)

课时	学习内容(评价视点)
1	形形色色的植物(◎兴趣)
2	植物的演进及其结构(○知识)
3	气候条件与生物群落(◎思考)
4	世界的生物群落及其分布(○知识)
5	森林的变化与生物的多样性(◎思考)
6	日本的生物群落及其分布(◎兴趣、○知识)
7	身边的植物与群落的关联(◎思考、◎技能)
8	身边的植物与群落的关联(◎思考、◎技能)

(文部科学省教育课程课编《中等教育资料》2012年第6期第67页)
[注]表中的◎是整个单元教学流程中的重心,○是课时教学流程中进行形成性评价的重心。

表9-4 "免疫"单元的评价视点(案例2)

课时	学习内容(评价视点)
1	白细胞的吞噬作用(◎技能)
2	自然免疫与获得性免疫(○知识)
3	体液免疫与细胞免疫(○知识)
4	免疫与疾病,免疫医疗的应用(○思考)
5	免疫与疾病,免疫医疗的应用:调查(○兴趣,○思考)
6	免疫与疾病,免疫医疗的应用:调查(○兴趣,○思考)

(文部科学省教育课程课编辑《中等教育资料》2012年第7期第70页)
[注]表中的◎是整个单元教学流程中的重心,○是课时教学流程中进行形成性评价的重心。

表9-5 "变动的地球"单元的评价视点(案例1)

课时	学习内容(评价视点)
1	地层的形成(◎兴趣)
2	堆积岩的观察(◎思考◎技能○知识)
3	地层与地质构造(○思考)
4	变质作用与变质岩(○思考)
5	化石与地质年代的划分(○兴趣○知识)
6	动物化石的观察(◎思考◎技能○知识)
7	人类的进化(◎兴趣○知识)

(文部科学省教育课程课编辑《中等教育资料》2012年第8期第68页)
[注]表中的◎是整个单元教学流程中的重心,○是课时教学流程中进行形成性评价的重心。

日本高中理科教育着力于以单元为单位,全方位地布局多视点的学习评价,旨在培养学生的问题解决能力。所谓"问题解决能力"大体包括如下一系列的过程：(1)学生从参与自然现象中的活动中发现问题；(2)对发现的问题有解决的设想；(3)根据这种设想,思考解决的方法；(4)凭借思考所得的方法,展开尝试或调查；(5)归纳尝试或调查的结果；(6)把得到的结果同原先的设想对照起来进行考察；(7)把学到的知识用于生活之中,或是进行新的设计。[7]

(三) 探索便于捕捉学习变化的可视化策略

学习者自身的变化是不可视的。为了真切地评价学生的学习,正如日本理科教育的"评价视点"从"科学思维"变更为"科学思维与表达"那样,必须让作为评价者的教师看得见学生的思维与认知过程。或者说,让学生能够以可视的形式自我评价自身的变化。"把人的内在认知过程以可视化的形式表露于外界",谓之"外显化"(可视化)。[8]学习的外显化是必要的,我们可以借助外显化(可视化),捕捉学习者学习的真实状态。

以往理科教育中着眼于学习的外显化的研究,是对学习者拥有的思考加以可视化,通过促进学习者自身与他者的种种不同观点的矫正,来求得科学概念的形成。这样一种教学方法——促进学习者学习的外显化,重新审视认知活动,并与他者分享,来求得新观点的获得——在评价活动中,也可以成为一种诊断学习目标之达成的有效方法。学习评价不仅有对知识与技能之类的"显性学力"的评价,而且存在对诸如动机与思考力之类的"隐性学力"的评价。为了进行"科学思维与表达"的评价,日本实施了种种外显化(可视化)策略,诸如作业单、报告、档案袋、表演、模型与图解、讨论等。所有这些都是旨在使学生的思维外显化,然后根据外显化的东西来进行评价。理科教育中代表性的表达方法有:

1. 学习地图,即用一目了然的"问题情境→课题→探究→结果→结论"的框架呈现整个问题解决过程,记述自己的观点与见解、价值判断的方式,便于在问题解决的进程中不断反思。

2. 母子作业,即理科学习的单元是由若干问题解决组成的。首先为整个单元的多种问题解决的全过程提供一个概览,谓之"母作业",然后在逐个问题的解决中,把上述的学习地图作为"子作业"来运用,便于整个学习过程的反思与发展。

3. 全景图,即以全景图来表达"水循环"之类的自然现象的循环,同问题解决的过程配套来表达,便于整个学习过程的反思与发展。

4. 对话型笔记,即一个人扮演两种角色。笔记分左右两栏,左栏写自己的观点与见解,右栏则以对话者的身份写出相应的批判、反驳、同意等问题解决的思考,便于更自觉地反思自己的观点、解决、价值判断与决策。

值得一提的是,在日本 2008 年高中理科改革中设置了新的科目——"理科课题研究",旨在培育科学探究的能力与态度,同时养成创造性思考力。这一科目的特色是:(1)根据学生的兴趣、爱好来设定。除物理、化学、生物、地学的内容之外,还可以选择尖端科学与跨学科领域的课题。(2)可以根据课题的特性与学校的实际来具体设定课时安排。标准学分是 1 学分,但不必拘泥于平均安排在一个学年内,也可以在后半学年内集中安排相当于 2 个学分的课时,或在假期内以单科独进的方式进行。(3)同大学和研究机构、博物馆等单位合作,借以提高课题研究的质量。(4)为学生创设撰写"报告书"、发表研究成果的机会,借以锻造高中生的思考力、判断力和表达力。撰写报告书的具体要求是:(1)表达自己的心得。(2)正确理解并传达事实。(3)解释、说明并活用概念、法则、意图。(4)分析、评价、论述信息。(5)围绕课题进行设想、评价与改进。(6)相互交流彼此的思考,发展自身的思考与集体的思考。[9]

显性的可视化的一种评价方法就是"表现性评价"。表现性评价的一个思想基础就是哈佛大学的加德纳的多元智能理论及基于这种理论的教学设计运动的潮流,以及"真正的学习"(authentic learning)和"真正的评价法"的普及。这种关注知识表达的多样性、着眼于学习过程的评价,特别有助于把握那些纸笔测验不能测量的活动、表演、内在的思维变化的"长期的成长"。

三、学习评价的建构主义特征及其推展

(一)学习评价的建构主义特征

建构主义与社会建构主义的学习心理学把学习视为"意义与关系之重建"[10]。具体地说,学习是三位一体的实践:其一,学习是一种探究客观现实的含义的"认知性实践"。在这种实践活动中,学习者建构客体与自身的关系,建构未知世界与已知世界的关系,也建构知识与知识之间的关系。其二,学习同时也是作为"社会性实践"而展开的。在这种实践活动中,学习者建构着同教师、同伙伴以及课堂之外的人的人际关系及其意义的实践。其三,学习也是一种"伦理性实践"——学习者通过课堂的学习,也编织着自己的个性。这种意义与关系的重建,意味着有效学习的关键要素——每一个学习者的主体性与学习者之间的主体间性的建构问题。"学习评价"可以借助"自我评价"与"相互评价"来培育学习的主体性与主体间性(相互主体关系),最终形成"自我教育力"。

所谓"自我评价"是指学习者评价自己的学习活动。所谓"相互评价"是指在学习集体中,学习者之间相互进行评价。两者的共同点是,不是教师,而是学习者自身进行的活动。晚近,从对学习者的主体性与思考自身的思考这一元认知能力的评价及其培育的角度,其教育意义得到了高度关注。从磨砺自他相互之间的知识与思考、培育彼此密切合作的协同性这一视点,相互评价有其意义。无论自我评价还是相互评价,其结果不仅反馈给学习者,而且能在教师的教学评价中发挥作用。自我评价能力也叫做"元认知"。这种元认知可以区分为"元认知性知识"(自我认知知识、关于课题的知识、关于方略的知识)与"元认知活动"(元认知监

控、元认知控制)。而"相互评价"有助于培育彼此琢磨各自的知识和见解,提升合作精神。

从传统上说,评价是基于教育者的逻辑,从学习者的外侧进行的。但是,倘若教育终究是为了培育每一个学习者的"自我教育力",那么,评价也必须置于学习者的内部。所谓"自我评价"并不是对自身的什么进行我行我素的评价,而应当是"作为自我教育的基础"而展开的作为。因此,学生的自我评价行为要具有教育意义,至少必须具备三个条件[11]：

其一,适应自身的目标与标准的自我评价。单纯根据外在的目标与标准来考察自身,并不意味着形成了真正自我评价的能力。唯有从自身准备从事的,从自身的感觉看是天经地义、心满意足的角度来进行的自我评价,才是支撑自我形成、自我教育的支柱。采用反思作文、自由记述的形式进行的作文评价,就是一种典型。

其二,基于外在的、客观评价之上的自我评价。自我评价容易导致独善。所以,尽管无须特别指导以进行严格的自我评价,但从教师的角度而言,往往会出现需要从旁激励的学生、自我约束不严的学生。面对这些学生,可以采取这样的方法——给予客观的反馈信息,或是借助测验,让学生自己来评分的办法等,进行综合性的自我评价。

其三,形成性的自我评价。停留于自我评价的行为本身,并无教育的意义。而有配套的"如何做出进一步的努力"的自我评价,才能在教学实践中拥有其教育的价值。就是说,单纯地确认自我满足感或是自我不充实感,再生优越感或是劣等感,是没有教育意义的。

现代教育特别看重这种"学习者主体性"的形成,还有一个现实的原因,那就是学生往往处于排他性竞争的漩涡之中,丧失自信的学生越来越多。解决这种状态的策略之一,就是必须提供这样的教学情境：学习者能够发现自身的价值,能够自己确认前行步伐的"自我探索"与"自我决策"。

(二) 推展"学习评价"的四个关键词

建构主义与社会建构主义重视认识活动的"建构性契机",主张知识是学习者基于一定的社会意义学境脉,"自主建构"、"合作建构"的,所以谓之"建构主义学习观"。着眼于认知活动的"建构性契机",并不意味着轻视或是排除"反映性契机"。[12]事实上,建构主义的代表者皮亚杰(J. Piaget)就是把认知活动作为这两种契机的交互作用——"反映性契机"的"同化"与作为"建构性契机"的"调节"——来理解的。因此,所谓"建构主义"并不是秉持两种契机的二元对立,单纯倾斜于前者的"建构性契机"的立场,而是秉持两种契机的辩证法的立场,来阐明学习者的学习的。这种建构主义的认识,为学习评价的实施提供了诸多启示:其一,必须确认学生业已拥有的学习经验与生活经验。其二,把握学生的既知知识与未知知识究竟引发了怎样的"纠葛",就是说,具体地把握"建构性契机"与"反映性契机"的辩证法。其三,这种既知知识与未知知识的往还过程是怎样的,是以什么吸纳方式来变换知识的结构的——这样一种学生自身的判断也成为评价对象。表现性评价能够满足上述这些要求。日本教育学者概括了推展"学习评价"的四个关键词[13],值得我们倾听。

其一,真实性。评价的课题与活动必须是真实的。学习评价的"真实性"相当于布卢姆(B. S. Bloom)教育目标分类学中的"应用"与"综合"。"应用"与"综合"是学科教育中的高层次的目标。如所谓"综合课题",就是指学生能够挑战教学中未曾出现的有一定难度的新问题,这种问题令人感到既"亲切"又有"难度",容易激发学生的挑战欲。

其二,参与与合作。不仅教师是评价者,学生与家长也是"评价参与者"。所谓"学生参与",是以学生获得必要的信息为前提,参与学校的管理乃至决策过程。

其三,表达。通过挑战真实的课题,创造能够借助五官来表达学习的丰富状态的评价方法,甚至要求学生选择"表达"学习成果的方法。

其四,自我评价。学生自身评价自身的学习状态,从而获得信息,认识自身,调整其后的学习与行为。

自从2001年我国实施新课程改革以来,关于高考、中考的研究,关于PISA的研究,包括上海的"绿色指标"的倡导,已经积累了不少经验。然而,课堂前线的"学习评价"却仍然处于无人问津的状态。这个现象表明,我国教育界上上下下更多地关注了教育评价的选优拔尖功能与宏观监管功能,却把每时每刻真真切切地影响与引导中小学生学习及其发展品质的"形成性评价"边缘化了。这是愈演愈烈的应试教育造成的不正常现象,背离了基础教育学校基本功能——保障每一个学生的"学习权",求得每一个学生的健全发展。课堂前线的"学习评价"的研究及其实践,应当提上改革的日程了。日本高中理科教育的评价视点、案例示范、可视化策略及其建构主义的思想背景,或许可以为我国中小学"学业评价"向"学习评价"的转型提供某些参照系。

参考文献

[1] 清水诚.学习指导与学习评价的改善:借助外显化捕捉学习的变化[J].文部科学省教育课程课,编辑.中等教育资料,2012(7):14.
[2] 奥田真丈,等,主编.现代学校教育大事典[M].东京:行政出版公司,1993:393—394.
[3][5][7] 人间教育研究协议会.新学习指导要领:课程改革的理念与课题[M].东京:金子书房,2008:68—71,59,73—74.
[4] 清原洋一,田代直幸,林诚一,三次德二.理科学习的指导与评价[J].文部科学省教育课程课,编辑.中等教育资料,2012(8):94.
[6] 清原洋一.新学习指导要领背景下的学习指导与评价[J].文部科学省教育课程课,编辑.中等教育资料,2012(8):71.
[8] 三宅なほみ,白水始.认知科学辞典[M].东京:共立出版,2002.转引自文部科学省教育课程课,编辑.中等教育资料,2012(7):14.
[9] 林诚一.为了高中化学学习指导的充实[J].文部科学省教育课程课,编辑.中等教育资料,2012(6):68—69.
[10] 佐藤学.课程与教师[M].钟启泉,译.北京:教育科学出版社,2003:327.
[11] 梶田叡一.教育评价的理论(第1卷)[M].东京:金子书房,1994:228—229.
[12][13] 田中耕治.新教育评价的理论与方法(理论编)[M].东京:日本标准股份公司,2002:22—23,24—25.

第 3 编

课例研究与教学创造

"课例研究"是"教学(学习)的设计与反思"的研究。教师在这种研究中借助"教学的设计"、"教学的实践"、"教学的反思"三种活动的循环往复,不断求得新的教学创造,并得以成长为"反思性教学专家"。

第10章
课程编制与教学组织

新课程改革秉持的"课程"概念是怎样的？为什么在校本课程开发中需要强调锤炼教师"单元设计"的功夫？如何打破以教师的讲授为中心的划一教学的组织形态？"慕课"究竟是怎么一回事？——众多教师在课堂转型中直面的这些烦恼，其实牵涉到"课程编制"的原理和"教学组织"的形态。厘清了这些基本原理，上述相关的烦恼也就迎刃而解了。

一、课程编制与单元设计

（一）何谓"课程"

1. 教学内容的计划

学校是有组织地促进、支援儿童学习的制度化的机构。在这里，教什么、怎么教，亦即关于教育内容的计划，通常谓之"课程"（curriculum）。当然，单凭教育内容，教育活动是不能实施的，如何教（教学方法）的计划也是必须的。再者，教育内容的选择背后，一定有着贯穿其间的一以贯之的教育价值的体系（教育目标）。要把教育目标具体化，就得基于内容，倘要将具体的实践场面加以现实化，就得同教学方法结合起来。这样，教育内容同目标与方法处于照应关系。因此，课程编制拥有目标、内容的组织、教学的方法、评价四个要素。所谓"课程"是教育内容的计划，并不是指单纯的教育内容的罗列。课程是按照一定内容的区分而构成，按照一定的顺序而展开的。这种内容的区分领域谓之"范畴",顺次的流程谓之"序列"。"范畴"与"序列"是课程的经与纬。教学就是在这种经与纬的交接点上展开的。设定怎样的"范畴"、按照怎样的"序列"展开,这是课程编制的最大课题。

2. 三层级课程

作为教育内容之整体计划的课程,拥有不同的层级。第一层级,国家课程。作为国家的标准而编制的课程标准,根据我国的教育法规所规定的教育目的与目标,来设置学科(科目)和领域(模块),同时提示了标准的课时。课程标准不同于教学大纲。《教学大纲》仅仅着眼于知识点的传递,而课程标准其实涵盖了三大标准——成就标准、内容标准、机会标准。[1]所谓课程标准是各个学校编制、实施课程之际应当遵循的国家所规定的标准。

第二层级,学校课程。每所学校根据国家课程标准,充分考虑到地区与学校的实际、儿童的发展阶段与特征,实施具体内容的选择与排列,使之组织化,这就是"学校课程"。"学校课程"的编制以校长为中心,并且必须获得所有教师的协作。一般说来,各个学校的校长和教师不仅要研读课程标准,编制学科的年度教学计划,而且要着重参考教科书出版社所推荐的各个单元的课时分配,来编制年度教学计划。

第三层级,地方课程。实际上,课程标准与学校课程的链接点,就是地方课程的编制、教科书与年度教学计划。所谓"地方课程编制"是各地的教育厅局考虑到地方的特殊性而编制的课程基准或例示,提示了比《课程标准》更为具体详实的内容。地方课程起着支援学校课程编制的作用。这样,作为教育内容之计划的课程,涵盖了国家课程、地方课程与作为学校的整体计划的学校课程。

"课程"的用语也可以依据不同的焦点加以梳理:(1)计划的课程——国家标准所提示的教育内容的计划与学校层面的教育内容的计划。(2)实施的课程——基于计划的课程,学校和教师实际指导的内容。(3)实现的课程——儿童掌握的学习内容。

3. 个体经验的总体

如前所述,所谓"课程"通常是指传递教育内容的一种"公共框架"、"教育计划",其实,儿童的学习往往是以超越了教师的意图与计划的方式展开的。不管计划如何，作为结果，从每一个儿童经验到的课程来看，是不一样的。这就是作为经验的课程概念——课程是个体经验的总体——得以产生的原由。"课程"的术语"curriculum"源自拉丁语的"curere"（跑道），指古罗马帝国战车竞赛的跑道，再进而转为"在跑道上跑"、"人生旅程"的涵义。19世纪末至20世纪前半叶的进步主义教育运动刷新了"课程"的概念。基于"儿童中心主义"与"社会改造主义"这两个原理而展开的进步主义教育运动，使得"课程"在学校中的意涵转化为教师组织、儿童经验的"学习的履历"。这样，现今"课程"这一术语也是作为"学习经验的总体"或"学习的履历"被使用着。[2]

4. 潜在课程

从儿童的经验侧面来看课程的视点，揭穿了以往的课程概念仅仅偏于出于教师侧面的，有意图、有计划的显性的部分。从儿童的经验来看，那不过是冰山的一角。从学习者的侧面来看，更多的学习领域存在于无意识、非计划的隐性的部分。这样，学习者学到的，同有意图、有计划的课程无关或是相反的意涵，谓之"潜在课程"（hidden curriculum）。潜在课程包含了学校的制度、组织和现代社会本身的意涵，学校文化和儿童文化，从教师的言行获取的印象等等。由于潜在课程的发现，使得历来称之为课程的部分——通常是有意图、有计划的公开表明的课程，谓之"显性课程"（manifest curriculum）。"显性课程"倘若同"潜在课程"一致，其效果更高；倘若冲突，则"潜在课程"占据优势，"显性课程"往往会沦落为单纯的"原则"而已。

（二）单元设计

1. 何谓"单元"

学校教育终究是有意图有计划的活动，学校教育目标的具体化的文本就是课程标准。课程标准规定了目标、内容以及内容的安排、年度计划、课时分配。学校和教师必须基于课程标准，设计并实施教学方案。重要的是，不应机械地处理课程标准的规定，而应采取灵活的、创造性的态度，根据本校与本班的实际，自主地展开单元设计与题材改良。而且，计划终究是预设的，需要随着实施的进展，参照教学的结果与评价不断作出修正。这样，经过修正的教学计划，又成为下一个学年度制订教学方案的参考。所谓"单元"（unit）是旨在有效地展开一连串"学习活动的段落"[3]。或者说,旨在展开教学而基于一定的目标与主题所构成的教材与经验的模块与单位,谓之"单元"。

"单元"的历史可以上溯到19世纪赫尔巴特学派的戚勒（T. Ziller）倡导的"五阶段教学法"（分析、综合、联想、系统、方法）。基于这种方法处理的一个完整的单位,叫做"方法单元"（methodische Einheit）。尔后转入美国,发展出多种多样的单元论。"单元"大体可以分为基于学术、技术的文化遗产,以体系化的学科为基础而构成的"教材（学科）单元",与以学习者的生活经验为基础而构成的"经验（活动）单元"。倘是立足于重视文化遗产之传递的学科课程的立场,自然是以"学科单元"为中心;倘是立足于重视同实际生活联系的经验课程的立场,自然是以"经验单元"为主。倘若以教科书内容来进行单元的分类,那么,可以分为大单元（相当于归纳了教科书的几章的内容）、中单元（相当于教科书一章的内容）、小单元（相当于教科书一节的内容）。"单元"是以儿童的思维活动为基础,来选择、编制教材的一种原理的具体化。"单元"的概念可以用作学科内容的单位或是教科书章节的代名词。在这种情形下,其教育方法学的意义被空洞化了。另外,"教材单元"与"经验单元"的二分法以儿童的思维活动为基础,以此来选编教材的单元课题是不清晰的。因此,与其划分"教材单元"与"经验单元",倒不如考虑学科内容如何使得儿童感悟到是自身的课题,从而展开活跃的思维。如此,在选择、组织教材与活动（经验）之际所编制的计划的单位,可以谓之"单元"。

2. 两种单元设计

课程的组织可以大体分为两种样式,佐藤学把前者称之为"阶梯型"课程,后者称之为"登山型"课程。

在"阶梯型"课程中,学习的成就度是作为目标规定下来的。学习的过程就像狭窄的阶梯那样,是被固定的,学习的活动被分阶段地划分成小步子。这种课程的特征是系统性与效率性。因此,阶梯型课程能够有效地传递大量的知识与技能,也容易实施基于一元化标准的达成度评价。然而,它蕴含了若干弱点:学习划一,经验狭窄,一旦"落第",就会产生狭路相逢的激烈竞争。

在"登山型"课程中,是以特定的主题为中心来组织教材与学习活动的。"登山型"课程的学习，不像划一化的"阶梯型"。就像登山的行程有爬山路线、森林浴路线、徒步旅游路线那样，"登山型"课程为学习的过程准备了多样的路径。在"阶梯型"课程中不达到终点就没有成就感，但在"登山型"课程中，无论选择哪一个行程，即便不抵达顶峰，也能够快乐地享受学习的经验。在"登山型"课程中，学习的经验本身就具有意义。

当今时代，世界各国的课程改革正从"阶梯型"课程转向"登山型"课程。"登山型"课程的优越性在于：其一，"登山型"课程不能有效地传递大量的知识与技能。它追求的不是"广而浅"的学习，而是"少而深"的学习。其二，"登山型"课程中的评价也不是像"阶梯型"课程那样，根据目标进行一元化的评价，它追求的是对学习经验多元的质性的评价。其三，"登山型"课程不会像"阶梯型"课程那样，教师的援助一旦失足，就会有陷入泥泞中跋涉的危险，或者只能在经验贫乏的学习中兜圈子的危险，因而不会产生"差生"。

相对于课程组织的阶梯型与登山型这两种样式，在单元组织中也存在两种样式——"计划型"与"设计型"。"计划型"的单元是以"目标—成就—评价"为单位构成的，而"设计型"的单元是以"主题—探究—表达"为单位构成的。近年来，随着课程组织从"阶梯型"转向"登山型"，单元组织也从"计划型"转向"设计型"。

设计型课程编制的主张是，以"主题—探究—表达"的方式来设计单元，把"活动性、合作性、反思性学习"作为一个单元来组织。这在事实上批判了传统的以"目标—成就—评价"为单位来组织的方式。确实，"目标—成就—评价"的框架只是单纯地考虑如何使儿童有效地个别习得知识与技能，求得成就度。倘若不能保障儿童在共同课题的探究中相互合作地展开活动，表达、反思学习的成果与经验，那么，这种批判是理所当然的。不过，以"目标—成就—评价"的视点来形成学力，与"主题—探究—表达"的教育价值在于形成丰富的学力，原本是应当统整地追求的课题。[4]

3. 跨学科综合学习的六种单元模型

田中博之梳理了日本学校教育中基于 21 世纪型社会角色而开发的综合学习的六种模型[5]：

A. 调查研究型单元模型：接触对象—编制学习计划—实施调查—进行实践

与校际交流—制作作品—传递讨论—自我评价。

　　B. **综合表达型单元模型**：作品鉴赏—决定表现题材—搜集相关信息—编制脚本—制作作品—上演作品—评价作品。

　　C. **社会参与型单元模型**：社会交往—问题分析—信息搜集—活动的选择与计划—志愿活动的准备—志愿活动的实施—自我评价。

　　D. **企划实践型单元模型**：梦想与希望的明确化—问题的设定—信息的搜集—企划的立案—准备与广告宣传—实施与运营—项目评价。

　　E. **合作交流型单元模型**：同交流对手的交往—共同决定交流机会—信息的搜集与交换—作品的制作与分享—上演会与意见交流—成果的共同评价—网络的拓展。

　　F. **自我塑造型单元模型**：编写自传—发现自己的成长与课题—自我分析—评价期限—确立自己的梦想与希望—成长发表会—未来设想。

　　作为跨学科的综合学习的项目学习,具有如下特征：(1)以作业与制作活动为中心展开学习。(2)主动地展开项目的规划、运作与评价。(3)基于问题意识与目的意识,实现自身的想法。(4)展开社会参与与作品创作的实践活动。(5)通过体验,掌握综合的知识、技能与态度。所有项目都体现了儿童作为学习的主体,通过丰富的资料与体验,致力于实践课题的探究。在这里,"社会参与"与"实践活动"至关重要,在课堂中制作的作品与学校中开始的活动都指向有益于、服务于社区与社会。

　　项目学习的基本活动系列,以"计划—实施—评价"的流程、积累多样的活动为其特征。以信息教育为例,其单元教学的重点在于学习教育。其项目学习的活动系列有如下特征：在计划阶段,进行基础体验、目标设定、计划编制三种活动；在实施阶段,进行调查研究、作品制作、实践交流三种活动；在评价阶段,进行自我评价、相互评价、资料保存三种活动。

（三）学习集团编制的原理

1. 班级制度的发明

　　提起"学习集体"往往会使人联想到"班级"。班级不是自然产生的,而是近代的一种"发明"。传统的私塾教育是以一对一的指导为中心的,费用、效率都成问题。随着班级制度的导入,大量而廉价地实施教育成为可能。班级授课成为支撑国民普通教育与义务教育制度的强有力的工具。夸美纽斯(J. A. Comenius)率先倡导基于班级的同步教学。他在《大教学论》(1657年)中阐述了以一定的儿童集团为单位,采取班级授课的方法是有效的。"这种教育将不是吃力的,而是非常轻松的。课堂教学每天只有4小时,一个先生可以同时教几百个学生,而所受的辛苦则比现在教一个学生少10倍。"[6] 不过,班级在最初并不是今日的同龄集团。比如,拉·萨尔(S. J. B. La Salle)根据学力的程度进行三阶段的集团编制就是一种基于能力分组的同步教学。班级以同龄集团的方式编制,是伴随着就学义务制的导入,同时期、同年龄的儿童得以大量入学以后的事,现代意义上的"学年"的概念,也应运而生。这样,班级授课制下的同步教学,追求的是"效率",但这"效率"不是指"儿童的学习效率",而是学校管理的费用效率与教师指导的效率。

2. 等质编制与异质编制

学习集团编制有两个原理。一个是"等质编制"。这是将"准备"和"学习能倾"上相对类似的儿童编成一个集团的方式。等质编制的最大优点是容易展开学习的指导,众多儿童能够沉浸于学习。以"准备"和"学习能倾"上相对类似的儿童作为学习伙伴,教师的指导容易聚焦,儿童也容易接受教师的指导。"分层教学"也属于"等质编制",但其存在着有别于"个别指导"的若干缺陷。其一,在"个别指导"中采取的是课时的、短期流动的集团编制,在"能力分组"中采取的则是从数周到一年的长期固定的集团编制。其二,"个别指导"的集团限于特定的学科和活动的情境,而"能力分组"则往往组织牵涉到全部学科、全部活动的恒定集团。其三,在"个别指导"中往往认可儿童自主选择所属集团,但在"能力分组"中一般听凭测验结果与教师的判断来决定。"能力分组"所具有的这些特质,通常成为"歧视性"、"容易造成劣等或优雅感"之类批判的原由。

学习集团编制的另一个原理是"异质编制"。这是尽量将异质的儿童编成集团的一种组织方式。异质集团的优越性在于,借助同种种意义上有别于自己的成员的交互作用,学习者能够拓宽、加深自己的见解与思考方式,相互取长补短,从而培育协调性与社会性。

同龄儿童组成的班级，是基于年龄标准的等质编制原理编成的。然而，即便是同龄儿童，实际上也存在巨大的个别差异。再者，伴随学校规模的扩大，在班级数众多的场合，为避免产生班级集团之间的落差而进行的编制，结果却造成了班级内异质性的提升。现今的班级可以视为"同龄异质集团"，因为除了"同龄"这一点之外，它是以求得成员间的异质性的最大化来编制的。从这个意义上说，教师直面的是拥有多样能倾的儿童的班级。

二、若干教学组织的形态

课堂教学是师生的共同活动。着眼于这种人际关系，佐藤正夫把课堂教学的组织结构区分为如下三种基本形态：同步学习、分组学习、个别学习。在此基础上产生了诸多"最优交替运用"教学组织的新尝试。[7] 这里，试举我国课堂前线引人关注的若干教学组织的形态，作一些梳理。

（一）个别教学

着眼于个别差异的个别教学，大致可分为两种：教学内容同一、教学方法因人而异的个别教学，与教学内容、教学方法均不同的个别教学。个别教学的形态是针对同步教学的划一性而产生的，主张着眼于儿童的个别差异，认为对所有儿童采取同一的教学内容和同一的教学方法是没有必要的。个别教学存在若干模式。

其一，适应学力。一般而言，倘若照顾了学力上位儿童来进行教学，则下位儿童跟不上，从而成为差生；倘若照顾了下位儿童来进行教学，则上位儿童得不到发展。而"程序学习"与"掌握学习"就可以根据学力不同展开教学。所谓"程序学习"是把学习内容细分化、明确化之后呈现给学习者，评价学习者的反应之后再给予下一步的学习内容。这是促进自学自习的个别学习的方法。这样，可以一步一个脚印，准确而有效地达到目标。其理论基础是美国行为主义心理学家斯金纳（B. F. Skinner）的研究。所谓"掌握学习"是指根据学习者的进度提供学习条件，以每一个儿童的完全习得为目标的教学方法。预先设定系统化、明确化的目标，在学习过程中进行形成性评价，把握目标的达成状况。其特点是：为学习困难的儿童准备"回复学习",为达成了目标的儿童准备"发展学习",而目标是全员共通的。这一教学模式为美国教育学家布卢姆(B. S. Bloom)所倡导。

其二,适应能倾。儿童有不同的类型,有的适于严格管教,有的适于宽松管教。传统的教学理论尽是议论教学方法优劣与否,而不关注教学方法与学习者的能力倾向之间的关系。美国心理学家克隆巴赫(L. J. Cronbach)倡导的"能倾处置交互作用"(ATI)理论着眼于学习者的个人特征(能倾)与教学方法(处置),通过两者的交互作用来说明学习成果的差异。例如,即便同样的 A 型教学方法,有适合的儿童(A 类型)与不适合的儿童(B 类型),而 B 类型的儿童或许适合 B 型教学方法。

其三,适应兴趣爱好。同样是昆虫,有的儿童对蜻蜓感兴趣,有的儿童对蝉感兴趣。让儿童分别选择自己感兴趣的昆虫来学习,就是"课题选择学习"。课题选择学习为儿童准备多个学程,让儿童选修。通过单元教学,可以让儿童选择任何一个学程都能学习同样性质的内容。

个别教学的实施意味着学习集体的重建与条件的整顿。在同步教学之下,班级集体即学习集体,一直是数十名成员一起学习。不过,要实施个别学习,班级集体就得解体,重新编制成人数更少的学习集体。这样,一个班级分为几个集体,同一学年的多个班级变换为多个集体,囊括了不同学年的多个班级变换为多个集体,等等。

近年来"分层教学"作为个别教学得以急速普及。不过,如前所述,"分层教学"的有效性已被诸多的调查研究所否定。[8]恰恰相反,它是扩大学力落差的一种歧视教育。个别教学之所以同"分层教学"纠结在一起,是由于其过分着眼于"个体",忽略了儿童在集体中学习的事实。即便在重建个别教学的学习集体的场合,儿童仍然是可以同其他同学一道学习的。可以说,忽略了"协同学习"的意义,是以往个别教学的局限性之所在。

(二) 探究学习

何谓"探究学习"? 儿童在学校里学习诸多的知识和概念。这些知识和概念大体是作为现成的东西传递给儿童的。不过,这种知识和概念对于发现知识的先人说来却是未知的东西,他们借助探究活动,尝试种种错误,才得以形成知识和概念。就对象未知这一点来说,同初学的儿童是一样的。探究学习的活动就是围绕让儿童自身经验到这种探究与错误经验的过程来组织学习的。探究学习的一种代表性形态就是"发现学习"。

"发现学习"是美国从 20 世纪 50 年代末至 60 年代的教育内容现代化运动中,由布鲁纳(J. S. Bruner)提出的。布鲁纳确信"智慧活动,无论是知识的最前线,抑或是三年级的课堂,都是一样的"[9],主张"像物理学家那样学习物理"。他批判杜威倡导的强调日常经验的连续性的经验主义教育,是一种轻视知识的系统性的教育,要求在学校课程的编制中反映学术的基本结构。"发现学习"强调,在学习学术内容之际,必须伴有"促进发现的兴奋感"。布鲁纳认为,"发现学习"具有四种功能:增强智慧能力,从外发性报偿转向内发性报偿,学习发现学习,有助于记忆的保持。

因此,所谓"发现学习",不是学习现成的某种知识,而是学习者自己通过知识的生成过程来展开学习的方法。发现学习的典型过程如下:(1)把握学习课题。面临发动既有的知识与经验也不能解决的情境,儿童意识到克服并阐明这种情境的"课题"。(2)确立假设。设想解决课题的种种方法,不求"想起"的正确的话语化与有根据的阐述,而是产生尽可能多样化的主意。在这里,"扩散性思维"与"直觉性思维"将发挥重要作用。这是发现学习的关键阶段。(3)凝练假设。在前一阶段所设想的假设,由于是经历一种飞跃所产生的,包含着错误和逻辑矛盾。因此,在这个阶段需要凝练具有逻辑性的假设,同时思考验证假设的条件与方法。在这里,"分析性思维"与"集中性思维"十分重要。(4)证实。把凝练的假设同事实加以对照,通过实验确认事实资料,进行验证。(5)发展。将证实的结果运用于其他事例,验证其妥当性。这也是让儿童将前一阶段引出的一般性法则加以运用的阶段。由于"发现学习"鼓励无拘无束的假设,在学习过程中会有许多"错误"出现。认识错误发生的积极意义,是发现学习的一个特征。

(三)问题解决学习

何谓"问题解决学习"?日常生活中,我们会是在怎样的时刻动脑筋呢?一定是在直面问题，寻求解决方略的时候。例如，以有限的资金用于旅游之际，就得拼命地权衡在哪里投宿、用什么交通方式更便宜。那么，如何对应于这种问题解决过程来组织学习过程呢？基于这种思路而产生的，就是问题解决学习。在传统的教学方法中，儿童是借由教师提供的题材，求得理解的。在问题解决学习中，儿童是自己把握问题，展开主体性活动的。支撑问题解决学习的是杜威的"反省性思维"论。人从未知的或不确定的情境中产出解决方略之际的思维谓之"反省性思维"。反省性思维存在五个阶段：(1)困惑、迷茫；(2)推测性预想；(3)深入调查相关事实；(4)预想精密化；(5)实验验证。可以说，问题解决学习就是把这五个阶段施以教学过程化。

日本战后初期的新教育热衷于实施"问题解决学习"。广冈亮藏在1958年把问题解决学习的"问题"分为三类：其一是儿童周围的日常生活问题；其二是历史社会的体制所隐含的问题；其三是关于知识与技能的问题。问题解决学习的原点是其一的"日常生活问题"。[10]但是，仅仅处置日常生活遭遇到的问题，并不能导致儿童对于产业社会现实的认识。这样，就产生了其二的主张。再者，问题解决学习轻视知识的系统性，对其导致基础学力低落的批判之声高涨。因此，出现了重视知识体系所隐含的客观问题的第三种立场。不过，由于问题解决学习概念的扩张带来了问题解决学习固有作用的模糊，到了20世纪60年代，"问题解决学习"被"系统学习"的主张所压倒，偃旗息鼓。

进入20世纪90年代，"问题解决学习"得以复兴。1996年《日本中央教育审议会第一次咨询报告》打出培育"生存能力"的旗号，主张充实"自主学习、自主思考"的"问题解决学习"。2008年修订的小学初中《学习指导要领》，也要求重视旨在培育"思考力、判断力、表现力"的"问题解决学习"。由此，指向问题解决学习的实践得以普及。不过，另一方面，形式化的实践也不可否认：儿童并不思考事实所隐含的意义，以囫囵吞枣地照搬教科书中书写的内容、草草展开的"调查活动"而告终。在这种场合，"发表会"是学习的终结点，并不能催生进一步的探究活动。这里的问题在于仅仅是把"问题解决学习"视为"形成问题—调查活动—发表会"来加以形式化地把握而已。如前所述，"问题解决学习"是同问题解决的思维过程相对应的学习过程。因此，必须催生儿童内在的"问题把握—探究—解决(以及产生新的疑问)"的一连串的流程。问题解决型活动的模式当然应当考虑到儿童的年龄发展特征,不能千篇一律地套用一种模式。可以伴随学年的提升,安排"感动体验型"、"重视问题解决的方法与内容型"、"重视创造性问题解决型"[11]等。

(四) 表现活动

所谓"表现"指的是把自己内化了的知识以能够传递给他人的形式来加以表达的过程,或是由于外化而得以表达的内容[12]。在外化之际所运用的媒体,有身体、声音、造型物、语言等。历来在众多学科之中,音乐科、图画劳作科、美术科等一般被称为"表现学科"。在这些学科中,"表现"与"鉴赏"并列,成为学科内容的支柱,展开唱歌、演奏、画画、制作等表现活动。不过,要求表现活动的并不限于这些学科。在体育科中,有韵律游戏与创作舞蹈之类的身体性表现活动。在语文科和英语科中有说话与写作之类的语言活动。在生活科和社会科中有通过语言、绘画和动作来表达自己的发现与认识的活动。在考察学科学习的表现活动之际存在两个重点:其一,表现方式之间的关联。表现活动,视其表现方式不同,分布于数个学科之中。不过,从表现主体的角度看,各种表现方式并没有明确的区分。身体表现、音乐表现、语言表现,从根本上说是相互关联的,往往是浑然一体地表现出来的。因此,在各门学科中指导表现活动之际,一旦无视这种表现方式之间的关联,就会扭曲表现的质。其二,是接纳表现的对方。表现唯有有了接纳者才能成立;表现本身是随着对方而变化的。但在学校的课堂教学中,给谁表现往往是被忘却的。

在课堂教学中一旦引进了表现,儿童就会活跃起来,课堂会变得热气腾腾。不过,表现活动的意义不仅仅在于激活儿童。下面,以语文科为例,看看表现活动在创造教学、创造班级上面的意义。

1. **通过表现活动创造教学**。即便在语音方面,也有朗读、齐读、戏剧游戏、朗读剧、戏剧等。在语文科中,"表现"是同"理解"相对应的,上面的表现活动往往被视为头脑中理解了的内容借助声音与身体而表现出来的行为。关于某个故事作品,在预先进行了分析性解释,如"在这里出场的人物是这样一种心情"后,可以抑扬顿挫地把它表现出来。其实通过表现活动还可以加深儿童对故事的理解。例如,通过让儿童分担故事中的出场人物和讲解者,进行扮角色阅读,儿童可以更真切地感受到作品的故事世界。而且由于他们将自己的理解以声音与动作来表现,这种理解就可以让全班同学分享。这样,表现与理解形成了相辅相成的关系,我们需要两者相得益彰的教学创造。

2. **通过表现活动创造班级**。在故事和诗歌中会出现大量的出场人物的话语与对话。故事与诗歌的朗读本身,就是一种向对方陈述的行为。因此,进行表现活动也是实现一丝不苟地传递或是听取语言这一类对话活动的过程。倘若在课堂教学和晨会上反反复复引进表现活动,畏首畏尾的儿童会变得敢于表述自己的主张,而不倾听他人话语的儿童会变得倾听他人的发言。

3. **从表现活动到发表会**。通过表现活动来创造教学、创造班级,音乐和戏剧的发表会就会拥有不同于往常的意义。重要的是经过练习的东西如何不至于失败或是重复;如何在大庭广众之中发挥最大限度的力量,并由此实现了儿童的成长。以往对表现活动的理解是不充分的。教师大多把定型的表现方式强加给儿童。教师必须纠正自身以为表现是可有可无的错误想法,必须从中发现儿童显示的种种表现的差异。

(五) 体验学习

所谓"体验学习"是指学习者通过种种活动,动用自己的手足获得直接经验,同时能够获得社会服务体验、自然体验、职场体验等各种体验[13],而进行学习的方式。在体验学习中,学习者动用自己的身躯,运用五官进行学习——观察、调查、参观、饲养·栽培·农耕、劳务活动等。

事实上,"体验学习"的重要性,从凯因斯坦纳(G. Kerschensteiner)的劳作学校论和杜威的经验主义理论中就可以看到,近年来在世界各国的中小学课程中重新得到强调,要求积极展开"体验学习"——自然体验和义工活动等社会体验、观察与实验、参观与调查、发表与讨论、制作与生产活动等体验学习、问题解决学习。归纳起来,强调体验学习的背景有两个。其一,对于知识的系统传授的语词中心主义的批判。即便能够口头说明青鱼雌雄之区别,还会有实际上不能分辨雌雄的儿童。无论怎么去识记语词,倘若不同经验结合起来,语词就会空洞化。晚近,不能言语化的"默会知识"的存在备受关注。正如波兰尼(M. Polanyi)所说:"我们知道的东西比能够说的更多。"[14]。其二,儿童自然体验、生活体验的贫困化。由于自然环境的减少、社区共同体的衰退、家长的过分保护,儿童的体验越来越薄弱。

在实施"体验学习"之际,往往会出现以粗鄙的话语制约体验的案例。带领儿童去养老院,劝告儿童"善待老人"的做法,"体验"往往会成为教条式地灌输"德育目的"的手段。这是错误的。"体验学习"的意义在于,通过儿童亲身的感受与思考来进行学习。不过,这并不意味着可以听之任之、放任不管。教师倘若不认识到"通过活动让儿童抓住什么、体悟什么"的话,就会如同以往的"实用主义"那样,"体验学习"就会沦为七零八落的活动的罗列。晚近,谓之"工作坊学习"的参与体验型学习,受到注目。在"工作坊"学习中,主角是参与者,管理者作为司仪支撑活动的场面。可以期待,"工作坊学习"将是对"灌输中心教学"的有力冲击。

三、"慕课"的诱惑

"慕课"(MOOCs)来了!"慕课"将会对学校的课堂教学产生巨大的冲击,由此也引发了人们诸多的联想,甚至有人把它视为实现"教育公平"的利器。那么,"慕课"是怎么回事,它真的有如此大的神效么?

(一)"慕课":作为学习媒体的一种技术形态

1. "慕课"的双重性

在传统的教学中,粉笔与黑板自古以来作为最可信赖的技术而得以运用。同样,教科书也是拥有500多年历史的一种技术形态。在当今运用技术的教学(学习)中,则出现了基于在线百科辞典、多媒体技术、计算机游戏的学习。"慕课"作为近年来兴起的"大规模网络在线公开课程",极大地开拓了学习者的眼界及其自由度,在线学习到原来几乎没有可能学到的东西。"慕课"作为学习媒体的一种技术形态,可以兼容语言(口头运用与书面语言)、图像(动画片、动画、图解、照片)等诸多构成要素,利用计算机显示屏来完整而详实地再现具体的学习情境,可以借助课堂学习中时刻展开的行为——提出课题、探究事物、获得发现的活动——的表述,展示教师的理解方式,也展示学习者的理解方式,并通过交流这种表述,产生进一步学习的动机。"慕课"就是这样一种便于每一个学习者展开自主学习的窗口。

这种学习媒体的技术形态将会给学校的课堂教学带来巨大的冲击,它的最大功效就在于能够无限地扩大"学习的语脉":扩大学习题材、扩大学习时空、扩大教育关系。这样,就有可能形成"学习者的网络",给课堂教学的转型带来新的动力与生机。不过,这种变化具有双重性。一方面,"慕课"不同于其他的教育技术学的工具,它本身就是在教育、教学过程中能动地发挥独特作用的新型学习媒体,使得封闭于课堂的学习环境为之一变。但另一方面,"慕课"也存在着一种可能的危险性——冷落人际交往、动摇学校教育的根基。"慕课"的开发与普及有可能导致"学校消亡论"——所谓在自宅中进行学习——的沉渣泛起。因此,这是一个两难的挑战。

2. "慕课"的局限性

技术终究是手段而不是目的。"慕课"作为学习媒体的一种技术形态,同历史上教育技术的发展一样,终究不可能替代课堂教学本身。为什么这样说呢?

第一个理由,课堂教学的本性使然。课堂教学大体是由拥有两种相对独立的逻辑过程——每一个学生习得学科内容的"认知过程",与学生之间相互交际的"集体过程"——形成的。[15]课堂教学的质量取决于这两者结合的方式。或者说,教学优劣与否的分析基本上是探讨这两种过程以及两者结合的理想方式。第一过程即各门学科教学内容的提示与展开过程,是以教学内容的习得作为直接目的而展开的对话过程。就是说,学科内容不是直接地灌输给儿童的,而是借助"对话"来逼近学科内容的。直接地把握学科内容必须靠儿童自身自主的能动的知性活动。第二过程是形成儿童集体的指导过程,即所谓学习集体、学习体制、学习纪律的侧面。如果说,第一过程是"学科逻辑"、"教材逻辑"的分析,那么,第二过程是基于"集体逻辑"的分析。经验告诉我们,同样的教材、同样的提问,班级不同,教学的效果大不相同。这个事实表明,学科内容的教学也取决于儿童集体的品质。教学既然是在班级当中进行的,那么,这个集体的品质就会或积极或消极地左右着教学中的儿童。所以,是否形成了能够畅所欲言的自主的、自治的集体,必须成为分析的对象。课堂是儿童天然交往的场所,没有对话就没有教育。"慕课"替代不了课堂教学中培育集体思维与学习集体的功能,把"慕课"视为实现教育公平的利器,是一种离开了教育常识的过高估计。

第二个理由,"技术中心的研究"的弊端。单纯的"技术中心的研究"往往容易"见术不见人",无视"学习者的研究"。国外学者的研究表明:"在20世纪,教育技术曾经几度引进学校教育,但均以失败而告终。"20世纪20年代学校教育中最尖端的技术是电影,当时爱迪生(T. A. Edison)曾预言,"电影注定会给学校教育带来巨大变革","书籍从此将从学校里消亡",然而在课堂里观看影片的却并不多见。[16]20世纪30—40年代最尖端的技术是无线电收音机,创始者们将收音机炒作成"把世界带进教室"的手段,预测"在教室里,携带式收音机将会同黑板并驾齐驱",然而,尽管"学校广播"有所发展,但是收音机并没有广泛扎根于学校的课堂。到了50年代,作为带来教育革命的技术,出现了电视教育,然而电视也未能广泛普及于学校。60年代基于计算机的"程序教学"作为引发教育革命的技术被引入学校,尽管进行了大规模的开发,然而"程序教学"并没有产生多大的影响。20世纪末,信息技术作为影响教育的最尖端技术受到关注,然而,库班(J. Cuban)在2001年得出的结论是:"过去20年,学校教育中信息技术的引进并没有带来课堂教学的变化,也没有提升课堂教学的效果。"泽特勒(P. Saettler)说:"未来最尖端的教育技术的愿景是,教育电视、电子计算机教学(CAI)、人—机对话的多媒体系统、知识学习系统(ITS)。然而所有这些,至今并没有给学校教育的改进带来巨大的突破。"[17]

因此,值得注意的一个动向是,20世纪90年代以来,在国际教育界运用技术的教学研究中涌现了一股新的研究潮流:从"技术中心的研究"转向"学习者中心的研究"。

(二)如何最大限度地发挥"慕课"的作用

"慕课"在线学习的最大特色在于学习者的主动性与自觉性,而这种主动性、自觉性源于学习者对"慕课"本身的兴趣。如何最大限度地发挥"慕课"的作用,使得每一个学习者成为学习的主体呢?

1. 汲取学习科学的见识

在学校教育中有效地运用教育技术的一个重要的前提是,需要透彻理解"人的学习"是怎么回事,"运用技术的学习"又是怎么回事,"运用技术的学习"应当怎样展开。

所谓"学习",是源于学习者经验的,学习者知识的长期而持续的变化。这个定义有三层意涵:(1)"学习"是学习者的长期而持续的变化;(2)变化本身就是学习者的一种知识;(3)变化的原因在于学习者的经验。因此,"知识"是学习的中心。不过,在以往的百年间,心理学者和教育学者围绕"学习"是怎样进行的,发展了三种"隐喻"。20世纪前半叶的隐喻是"反应的强化"——教师提供奖惩,学习者被动接受奖惩。技术的作用是求得反应、做出反馈。20世纪中期的隐喻是"信息的获得"——教师提供信息,学习者被动接受信息,技术的作用是提供信息手段。20世纪后半叶的隐喻是"知识的建构"——基于学习经验,学习者在认知性地重建所提示的教材之际,学习才会发生。教师是协助学习者进行认知性处理的向导,学习者则是对所提示的教材建构意义的意义形成者。在这种场合,技术的作用不仅是提示信息,也包括在学习之际帮助学习者的认知性处理。显然,"有意义的学习"倘若离开了聚焦"知识建构"的隐喻,是难以奏效的。因此,重要的是秉持这样一种视点:学习者在习得知识、运用知识的过程中,成为"能动的参与者"。

那么,包括"慕课"在内的"运用技术的学习"又是怎样进行的呢?根据认知科学的研究,"运用技术的学习"需要聚焦三个原则[18]:第一原则,双重频道。学习者在处理语言素材(包括声音)与图像素材之际,是运用不同的频道的。第二原则,有限容量。学习者在各自的频道中只能处理少量的素材。第三原则,活动处理。学习者在学习过程中进行适当的认知性处理,关注相关的素材、不断地形成对素材的系统解读,并统整在相关的既有知识之中——唯有在这种场合,才会产生"有意义的学习"。"慕课"不是"精品课"的代名词,"慕课"的设计必须有三种能动学习的认知过程:(1)区分化,即关注相关的语言与图像;(2)组织化,即把区分出来的语言与图像,以清晰的心智表达来组织;(3)统整化,即把语言与图像的表达相互关联起来或是同既有知识相结合。

2. 讲究"慕课"开发的基本条件

"慕课"开发的背后总是有一定的学习理论基础的支撑。首先，基于认知科学的研究积累、立足于学习者的"知识建构"的视点来开发的"慕课"，寻求的是"有效的学习"，这是一种社会建构式的、自我调节的、情境性的、协同性的学习。然而，我国当下推出的诸多慕课课件的开发基本上是停留于行为主义"反应强化"的隐喻，多数是应试教育课堂的再现，其教学的技术无非是单向的知识传递和应试技能的操练而已。不能认为，大凡名牌学校的课程都是具有普适性的"精品课程"，特别是要警惕应试教育课堂的"大搬家"，避免滥竽充数甚至是陈腐垃圾的技术包装。

其次，基于"学习者中心的研究"积累、立足于学习者认知能力来开发的"慕课"强调了认知接受能力的"三种处理"[19]。其一，"减少无关系处理"。即减少"无关系认知负荷"，排除平庸的教学设计与次要素材所引发的学习中的认知性处理。因此，课件设计的第一目标在于"减少无关系处理"。旨在"减少无关系处理"的有效教学技术，强调一贯性原则、信号化原则、精简性原则、空间接近性原则、时间接近性原则。其二，"本质性处理"。所谓"本质性认知负荷"就是以本质性素材的心智表现为目的的学习中的认知性处理，是基于素材固有的复杂性而产生的认知性处理。因此，课件设计的第二目标就是"运用本质性处理"。旨在"运用本质性处理"的有效教学技术，强调分割原则、事前练习原则、样式原则。其三，"生成性处理"。即组织心理素材，旨在使这种素材同相关的其他知识相统一的认知性处理。因此，课件设计的第三目标就是"促进生成性处理"。旨在"促进生成性处理"的有效教学技术，强调多媒体原则、个别化原则。

"慕课"课件设计的中心课题就在于，不以增加学习者认知解释能力的负荷来支撑学习中学习者的能动的认知性（本质性、生成性）处理。换言之，利用这种"认知负荷模型"可以引出"慕课"设计的三个目标：减少无关系处理；运用本质性处理；促进生成性处理。唯有满足了这个基本条件，才能称得上先进"慕课"的开发。

3. 革新教师的教育观念

在整个 20 世纪，"学习"的概念发生了三个里程碑式的进化，现代主流的"学习"概念就是社会建构主义。根据这种认识，"学习"是在同他者的"社会交际"中形成"情境",并且基于"能动地建构的语脉"而形成的。所谓教师的"教",就是为促进学习而对学习者的环境进行操作。"慕课"的成败归根结蒂不是取决于技术,而是取决于教学的方法。

"慕课"是信息化时代的"学习者的教育",而不是单纯"知识灌输的教育"。"技术中心的研究"旨在为教学提供技术手段;"学习者中心的研究"则旨在为学习者提供认知性工具而出色地运用技术。慕课"的设计与实施不能简单化地采用"拿来主义",照"慕"宣科。"有意义的学习"只能发生在学习者在学习中能够适当地进行认知性处理的场合。也就是说,从所提示的教材中选择相关信息,组织有条不紊的心智表达的信息输入,并把输入信息同既有知识统整起来。"慕课"对于学生而言是一种文化工具,对于教师而言是引导学生自主学习的教具之一。"慕课"的开发离不开"学习者中心的研究"。作为教师,需要基于"学习者中心的研究",改造自身的教育见识以及教学实践力,这是根本地制约"慕课"优劣成败的要素。

参考文献

［1］钟启泉.国际普通高中基础学科解析［M］.上海:华东师范大学出版社,2003:8.
［2］佐藤学.教育方法［M］.东京:左右社,2010:154.
［3］［13］日本课程学会.现代课程事典［M］.东京:图书文化社,2001:166,453—454.
［4］佐藤学.学习的快乐:走向对话［M］.钟启泉,译.北京:教育科学出版社,2004:121.
［5］田中博之.课程编制论［M］.东京:放送大学教育振兴会,2013:99—102.
［6］夸美纽斯.大教学论［M］.傅任敢,译.北京:人民教育出版社,1985:65.
［7］佐藤正夫.教学原理［M］.钟启泉,译.北京:教育科学出版社,2001:384—411.
［8］佐藤学.学校的挑战:创建学习共同体［M］.钟启泉,译.上海:华东师范大学出版社,2010:197—199.
［9］J. S. Bruner.教育过程［M］.铃木祥藏,佐藤三郎,译.东京:岩波书店,1963:18.
［10］［12］田中耕治,编.简明教学论［M］.京都:智慧女神书房,2007:86—87,88—89.
［11］小川哲男.综合学习课程的设计［M］.东京:东洋馆出版社,2001:110.
［14］M. Polanyi.默会知识的维度:从语言到非语言［M］.佐藤敬三,译.东京:纪伊国屋书店,1980.
［15］吉本均,主编.现代授业研究大事典［M］.东京:明治图书,1987:539.
［16］［17］［18］［19］OECD教育研究革新中心,编著.学习的本质［M］.立田庆裕,等,主译.东京:明石书店,2013:214—215,215,219,224—228.

# 第11章
课堂教学的特质与设计

许多教师往往会提出一个貌似尖刻的问题:"班级的学生参差不齐,我怎能上好课?",以为"差异"是有碍教学"效率"的。这里所谓的"教学效率"无非是传授现成书本知识的效率而已。这是大错特错的。课堂,是一个不同个性交融、多元声音交响的世界。素质教育的课堂归根结底在于保障每一个儿童的成长与发展。不懂得课堂世界的愿景、特质及其设计,"课堂转型"不过是一种奢望。

一、从"教学能力"说起

谁率先使用"教学能力"这一概念并不清楚,不同学者界定的意涵并不一样。比如,第一种界定认为,"教学能力"是在教师的能力与素养中,特别是在实际的教学情境中具体发挥的能力。[1]基于这一立场,学者制成教学能力自我诊断卡,提示诸如种种要素的诊断子项目——使命感、热情与敏感性,对儿童的理解,引领力,教学技能,教材的解释与开发,指导与评价的计划。第二种界定认为,"教学能力"不是单向地灌输知识,而是在提高儿童的学习兴趣与积极性的同时,展开学习方法的学习、给予适当引领的指导能力。另外,借助儿童自己发现课题、积极地持续学习,拓展儿童自身出路的指导能力也是"教学能力"。这一立场关注如下视点——儿童对教材的深刻的理解、掌握扎实的教学方法、促成协同学习的学习集体。

这样看来,"教学能力"是在高度抽象了教学情境中教师的能力与素质之后而加以有限地规定的概念,自然难有统一的定论。不过,就其具体的构成因素而言,尽管各种界定表述不一,但大体在"教材研究"、"儿童理解"、"教学方法"、"学习集体形成"等诸多方面,呈现出共同性。再从子项目看,教学方法中的教材教具、学习形态、提问、讲解、板书之类的功夫是同样的。从教学实践的常规项目看,学科内容以及相关的教材开发,对儿童与学习集体现状的理解,以及连接儿童与教材的教学活动形态及其所构想的教学方法与技术,也是大同小异的。"教学能力"概念的模糊性有时会带来某种危险。不过,归根结底,左右"教学能力"诊断的一个前提条件恐怕是教师教学观的改造。洞察课堂教学的特质,寻求理想的教学模式——能动学习,则是题中应有之义。

二、理想的课堂教学的特质

基于"核心素养"的课堂教学指向"真实性学力"。纽曼(F. M. Newmann)把这种"真实性学力"界定为:(1)不是既有知识的"再现",而是新的知识的"生产";(2)不是知识的"记忆",而是基于先行知识的"学问探究";(3)不是学校中封闭的知识成果,而是伴有"超越学校价值"的知识成果。[2]"真实性学力"需要"真实性学习"与"真实性评价"来支撑。简略地说,这种学习即"能动学习"。

所谓"能动学习",就是面向课题的发现与解决的自主性、协同性学习。它瞄准新型的学力目标:其一,基本的知识与技能的习得;其二,解决课题所需要的思考力、判断力、表达力的培育;其三,主体性学习采取的态度,即学习动机的培育。特别是关注思考力、判断力、表达力的培育,正是当今世界课堂教学的潮流。[3]以往的课堂教学重视的是"双基",即知识与技能的习得,这种学力目标只需要单向灌输式的教学就能实现。然而,要在教学中形成能力,就不能满足于知识的灌输,而必须为每一个学生提供其思考、判断、表达得以发挥的情境。就是说,充实学习活动的过程就是在培育儿童的种种能力,而左右这种学习过程充实程度的关键,就在于教学中的"交互作用"与"活动反思"。学生在同他者的交互作用之中,梳理、表达自己的思考,体验新知的产生;通过反思自己的行为,矫正思考与表达,从而提升这些能力。可以说,这种学习就是"能动学习"。在知识灌输的课堂中重视的是"学生学习了什么",而在能动学习的课堂中关注的是"学生怎样学习"。就是说,教学内容与学习方略应当受到同等的重视。

"差异"是课堂教学的原动力。"差异"即多样化,意味着不同的思维方式、不同的学习风格:直觉的、感知的、图像的、语言的、归纳的、演绎的、线性的、非线性的、外向的(同他者合作)、内向的(反思型),等等。"差异"是不同的欲望,是认知的、情感的、社会的、文化的差异。学生之间的"差异"是客观存在的。这种"差异"绝不是什么"偏差"或是课堂教学的绊脚石。恰恰相反,"差异"是教学的关键、教学的基础。一线教师之所以拒绝"差异",是因为他们秉持的教学范式或教学隐喻是"传递范式"。这种范式是按照原子论的思维范式来界定"学习"的。在这里,知识被定义为教师所传递的要素。在这个过程中,行为的主体是传递知识的教师,而学生是接纳知识的容器。学习被视为知识点的积累,学生接纳了一定量的知识,就是学习的成功。但在"建构范式"看来,学习是全局性地建构的,这种建构过程的主体是学生。因此,学生是知识的活跃的发现者与建构者。学生越是多样,集体思维越是活跃。在这种学习范式中,知识是学习者所创造的、建构的框架与整体。知识并不是砌墙那样线性地堆积起来的,而是形成整体架构与交互作用的。当这种框架得以理解并且付诸行为之际,"学习"便形成了。基于"差异"的教学、尊重"差异"的教学,是"彼此尊重差异的学习共同体"[4]所追求的。

课堂教学是动态的生命体。课堂教学实际上是种种要素复杂交织而又与时俱变的现象,国际课堂研究专家把这种伴随着复杂性与不确定性的教学,视为"动态的生命体"[5]。在课堂中,无论是儿童还是教师,都是构成教学的动力系统的一个生命要素。课堂教学中的每一个人都作为各具个性的、独特的存在,时时刻刻在感悟着、思考着、坚守着、互动着,并且发生着变化。这种生命要素是面向人、事、物的世界开放的,是作为一种"表达"、"表征"来"表现"此时此刻同世界的关联的。这种"动态生成",本质上其实就是在不断地"表现"自己。至于将会成为怎样一种表现,取决于其构成要素的内部状态。不过,构成要素的状态是随着师生之间、生生之间形成了怎样的人际关系而发生变化的。课堂教学中儿童的表现与教师的表现,就是这种关系的"结局"与"结晶";就是他们自身的真实表现。儿童与教师正是在时时刻刻的展示、吸纳与反驳之类的表现的生成与幻灭的过程之中，拥有着"自我认同"的；儿童与教师也正是在课堂教学中拥有"自我认同"，才有了各自的"主体性"的根基。在上述的教学情境中，每一个儿童都在思考着并且表现着"自己"。"尽管整个教学是沿着一定的方向流变；尽管构成要素的各自的表现之间有着本质性的差异，但作为一个整体，彼此之间在交互作用、拥有'主体性'这一点上，生成了'整合'(coherent)的关系，这种关系可以谓之'整合关系'。"[6]

《论语》云："学而不思则罔，思而不学则殆。"课堂不是记忆知识的场所，而是进行知识的练习与探究的场所。不管意识到与否，课堂教学之所以能够沿着一定的方向动态生成，是因为拥有共同的"目的"与"问题意识"。儿童与教师在各自表现自己的同时，也形成着整合关系。这种关系正是催生"教学场"的原动力。凭借这种原动力，每一个儿童和教师都创造着超越了"自我"的表现，集体思维的能量得以沸腾。"引发被思考的能源激活了的经验，正是课堂存在的理由。理想的课堂永远是火花四溅、能源充沛的思考的世界。"[7]

三、两种课堂教学设计：定型化与情境化

面对动态生成的教学——拥有偶然性、混沌性、复杂性的"生命体"的教学，旨在合乎目的地加以控制的作业，就是"定型化设计"[8]。"定型化设计"是晚近伴随产业社会的发展而流行起来的概念。它把教学视为旨在实现教育目标的有效达成的一种"系统"，谋求最优化的一种思考方式；借助揭示一般可控的少数要素，生成一定的关系，来解释对象的性质与行为。这是科学技术的常规。基于这种认识的"教学设计"就是，根据一定的法则与原理组织种种的要素，把教学构成一个系统。**"定型化设计"从目标出发，旨在传递既知的知识及其知识体系。**由此就产生了教学设计的"预设"的特质。为了向着目标推进教学，就得对教学全程加以控制——有计划地配置刺激，以免引起别的反应，并在预设计划中预测儿童可能的种种反应，形成一个大致周全的框架。

第一，"定型化设计"是由"设计"、"实施"、"评价"组成的一连串步骤中的一个阶段。这里所谓的"教学"是基于行为主义的、指向目标的达成的、经过计划的活

动,借助手段的开发与效果的检验而得以改进的反复的活动。作为这种活动的一个阶段的"定型化设计"无异于"预设"的学习计划。

第二,在"定型化设计"中,教师作为儿童学习之外的客观存在,在观察、评价、控制着儿童的学习。在这种设计中,教师的作用是拥有信息、将理论运用于实际、行为控制,以及忠实地执行计划;在这种设计中,儿童是被操作的对象,是借助外部条件作用表现出理想的行为变化的存在。

第三,"定型化设计"的依据是客观主义知识观。这种观点认为"知识"是反映世界的客观存在的表象,应当教授的知识与技能只是在儿童之外作为"实体"而存在的。所谓"教学"就是教师传授意义确定的"知识"、儿童掌握这些"知识"的一种活动。就是说,学习的行为是每一个人记住业已存在的客观知识,而每一个人的学力无非就是储存起来的知识量而已。

"情境化设计"不同于定型化教学设计,它把复杂性和混沌性视为教学的本质。教学是人类的一种活动,是拥有多样的生活方式与经验的每一个个人共同拥有的,富于变化的、发展的"场域"。这种性质正是儿童与教师"发现"与"创造"的源泉。"情境化设计"不是一连串步骤中的一个阶段。[9]不管意识到与否,在教学前、教学中、教学后——在教学的每个阶段中,教师的行为选择是教学设计的表现,而评价意味着教学设计的生成。在这种教学设计中,无论教师还是儿童都处于教学的同一个系统之中,各自表现自己,并在互动中发挥作用。

第一,"情境化设计"是一种对话。所谓"形成对话"就是彼此互动,作为自己的经验,包容对方、生成经验。教师对每一个儿童的学习感同身受,儿童也在感同身受中领会教师的教诲。在这种关系中,经验彼此渗透,思考相互变化。"对话",就是以变革对话的内容(自我否定的契机)作为前提,才得以形成的。

第二,"情境化设计"旨在生成教学脚本。所谓"教学脚本"不是单纯由老师编制的,而是在教师、儿童、情境间的种种关系之中生成,而后成为指引师生行为的看不见的"脉络"的。这里的"脚本"不是"实体",而是指处于变化之中、只能在事后确认的状态。在教学场里,学生分享教学的脚本,借助伙伴之间的信息交流,彼此确认并且分享各自的故事。

第三,"情境化设计"的依据是建构主义知识观。这种观点主张"知识"在本质上并不是一个实体，它是儿童在共同体成员的沟通之中产生的经验变化与意义生成。基于建构主义的立场，所谓"教学"并不是单纯的知识"授受"和个人被动地记忆现成的知识，而是学习者参与自身同他者的交互作用，社会地建构知识的过程。就是说，"学习"归根结底是人类社会地建构知识的一种协同性实践。

四、走向"情境化设计"的关键步骤

从"定型化设计"走向"情境化设计"的关键步骤是，在"单元设计"的语境下，基于学情分析与教材分析，构想课时教学方案。即老师在上课之前，把自己置身于教材、儿童、情境的复杂交互性之中，包括变化的自己在内，编制课堂教学的方案。这种设计不是把自己同教学分割开来，制定如何展开教学的计划，而是通过形成"内在的行为模型"，借助自身的变化，来设定"上课"时应当如何变化的假设（作业假设）。倘若达成了理想的状态，假设就可以视为妥当的；否则，就得重新思考新的假设，探求新的思路。这种设计其实就是教师自身在内心反复展开的教学的"即兴戏"。老师是"在想象之中活化教学的"。这种教学设计涵盖了"目的与目标的明确化"、"学习者的状态"、"教材研究"、"教学方针"、"学习环境与条件"等六个相辅相成的构成要素。实际的教学展开可以从任何一个构成要素切入，或者过渡到任何一个构成要素。

在"定型化设计"中，教学的脚本是老师编制的，但在"情境化设计"中，教学的脚本却是教师和参与教学的每一个儿童借助彼此的交往，共同创造的。在教学之前，教师和每一个儿童都有其自身的教学故事。这是各自描述的教学中学习的作业假设，但每一个内心形成的故事未必能够成为教学的故事。作为教学成员的每一个人都会发挥自身的双重作用：一是"个人自身"——这就是在感悟着、思考着、决定着、表达着的"自己"；另一个是"场的自我"——这就是在这个"教学场"中，作为整体去感悟该场，或者对该场做出反应的"自己"。在教学场中，教学成员一方面凭借自己的意志在行动，另一方面又在这个场中自我观察自身。正是观察自身的自我在参与教学故事的创造。正因为"教学场"是分享的，所以成员之间展开的故事才能作为假设来分享；正因为分享教学的故事，成员之间才能够借助神情手势的信息交换,时刻确认彼此之间的故事。

如果说"定型化设计"是致力于有效传递知识点的教学,充斥着"语词主义的灌注"与"负面评价",或存在时间上的制约与表现手段的限制,那么,以儿童的学习为中心的"情境化设计",本质上是一种"经验场"的设计。"经验"是不可能以"教师传递、儿童接受"的方式来施教的。教师能够做的仅仅是为儿童提供"经验场",并促进其经验的意义生成。儿童唯有通过自身的教育,才能学得经验。[10]在这里,重要的是教师不能喧宾夺主,而应当尽可能贴近儿童的兴趣与爱好,不妨碍学习的流程。这是建筑在对教师传递中心、划一地灌输知识的教学模式的一种反思之上的。教师倘若能够准备丰富多样的素材与用具,设计学习环境,谋求时间与空间的弹性化,"等待"来自儿童内心的表现,并且捕捉儿童的"闪光点",那么,儿童学习中心的"情境化设计"就一定会实现。这种教学一般体现了如下特征:

1. 着力于"意义建构"。"定型化设计"陷入了"教"的陷阱。"教"之所以成立,是因为儿童的"学"。不过,倘若是真正的"新知",儿童是不了解学习它的必要性的——在这里存在着"学习"的悖论。倘若儿童是可教的,那么,儿童就可以凭借经验去展开接触。就是说,"学习"是在不确定的状况中去经验,并且赋予经验以一定的意义的。但"经验"是不可能以教师传递、儿童接受的方式去"教授"的。教育的悖论从根本上说就在于,学习是一种经验,并且赋予这种教育以一定的意义。尽管如此,这种"经验"却是不可授受的。教育者只能为儿童提供经验的"场",促进其赋予这种经验以一定的意义。儿童唯有借助自身展开的教育,才能学会知识。因此,"情境化设计"是一种作为"经验场"的教学设计。

2. 着力于"交互表现"。教学是受教师的故事所导引的自我表现的"场",同时也是受儿童各自的故事所导引的表现的"场"。教师以教学这个场为媒介,在自己的内心世界反映儿童的内心世界;同时儿童也以教学这个场为媒介,在自己的内心世界反映教师的内心世界。借助这种相互"交融",两者的世界得以整合。彼此把自身反映在他者的自他不分离的交互作用的状态之中,才可能创生"教学"的剧本。每一个儿童都是根据各自的剧本建构自己的故事、表现自己的。"教学"的剧本是教师与儿童一起创造的。因此,"情境化设计"是一种作为"表现的生成与交错"的教学设计。

3. 着力于"随机生成"。在作为动态生命体的教学中，教师和每一个儿童都是以个性化的独特的存在直面世界，时刻同世界相遇，表现着自己的。每一个人都在形成着自身的故事，并且受这种故事的导引，表现着自己。因此，"情境化设计"是一种作为基于学习者的故事而随机生成的教学设计。

参考文献

[1] 小柳和喜雄,等,编著.新教师论[M].京都：智慧女神书房,2014：68.
[2] 松尾知明.学校课程与方法论：培育核心素养的教学设计[M].东京：学文社,2015：45.
[3] 田村学.钻研教学[M].东京：东洋馆出版社,2015：102.
[4] 日本教育方法学会,编.教育方法学研究指南[M].东京：学文社,2014：167.
[5][6][8][9][10] 浅田匡,等,编著.成长的教师：教师学的诱惑[M].东京：金子书房,1998：8,9—10,10,12,19.
[7] 斋藤孝.思考的课堂[M].东京：岩波书店,2015：214.

第12章
打造多声对话的课堂世界

课堂转型不仅是学校和教师的事情，也是需要整个社会关注的课题。对于一线教师而言，课堂转型意味着挣脱应试教育的藩篱，担当起崭新的教育责任——为了每一个学生的学习与成长，走向新的"协同式教学"的创造。本章揭示课堂教学的意涵，阐述课堂转型的基本条件和多声对话的课堂准则。

一、课堂的意涵

课堂是世界的缩影。就其字面意义来说，课堂是一种物理空间。不过，在社会建构主义的语境下，课堂被赋予了更丰富的"意义与关系的生成"的意涵：**课堂是制度化的场域；是知识建构的场域；是形成并维系多重社会关系的场域**。近现代的学校教育基本上是以班级为单位展开的。因此，学校的课堂不是单纯的物理空间，而是一种社会的、文化的空间。

课堂不是与世隔绝的世外桃源。日本东京大学柴田义松教授用"三重场"的说法，很好地解释了教学的结构及其意涵。在他看来，**教师的课堂教学实践是由"三重场"构成：最内层的场是课堂——教师、学生与教学内容（教材教具）三要素组成的教学实践场；其外层是接受来自教师团队（同辈、前辈、管理职员）影响的学校职场；再外层是家庭、社区、社会。上述三层各自拥有固有的特征与功能，而且彼此交互影响**。所以，教师的课堂教学会不断地受到学校职场状态的影响与制约,同时,也会不断地受到周遭社会环境的影响与制约。而处于上述"三重场"的中心位置的课堂教学,基本上是由教师、学生与教学内容三个要素构成的活动。同时,这种活动也绝不是单凭教室就能自我了断的,我们不能不考虑到课堂外部的种种因素对课堂教学所造成的若隐若现的持续影响。从这个意义上说,课堂转型能否成功,不仅取决于学校教育体制内部的条件,也同整个社会的教育风潮息息相关。

课堂不是墓地,不是牧师面对一片静寂无声的墓碑做祷告的世界。课堂也不是懂的人向不懂的人告知现成的"知识"的世界,而是相互倾听、共同求索未知问题的探究的世界。我国长期以来应试教育的体制造成了大众心理层面根深蒂固的"知识点"情结,以为课堂教学即"知识的传递"——现成知识的"告知"而已。然而,那种一味追求知识传递的效率性的所谓"有效教学"、"高效教学",其实也不是真正优质的教学。在应试教育的课堂中,无论教师抑或学生都苦于学习的异化,这源于三种丧失:学习对象的丧失、学习伙伴的丧失、学习意义的丧失。真正的优质教学应当是知识的建构;是教师引导学生同教科书对话,同他者对话,同自己的内心对话;是合乎学科本质,基于相互倾听关系而展开挑战性学习的活动。

课堂是一个交织着多重声音的世界。学习共同体的课堂教学从本质上说是一种对话性实践。课堂教学意味着以教材为媒介,在教师指导之下学生积极的学习活动的生成过程。课堂教学的活动绝不是提供或者灌输现成的标准答案意义上的积累知识与技能的活动,也不是凭借这种知识与技能积累的多寡来竞争性地决定集体中优劣的活动,而是在每一个人自己的头脑中琢磨、认识周遭的自然与社会的世界的种种知识与技术,亦即反复咀嚼与回味所经历的生活体验与学习经验,同时进行着形成与重建自己的判断的活动;是在同新的自然世界与社会世界相遇与对话的同时,同新的自己——形成自身新的思考与新的见解的自己——相遇与对话的活动;也是在同伙伴的交流之中获得不同于自己的思考与见解,发现不同于自己的思考与见解的伙伴的存在,形成新的人际关系,从而感受到学习行为本身带来的乐趣与喜悦的活动。这就是佐藤学在《学习的快乐:走向对话》一书中倡导的"对话学习的三位一体论"[3]。这是克服教学的异化,形成"真正的学习"的理论。

二、作为沟通的课堂教学

（一）沟通与教学沟通

教学是师生之间以对象（教材）为媒介的沟通过程，是以"沟通"作为媒介逼近对象（教材）的过程。即便是使用了ICT的教学，倘若没有了人际交流，也称不上教学。那么，何谓教学的"沟通"？这里的"沟通"是在相互平等的关系之中，真诚地彼此形成合意、探究、分享真理的行为，同时也是彼此认可的、合乎规范的行为，也是形成每一个人的个性特征的行为。人不同于动物，是一种"设问的存在"、"反思性设问的存在"。波尔诺（O. F. Bollnow）说："对话产生问题，而且唯有对话能够阐明问题。"重视儿童的"设问"，意味着这种设问与对话的链接，也因此，意味着学习共同性的实现。

所谓"沟通"源于拉丁语的 communis，即英语的 common，意味着"共通"或是"共同使用物"。广义的"沟通"（communication）是基于言说、文章等意见和信息的传递、联络、通信、交际、意思疏通的相互交换的情报、消息、通知、传递信息的文件和访谈等。根据日本《国语辞典》的解释，"沟通"的意涵是：借助特定刺激相互交换有意义的内容，在人类社会中，以语言、文字、身体姿势等种种信号为媒介而进行的复杂而频繁的传递、交换，从而形成共同的生活。或可简单界定为，"复数的人之间以符号为媒介的相互作用"。这里所谓的共同生活，是指通过沟通活动，解决课题、发现意义，构筑更便利的丰富的社会。教学的组织与改进也是一样。"教学沟通"由三个要素构成[4]：

其一，逻辑思维能力，即构成沟通能力的最高阶的能力。这种能力包括：（1）发现问题、收集信息的能力。（2）读取信息、考察信息的能力。（3）清晰地发现问题的能力。（4）构思解决方略的提案能力。（5）道德判断能力。此外还有支撑理解思维能力的两个要素。

其二，接受能力，即接受对方的心情与见解、构筑双方能够接纳的关系的能力。这种能力包括：（1）作为倾听者的能力。（2）洗耳恭听的能力。（3）理解对方心情的能力。（4）激励对方的能力。

其三,传递能力,即能够有效地构筑并传递种种对方能够接纳的提案与主张的知识与技能的能力。这种能力包括:(1)纲举目张的能力。(2)引人入胜的能力。(3)铿锵言说的能力。(4)有震撼力地传递的能力。(5)认识对方、产生共鸣的能力。(6)主张自己的思考的能力。(7)有条不紊地梳理信息的能力。(8)梳理自己信息的能力。(9)井井有条的能力。(10)善于雄辩的能力。

在教学中,教师与学习者之间进行的知识与技能的教授活动要求展开课题解决、获得新的发现的各种各样的沟通能力。

学校教学不是教师单向的指示、讲解等信息传递,而是借助对学习者的提问与回答做出反应的双向沟通活动而形成的。根据学习理论,"沟通"大体分为:(1)教授者的作用;(2)学习者对教授者的回应;(3)教授者对学习者的反馈(KR)。教学沟通可以在 KR 中发挥其重要作用,有的是对学习者的发言与回答给出正确或不正确的认知侧面的信息——判别学习者回答的正误的认知性 KR;有的是对学习者的发言与行为给予接纳与激励的情意性 KR。教师借助认知性 KR、情意性 KR 的运用,可使学习者的理解度与积极性会大不相同。另外,在学校中学习者的知识与技能的水准存在种种不同的状态,教师根据不同学习者的信息作出深入浅出的解释,自觉地提供适当的 KR,可以求得有效的沟通。

在教学中利用的教育媒体大体分为单向媒体与双向媒体。黑板、资料、视听教材是典型的传递信息的单向媒体;而电子黑板、电子教科书等电子化的媒体大多是双向媒体。这些媒体在教学过程中作为教材教具使用,深化师生之间的相互理解与沟通,当然是有利的。

(二) 教学沟通的分类

"沟通"是通过人们的五官(视、听、嗅、味、触),接受来自他者的信息,发出自己的信息。沟通大体可以分为两个侧面:言语沟通,即借助口头语言与书面文字的沟通;以及非言语沟通,即借助身体动作与非语言的沟通。

1. 言语沟通,即所谓言语是词汇的字音表达,是根据人类创造的人为的符号系统与基于声音的符号系统,表达人的思想、感情,相互传递意思的载体,其目的是向他者传递信息。因此,"言语"可分成"音声言语"(口头语言)与"文字言语"

(书面语言)。所谓"音声言语"就是口头传播,是指利用人类听觉,口头地进行意思的传递。音声言语是人与人之间的直接沟通,每一个人各自拥有音声的高低、语言强弱、音质、间歇等特征。既有难以限定说话者的意思与意味的场合,也有由于听者的知识与经验、信赖、情感立场的不同,而有种种不同理解的场合。文字语言是利用人类的视觉,借助文字来表达与理解的言语。文字语言常常由于有种种不同的用法而可能具备某种独特的性质。利用纸质媒体来表达,可以在时间与空间上扩大传递的范围。

2. 非言语沟通,即非言语沟通是将用语言符号化之外的所有人类的沟通,比如,表情与动作、与对方的目光接触之类。随着现代社会全球化的进展,不同国家和地区的人与人之间展开多元文化接触的机会增加,其结果是,往往会由于彼此风俗、习惯、思想的差异,以及不同文化之间的言语的差异,而产生基于非言语沟通的误解。因此,为理解不同国家和地区的文化、思想,从而促进与他者的相互理解,矫正非言语沟通显得十分重要。

利用ICT,沟通活动出现了传递的内容与方法越来越大的变化的倾向。随着ICT的发展,不仅言语沟通,连基于人类五官微妙运动的非言语沟通也有可能得到表达与传递。因此,认识、学习我们平常在不经意之间使用的非言语沟通的特征,对沟通尤其是跨文化沟通而言十分必要。

学者们展开了若干关于"非言语沟通"的著名研究[5]。美国的心理学家梅拉比安(A. Mchrabian)的研究表明了非言语沟通的重要性:在"沟通"中说话者给予听话者的影响,言语沟通(言语信息,即语言本身)仅有7%,剩下的非言语沟通中,视觉信息即眼神、表情、动作、视线占55%,听觉信息即音质、速度、高度、语气占38%。另一方面,根据非言语沟通研究者阿盖尔(M. Argyll)的研究,70%以上的听话者在聆听的时候是在看说话者的眼睛,在会话的时候约有60%的人是看着对方的。此外,埃克曼(P. Ekman)发现脸部表情各个部分的比率,表现了基本的情感流露度。从众多的研究发现了非言语沟通的重要性。

以上阐述了"沟通"的分类,而沟通的形态同样分为两种:基于直接对话的沟通和利用录像、网络等媒介的间接对话的沟通。但不管是直接对话还是间接对话,言语沟通、非言语沟通的能力的培育,都应当成为学校教学改进的重要课题。

(三)沟通与 MECE

充实的沟通活动,必须满足"逻辑"、"情感"、"信赖"三个要素。根据美国精神分析学家科胡特(H. Kohut)的研究,人们同他者沟通之际,总是持有这样的愿望——被激励、被信赖、被认可,是为"科胡特法则"。满足这三个愿望的人,就是值得信赖的必要的人。比如,面对儿童的发言,倘若表扬他"干得好",儿童受表扬的愿望就会得到满足,并因发言得到认可,而与听话者构筑起信赖关系。就是说,通过给予 KR 信息,能形成作用于对方的情感与信赖。

在沟通中重要的是提升话语的逻辑性,讲究沟通活动的方法。这种方法谓之"逻辑性思维"。所谓"逻辑性思维"是指有逻辑地思考并处理主张与事物。借助逻辑性思维可以提升整体形象的把握与问题解决的逻辑性、客观性、稳妥性。逻辑性思维主要是说话者方面所必须的,而听话者方面则需要"批判性思维"。所谓"批判性思维"不是无批判地全盘接纳,也不是毫不分辨地一概否决,而是从多视角理解地把握信息,洞察其根据的一种方法。"批判性"就是批判地把握信息,基于确凿的根据作出判断的能力。学习批判性思维的关键词是 MECE(Mutually Exclusive and Collectively Exhaustive),意思是"不遗漏,也不重复"[6]。

在沟通中,偏颇的主张当然会引起对方的不信感,同时,思考模糊、主张不成熟,其说服力确实也难以获得对方认可。因此,基于 MECE 来进行沟通是重要的。MECE 是逻辑思维的基本的思考方式,也是生存于知识社会的沟通能力的出发点。

三、走向协同式教学

课堂转型意味着教学模式的变革。在课堂教学的发展史上出现过三种主要的教学模式——传递式教学、认知性教学、协同式教学。传递式教学主张掌握知识的教师把知识与技能传递给学生,学生被动地接受教师提供的知识。认知性教学聚焦学生的认知活动,强调教师授予学生一定的认知策略。协同式教学批判传递式教学既不能促进儿童新旧知识之间的互动,也不能促进知识内化所需的对话,难以实现深层理解。从认知性教学走向协同式教学意味着从个人主义学习走向集体主义学习。国内外研究表明，要实现这种多声对话的协同式教学，必须满足如下五个条件[7]：

第一，互惠的协作关系。相互协作关系是指在学习场中学生们面对共同的目标彼此尊重，在拥有各自角色的使命感的状态中实现共同目标。为了实现目标，个人的努力和小组伙伴的努力都是不可或缺的。可以说，唯有小组的伙伴感受到彼此相连的时候，相互协作关系才能产生。相互协作关系一旦形成，学生就会认识到，小组的成功有赖于小组里每一个成员的努力，明确小组的伙伴有着不同的角色与责任，各自要对小组的学习作出自己的贡献，亦即认识到彼此是共沉浮、共进退的伙伴。

第二，面对面的积极的相互作用。小组伙伴之间相互帮助、相互支持、相互激励，共同推进彼此的成功——这些面对面的积极的相互作用一旦得以充分的展开，伙伴之间言语的、非言语的沟通活动就能够作为学习成果的反馈来运用。同时小组的成员也能认识到，彼此的思考相互影响，在问题的解决过程中有效地发挥了作用。可以说，协同学习的架构是否形成，就在于学习者是否形成这种面对面的积极的相互作用。当下我国的一些中小学醉心于所谓"展示"、"发表"，充其量不过是"各表主张"而已，不去倾听，没有交集，哪来"对话学习"呢。

第三，双重责任——小组责任与个人责任。协同学习在要求小组的成员承担小组责任的同时也要求其承担个人责任。尽心尽责履行自己分担的责任，就得有这样的自觉：在小组其他伙伴的努力与成果中不能"搭便车"。小组之中自己的作用不同于他者的作用，是独特的；谁的作用一旦欠缺，课题就不能解决，每一个人都对小组的最终成果负有自己的责任。这种责任感也有助于学习者形成为小组作贡献的使命感。

第四，作为小组一员的社交技能。社交技能不是与生俱来的，诸如有的学生滔滔不绝地叙述自己的见解，却不能提取他人见解；有的学生一旦自己的见解被否定，便恼羞成怒或恶语中伤他人，如此等等。这样，社交技能不成熟的学习者即便分到了小组里学习，也不可能展开有效的协同学习。社交技能是不可能神话般地自然而然地掌握的，协同学习的实践却可以成为学生掌握这种社交技能的绝好机会。在集体中一旦培育了社交技能，就能够产生优质的协作——相互信赖、相互接纳、相互支持,向前看地解决分歧。

第五,改进集体活动的步骤。在集体内部反思协作关系是一项重要的作业,亦即在小组内部反思在怎样的程度上很好地实现了目标,是否形成了能够有效地解决问题的协作关系等。这种反思可以成为"协同"意义的再发现的机会,成为培育参与协同学习的积极的态度。

借助这种协同式教学的实施,有助于保障每一个学习者的三种关联:作为传承文化知识的学术世界与现代社会课题的关联;协同学习伙伴之间的关联;贯穿过去、现在、未来的学习者自身学习路径的关联。然而,现实的课堂教学恰恰是与之背道而驰的。要挑战这种难题,就得寻求如下的学习方式:(1)自我建构。保障每一个学生各自展开自己的学习,形成作为"学习之经历"的课程,借以实现学习者的"自我建构"。(2)教学建构。探讨学术奥秘与现实社会课题的复杂性,形成对体悟与兴趣的本质性学习内容的探究,借助协同学习,建构作为学习者的"我们"的关系。(3)共同体建构。不仅在特定时间与班级,而且在学校或超越学校,教师作为专家,同家长一起在社区进行合作而出现的学习共同体的建构。协同式教学不仅是单纯的教学方法的问题,还是关系到塑造未来国民形象的课题。

课堂转型意味着多声对话的课堂创造。我们面对的所有学生都是独一无二的,每一个学生都拥有其自身与众不同的兴趣、阅历、知识与经验。一线教师的责任就是创造一个安全的、关爱的、有序的学习环境,让每一个学生同样享有挑战学习的机会,并且从中获得成功的乐趣和成长的自信。在传统的教育思想中,学生的"学习"被定义为"进展",教育就是按照预设的路径朝着固定的教育目标推进。在这里,教师倾向于把"差异"视为"偏差"——特定的学生不符合特定的标准,教师借助特定的标准来处置这种差异。但在进步主义教育思想中,学生的学习被定义为发现的"进程"。在这里,教师需要让学生按照自己的能力倾向、速度,以适合自己的方式来展开个人的或集体的探究活动。所谓"差异"指的是学生在探究过程中所采用的方法的多样性,深化对话的一个契机就是与不同思路、不同见解的相遇。思考正是从对话中产生的,将每一个人的体验与经验引出来和搅动起来,正是课堂存在的理由。教师"上课"的本质恰恰在于如何尽可能地调动儿童活跃的思维,发现不同的思路,激活认知冲突,展开集体思维。学生之间的认知冲突与活跃对话，正是推进课堂教学的原动力。理想的课堂应当是多声对话、智能跃动的场域。

四、多声对话的课堂准则

多声对话的课堂旨在实现每一个学生的"学习权"，提升教学的品质。根据学习心理学的研究，在展开课堂教学之际必须践行如下五个准则[8]：

1. 保障参与，即保障学生对学习活动"投入"（行为投入、情感投入、认知投入）的强度与素质。不仅在课堂的场域，而且在人际关系层面能够形成参与学习、相互学习的伙伴关系。

2. 保障对话，即形成学生之间的相互倾听关系。

3. 保障分享，即拥有源于相互学习关系的共同理解的一体感，以共同的话语系统，协同建构学习，随时随地分享知识。

4. 保障多样，即在课堂教学中保障学生之间差异的琢磨，以及源于差异的探究。在含糊的、歧义的、不理解的、辩解的、补充的声音中，无论是理解者或是不理解者都能够获得更加深入的理解。

5. 保障探究，即对于教学过程中产生的新的疑问，需要从种种不同的视点，形成周而复始的"发现—追究—反思—展望"这样对课题的持续性探究。上述五个准则或许应当成为课堂教学评价的基本范畴。

寻求划一的教学模式是不切实际的。然而，基于不同情境的特点，寻求不同要素的互动及其达致优质教学的动态过程，却是可能的。事实上，在佐藤学创建学习共同体的实验学校中，积累了从交响的学习到合作的学习再到澄明的学习的教学创造。共同体中的成员从形成交响的课堂着手改革，由此发现协同学习的价值及其策略，以及使每一个人的学习得以"澄明"的逻辑。对于一线教师而言，这意味着需要把握不断保障教学品位的如下步骤：

1. 多元交响，即多声对话与思维可视化。为使每一个学生相互倾听各自的声音，首先在每一个学生自身的思考过程中就得养成虚怀若谷的态度与洗耳恭听的习惯。为此，重要的是教师在协同学习中组织面向不同学生的教学，并且动用书面语言与图表等各种方式,把各自的思维外显化。

2. **相互应答**,即聚焦重点的课题与琢磨差异的来由。倘若对话双方都自说自话,话题将是零散的,对话也难以产生交集,难以作出归纳、得出结论。在这里,教师必须通过梳理教材和学生之间的讨论,归纳出应当探讨的课题,聚焦重要的论题。这一点有助于彼此发现并相互确认各自思维的差异,加深基于论据的理解,磨炼学习的品质。

3. **深化理解**,即以单元为单位的自我反思与学习过程的可视化。在此前的教学活动中,大多会出现低层次学生偏于回答基础性的课题、高层次学生偏于回答发展性课题的局面。不过,倘若设置机会,让高层次学生用自己的话语举出具体的例子来解释基础性的课题,实际上是一种重新学习的过程;而让低层次学生面对发展性课题,就会让他们感受到内容本身的复杂性带来的趣味性。这样,班级全员都能够共同参与并聚焦课题。在选择学习课题的同时还要求教师讲究提问的方略。

教学内容不同,实际的步骤也会有所差异。不过,上述三个步骤(阶段)构成了短周期与长周期相互交织的学习,这正是打造多声对话的课堂世界所要求的。

参考文献

[1] 转引自钟启泉.读懂课堂[M].上海:华东师范大学出版社,2015:187.
[2] 佐藤学.相互学习的课堂,共同成长的学校:学习共同体的改革[M].东京:小学馆,2015:9.
[3] 佐藤学.学习的快乐:走向对话[M].钟启泉,译.上海:华东师范大学出版社,2004:38—43.
[4][5][6] 林德治,藤本光司,若杉祥.教学改善的进展[M].东京:行政学出版公司,2016:9,15,17.
[7] 杉江修治.协同学习入门[M].京都:カナニシヤ出版社,2011:36—37.
[8] 秋田喜代美.学习心理学:教学的设计[M].东京:左右社,2012:25.

第13章
课例研究：教师学习的范式

我国自"新课程改革"以来，教师之间展开合作研究蔚然成风，传统的教研活动得以提升和发展。"课例研究"作为一种"参与型研修"，重视的是通过参与者之间产生的交互作用而产生的创造力。它的出现意味着我国教师研修模式的转型：从单纯的"技能训练"走向"教师文化"的创造。

一、基于草根改革的专业成长

19世纪后半叶以来的教师研究，往往是把可训练的教师教学技能归纳成一份清单，这份清单就成了教师培训的计划，这种培训其实不过是传递碎片化知识技能的训练而已。进一步可以说，知识是被灌输的，去问题化的。20世纪80年代中期以来，教师的专业化成为世界教育改革的重大课题，其中心议题之一是未来教师是怎样一种专家的形象。研究发现，教师培养期间所发展起来的诸多观念与教育概念，随着现场经验的积累而"流失"了。相反，在促进教师成长方面，教学的实践发挥了强有力的作用。舍恩（D. Schon）针对基于"科学技术的合理运用"的"技术熟练者"的专家概念，描绘了"反思性实践家"（reflective practitioner）的形象——包括一线教师在内的专家在行为与实践之中的反思。尽管对于在课堂教学这一复杂的过程中儿童的学习是否成立存在着不同的见解，不过，范梅南（M. Van Manen）认为这样一种瞬间可以视为"教育性瞬间"。艾斯纳（E. W. Eisner）

则把什么是"教育的瞬间",什么是旨在确凿地判断儿童是否有了发展与变化的"慧眼",叫做"教育性鉴赏"。这样,由于教师的形象得以重新描绘,教师专业性的内涵在教育学中也得以明确,对一线教师在生涯中需要发展怎样的职能,就有了一个共识:教师不是"教书匠",而是"反思性教学实践家"。

作为"反思性教学实践家"的教师一定经历了自下而上的、基于草根改革的专业成长。佐藤学指出,作为教师必须是"工匠性"与"专业性"兼备的专家。这是因为,教师的工作是借助工匠型世界与专家型世界构成的。作为工匠的教师是靠"模仿"与"修炼"学习的,作为专家的教师是靠"反思"与"研究"学习的。[1]教师的工作领域是那么复杂多变,构成实践基础的科学理论与技术又是那么不确定。因此,关键不在于将专业的狭隘的理论与技术应用于实践,而是在复杂的情境中,以"反思中行动,行为中反思"这一实践性认识论作为基础,基于经验的见识与广泛的知见,同复杂难解的问题展开格斗。教师的"校本研修",特别是借助课例研究,彼此展开实践的反思与评论、交流与分享实践经验,从而培育起教师洞察学习的可能性,同时根据情境作出选择与判断的实践,是教师专业成长的唯一路径。

二、课例研究:一种参与型研修

教师的课堂教学实践是教师以特定的教材,让特定的学生展开特定的学习,从而取得某种成果的活动。这种教学活动要求教师时刻在变动的课堂境脉中以教材为媒介,重建教学内容,反思学生行为的意涵,应对学生的反应,设计自身的活动与学生的学习,并且需要通过反思、判断基于这种设计而生成的课堂设计,筹划下一步的教学。这一连串的活动,几乎是在教师内心的反思与判断中实现的。

教师的教授活动是"看不见的实践",学生的学习活动也是"看不见的实践"。在学习过程中学生同教科书对话,同课堂中的伙伴与教师对话,建构教学内容的知识的意义。学生究竟是如何展开学习的?借助外部的观察,是难以认识其内容与过程的。而借助"课例研究",可以揭示"看不见的"课堂事件的意涵,浮现"看不见的关系",表达"看不见的故事"。因此,佐藤学说,课例研究本质上是一种"把'看不见的实践'转化为'看得见的实践'的研究"[2]。

这种课例研究是教学设计、教学实践与教学反思三种活动的循环往复。从教师的实践性知识的特质看,课例研究作为教师的基本学习方式,具有如下的意义:第一,教学观摩。教师走进同事的课堂,观察同事的教学现场,并通过跟同事的讨论,认识自己与他人教学见解的异同,从而学会如何把握儿童的学习与教材、如何作出应对等实践性知识和行为理论。第二,教学切磋。教师开放自己的课堂,并借助跟同事的切磋,对照同事的言说,来认识自己的教学行为和班级学生的学习,进而发现自身的教学风格和教育信念。第三,教学合作。教师借助彼此之间共同探讨课堂愿景的教学创造,分享各自的教育智慧,领略课堂氛围之类的非语言侧面乃至师生的情感体验,获得共振与共鸣。

课例研究本质上是一种参与型研修,这是在20世纪90年代以降,教育、医疗、艺术等领域迅猛推广的一种活动。在这种研修中,参与者不是被动的而是积极的参与者。这种研修有五个特征:没有主讲教师,没有客人,没有现成答案,动脑又动手,有交流有笑声。它摆脱了客观主义的学习观,走向社会建构主义与情境学习论的学习观。前者把学习视为个人被动地接受知识的过程,后者则认为学习是在人际关系之中借助参与的人与事物的交互作用而展开的。参与型研修,可以界定为意义生成的自由学习,其特征就是参与、体验、交互作用,它重视的是通过参与者之间产生的交互作用(彼此的差异)而产生的创造力。它的出现意味着我国教师研修模式的转型——从单纯的技能训练走向教师文化的创造。

三、教学点评的转型

教师的成长不是单靠理论灌输或技能训练能够奏效的,也不是靠单打独斗能够成功的。教师专业发展的独特性就在于,他们每日每时面对的,都是崭新的动态发展中的教育世界。教师的成长本质上是通过自身教学实践的历练——向儿童学习,向同事学习,从自身的教学反思中学习,从中获得理解与感悟,形成并积累起实践性知识的过程。而支撑教师实践性知识与行为的理论,是难以从教育、教学的书籍里读到,也难以用语言加以说明和传递的。

"所谓'教学研究',从某种意义上说,就是教学的共同点评。教师就是在这种教学点评中作为'反思性实践家'形成起来的。"[3]所以,教学点评作为教研活动的一个重要的环节广为流行。不过现实的教学点评令人担忧:居高临下,指指点点,说三道四,套话连篇,甚至随意给他人贴上等级化的标签者,屡见不鲜。在教学点评中肆意把教师分成三六九等的做法,是不折不扣的"反专业化"行为,这种点评无助于教学的改进与教师的成长。教学点评也面临转型的挑战。

教学研讨不是"教学审查",教学点评不是"等级评定"。所谓教学点评,是指通过教师的教学反思与评议,执教者与观摩者相互交流、分享、讨论各自反思的见识和相关经验,从而形成新的见解与思考方式。新的教学点评不是旨在求得一种统一模式或者标准答案,而是教师之间通过发现具体的事实,碰撞、分享多样的见解与思考方式。其重要之处在于,一线教师作为一个实践者,共同发现并探讨教学的"难处"和"奥妙",分享从中产生出来的乐趣。

在学校和团队中借助课堂案例的观摩与点评,是拥有多样的教育认识与多样经验的教师一起探索并培育实践智慧的活动。归根结底,这是由实践智慧结成的实践者的学习共同体活动。教学点评不是各种见解与思考方式之优劣的相互角逐,不是论争各自的见解和意见,也不是推介某种特定见识与思考方式。教学点评无非是借助具体案例的事实,通过围绕课堂事实的讨论,促进参与者成长。一言以蔽之,教师相互学习、共同成长。在传统的课堂观摩与点评中,有形无形之中观摩者与被观摩者之间存在着一种"权力关系"。在这种权力关系面前,再有经验的教师,面对毫无经验、毫无知识的观摩者的观察与批评,也是无可奈何的。这种近乎法官审判犯人那样的点评及其"建言",会破坏教师之间的情谊与平等友好关系。

根据佐藤学的学习共同体实践经验,在创建学习共同体的学校中,教师的课堂点评应当基于如下三大课题展开:(1)尊重每一个学生的学习,即尊重儿童;(2)尊重教材所隐含的内在学习发展性;(3)尊重每一位教师自身所秉持的哲学。[4]以上述三大课题为基础,在课堂实践与课堂点评中,相互学习、共同成长。因此,教师的教学研讨会必须转型为令人热衷于相互学习的会议。以往的研讨会往往纠缠于优点、缺点之类的鉴定式意见,仅仅做出"好的课"或"不好的课"之类的点评,是难以让教师有所成长的。真正拥有丰富经验的优秀教师,在观摩课堂时绝对不会针对教学的优劣进行"评价"或"建议",而是根据课堂的事实,从"相互学习"的角度,围绕如下问题展开探讨:在什么场合才能形成学习?在什么场合儿童可能会困惑,为什么?自己(观摩者)通过这节课学到了什么?这样,不是把教师的教法当作观察与点评的中心,而是倡导把课堂观察与点评的中心放在儿童学习的事实上,如在哪里学习成功了,在哪里学习还存在困惑等。

四、从"评价"转向"反思"

学习共同体的学校所追求的,并非所谓的"完美课堂"。学校和教师的责任是要实现所有儿童的学习权,尽可能提升儿童的学习品质。在课堂教学设计中,尽可能给予授课者自由,并根据学生的学习事实,在课后进行以反思为中心的教学研讨和课堂点评。新型的课堂研究正是以设计与反思为基础的研究。

不过,对于教师而言,要从"评价课堂"转型为"反思课堂"并非易事。因为每一个教师都抱有"上好课"的欲望。这个愿望本身并不是坏事,这种追求也理所当然。不过,只要教师抱着"上好课"的追求,就只能秉持"评价"他的教学的见解,不能从课堂事实的反思中得到学习。佐藤学的经验则为一线教师克服这种矛盾提供了一条有效的路径。在他看来,作为专家成长的教师的学习,就在于从自身的经验中学习,把经验与理论结合起来,形成"见识"。在这里,最重要的基础是从事实即经验与事件中获得学习。从课堂的细微事实与事件中能够感受到"发现"与"惊异"的能力,能够感受到这种难解的探究愉悦的能力,正是教师作为专家来说应该具备的。善于学习的教师,是超越了评价的框架,实事求是地观察课堂的事实,并且能够从中求得"发现"与"惊异"的教师。

佐藤学的"学习共同体"建设的实践经验表明,教学点评的"铁则"应当是:

1. 点评的对象不应放在"应当如何教"的问题上,而应基于课堂所发生的事实,讨论学生在哪些方面获得成功,在哪里出现瓶颈。教学研讨的目的不是创造优良的教案,而在于创造相互学习的关系,实现优质学习。讨论的中心不在于教材的解释和教师的技术,而是基于课堂中每一个学生的学习的具体事实。正是这种具有缜密性、准确性、丰富性的检视过程,才可能奠定创造性教学的基础。

2. 在教学研讨中,观摩者不是对执教者提出建言,而是阐述自己在观摩了这节课之后学到了什么,通过多样的心得来相互学习。"文人相轻"是致命的弱点,在教师之间倘若不能构筑起彼此尊重、彼此合作探讨的关系,无法培育"同僚性",教师也无法成长。

3. 在教学研讨中,观摩者不应缄默不语,而应当实现民主型研讨,不受高谈阔论者与评头品足者支配。每个教师都应当发言,主持者也应当以"不总结、不归纳"为铁则。唯有畅所欲言的教学研讨,才能结出丰硕的果实。

教师是凭借儿童、凭借班级、凭借授业,去表现自己的艺术家。日本著名的教育实践家斋藤喜博强调:"教育的工作同文学艺术一样,是追求复追求的工作。因为教师需要有作家般的敏锐的眼光、追求和创造力。从根本上说,需要有一颗信任人、热爱人的心。用这颗心率直、谦逊地观察对象、研究对象,然后运用自己丰富的经验、智慧和创造力,就像作家在稿纸上或艺术家在帆布上创作那样,构思、塑造——这,就是教师的实践,教师的研究。"[5]教师的"教育智慧"是在改革实践中迸发出来的。当下有一种论调广为流传:我国西部地区的教师落后,促进教师专业发展的唯一有效的办法只能是技能训练。这是极其荒谬的。在我国应试教育的体制下,真正的问题与其说是城乡之间、地区之间的落差,不如说是超越了地区边界的教育观念上的落后。就这一点而言,东、中、西部之间没有本质的差别,甚至可以说处于同一条起跑线上。先进的教育观念一旦为广大一线教师掌握,就能够创造出精湛的教学技艺。倘若我国上上下下的教育行政能够率先摆脱陈旧观念的束缚,为每一个教师提供教学创造的机会,那才是新课程改革带来的真正红利,如此则善莫大焉。

参考文献

[1] 佐藤学.教师花传书[M].陈静静,译.钟启泉,审校.上海:华东师范大学出版社,2016:7.
[2] 佐藤学.教师作为专家的成长[M].东京:岩波书店,2015:115.
[3] 小柳和喜雄,等,编著.新教师论[M].京都:智慧女神书房,2014:83.
[4] 佐藤学.学校的挑战:创建学习共同体[M].钟启泉,译.上海:华东师范大学出版社,2010:172.
[5][6] 筑波大学教育学研究会,编.现代教育学基础(中文修订版)[M].钟启泉,译.上海:上海教育出版社,2003:450,450.

结语
为了探究的课堂

根据美国哥伦比亚大学教授库恩（D. Kuhn）的分析，同"知识"、"学习"息息相关的"认识论"经历了"绝对主义→相对主义→评价主义"[1]三个发展阶段。多数小学生并不理解知识是被人解释与建构的。在他们看来，科学家发现的知识是绝对正确的事实，科学家的工作是"收集世界上存在的客观事实"。换言之，"知识"是可以分为绝对正确与不正确的。进一步的认识是，知识是被解释的。数据的多样的解释、多样的假设、多样的理论，即便是彼此对立的，也能够得到认同。然而人们并不理解，假设与理论可以从不同视角加以探讨、琢磨、评价，并在此基础上选择逻辑上站得住脚的一种假设与理论。持此阶段认识论的人认为，知识是建构的，并非绝对的。但因为并不理解知识是如何建构的，所以容易陷入"公说公有理、婆说婆有理"的绝对相对主义。到了更高水准的阶段人们才能理解，知识不同于单纯的"思考"，特别是所谓"科学知识"必须是基于证据的、被实证了的；为此必须建构模型，借助实验具体地确立可琢磨的假设，对照从实验出发得到的证据来进行评价；倘若有复数的假设，就得根据证据评价这些假设中哪一个是最优的。因此，学习"科学"（不限于自然科学，也包括人文社会科学）的目的，不是去记住科学家发现了的事实。今日记住的事实与理论在10年之后也许会被抛弃。科学是根据数据，发现逻辑、建构理论的过程。那么，为了实践科学，儿童必须学习什么？在学校中数理学科的课时中会进行实验、采纳并分享数据的学习，然而这些不过是展开科学探讨的要素而已。要学会科学的思维，就得有理论探讨的方式、树立并探讨假设的实验设计的方式，以及采纳数据的方式、引出结论的方式等逻辑建构的技能。这就是必须从"记忆的课堂"转向"探究的课堂"的根本缘由。

在我国中小学的教育实践中长期存在着两种教育模式之间的博弈。这两种模式——支撑"应试教育"实践的传统模式与支撑"素质教育"的批判性实践的反思性教学模式的认识论前提是针锋相对的。李普曼（M. Lipman）分析了两种教育模式之间的根本差异。[2] 传统模式的认识论前提是：（1）所谓"教育"是懂得的人向不懂得的人传递知识。（2）所谓"知识"是人们关于世界的知识，这些知识既不是不明确的，也不是混沌的、神秘的。（3）"知识"是分为种种学术领域的，它们并不相互重复。借助这些学术领域的互补，可以完整地了解世界。只有教师懂得的，学生才能学会，所以，教师在教学过程中处于权威的地位。（4）学生借助汲取信息，亦即关于世界的知识，而获得知识。所谓"受教育的心灵"就是"灌输了大量信息的心灵"。与此截然相反，反思性教学模式的认识论前提是：（1）所谓"教育"是在教师引导下参与探究共同体的成果。探究的目的与其说是理解，不如说是作出判断。（2）当我们认识到人们关于世界的知识是不明确的、混沌的、神秘的时候，才可能驱动学生去思考世界。（3）能够产生探究的学术领域既不是重复的，也不是完全的。因此，探究与主题之间的关系本身，就可以成为问题。（4）教师不应当采取权威者的姿态，不能作为一个误导者指手画脚。（5）应当培养学生逐渐成为一个反思性的、清晰的理性思考者。（6）在学习过程中受到重视的不是信息，而是一个主题内的概念的关系，以及主题与主题之间的关系的探究。可以说，应试教育与素质教育是两种不可调和的教育思想。

课堂绝不是单向传递的场所，它是一种沟通的组织，是师生之间借助交互作用，相互传递、彼此交流，从而获得创见、变革自我的一种沟通。人类的学习有两大传统：一是"修炼"的学习传统，这是从中世纪修道院、寺院和大学的博雅教育中形成和发展起来的，至今在学校教育中绵延不绝。二是"对话"的学习传统，传承了苏格拉底产婆术以来的对话性沟通的学习实践[3]。在课堂空间里展开的"对话性实践"的学习，具有三个维度：第一维度，同客观世界的对话性实践。这是认知性、文化性的实践。第二维度，同教师与伙伴的对话性实践。学习者绝不是单独地学习的，而是通过与教师、伙伴的沟通来学习的。这是人际性、社会性的实践。

第三维度,同自身的对话性实践。学习者不仅对教材、教师和课堂中的伙伴进行对话,而且也同自身对话,在形成自我身份的同时实现学习。这是内在的、存在性的实践。然而,在制度化的学校教育中,三个维度的对话关系却被切断了,三位一体的关系也被解体了。日本教育学者佐藤学教授30多年来致力于"学习共同体"的学校创建,积累了丰富的实现课堂转型的理论与经验。这些经验表明,为了重建三位一体的"对话学习",教师必须作为"对话性他者",置身于学生面前。教师的作用就是形成教学中的倾听关系。因此,以学生的困惑、差异、认知冲突为契机引出他者的应答,构筑对话性关系的实践构想,成为课堂教学的重要课题。

课堂是一个多声对话的世界。我国应试教育的弊端就在于,不是引导学生自身去探究问题、思考问题、解决问题,而是教师让学生背诵教师给出的最终的标准答案。课堂中学习过程的模型应当是科学的探究过程。李普曼主张,课堂应当成为"探究的共同体"(community of inquiry)。"所谓'探究'是一种自我批判的实践,一种孜孜不倦地探究未知世界的活动。"[4]探究永远是基于共同体的,而共同体也永远是基于探究的。这种共同体的最大特征是共同探索真理,学会思考,并且奠定社会的基石——人际纽带。在这里,关键的课题在于教师的角色转变。教学过程从"独白式"变为"对话式",从来是教育史上革新的主张,也是今日课堂改革的焦点。从设定开放性课题到得出开放性结论的整个过程中,教师的作用不是"传授",而是促进对话的提问,等待学生的表达。在课堂的对话性实践中,学生彼此相互尊重,倾听对方的见解,形成彼此的主张,发现各自的困惑,展开互补的讨论。这种"对话流",正是学生头脑中的"思考流"的外化。在课堂中存在着多种多样的声音。倾听每一个学生的声音,保障课堂作为"多声"对话的空间,是教师的职责所在。特别是倾听那些反映"学困生"的"声音",构成了深化课堂教学的一种契机。倾听并分享"不懂得的学生"的声音,不仅同"不懂得的学生"相关,也同"懂得的学生"息息相关。因为对于"懂得的学生"而言,听取不同于自己的他者的声音,不仅可以发现自他的差异,而且可以再次对话教材(课题),矫正旧有的认识,形成新的理解。对于"懂得的学生"与"不懂得的学生"双方而言,这是一种互惠的关系。在课堂教学中,倾听彼此声音的微妙差别,倾听"不懂得的学生"的烦恼与困惑,是必须做到、也是可以做到的。

课堂教学是一种创造性活动。当一线教师每时每刻都痴迷于教学的创造、潜心于变革自身的时候，这样的课堂同时也是点燃班级中每一个学生的发现与创造的灯火、变革班级中每一个学生精神世界的殿堂。唯有探究的课堂，才称得上是充满智慧能量的、高格调的课堂。

参考文献

[1] 今井むつみ.何谓学习[M].东京：岩波书店,2016：160.
[2][4] M. Lipman.探究的共同体：为了思考的课堂[M].河野哲也,等,译.东京：玉川大学出版部,2014：17—18,117.
[3] 佐藤学.学习的快乐：走向对话[M].钟启泉,译.上海：华东师范大学出版社,2010：38—41.

附录
教学的方法论研究及其课题

一、教学研究的意义

　　撰写教学的处方。教学是一种艺术。精彩的教学是不可教的,这是因为构成教学的要素极其复杂,有效的教师教育的计划也是无从准备的。每一个教学研究者与教学实践者必须明确自己的作为"标的"的要素,由此明确未来所期待的效果。20世纪60年代,国际教育界对有别于传统"学习心理学"的"教学心理学"的关注显著高涨起来。学习心理学与教学心理学的差异何在?按照布鲁纳的说法,"学习心理学"是以描述何谓"学习"为宗旨的,"教学心理学"的目的则是准备"教学处方笺"。[1]亦即旨在为不能背诵九九口诀、不能写字、感到学习困难的学生免于学习的困惑而撰写学习的处方。教学研究的目的就在于为撰写"教学的处方"而提供有效的证据。教学设计与研究也论述"教学的系统化"。系统工程学是研究旨在达成目标而最优地组合所必须的一切要因的一门学科。教学系统化的大体的步骤是:(1)决定目标,(2)分析系统的要因,(3)设计最优的系统,(4)实践,(5)评价方式。据此循环往复,不断地改进整个系统。教学系统化的目的在于,单纯地分析教学名家是不能捕捉其背后所隐含的原理的,而把名家的艺术作为一种高度的授业系统化的案例来把握,揭示其构成要素,就能为众多教师开辟迈向专业化的道路。尽管是标榜学习的"系统化",但在教育界系统化的论辩与兴趣很快就偃旗息鼓了。这是由于教学的要因不可能固化,在教学的设计与研究之际左右目标达成的需要预测的因素实在是太多了。

形成教学研究的模型。教学研究的任务在于形成教学研究的模型,把最小限度的要因纳入视野范围。为了设计明日的教学、研究教学的效果,倘若梳理最低限度的要因就会变得易于实施。这种教学研究的模型由三个要素构成:(1)教师侧面的要因,(2)儿童侧面的要因,(3)学习集体。教学模型的这种整体性把握显示出如下优点:便于教学设计;教学反思的视点明确、边界清晰;便于比较并评价研究的成果。

试梳理一下教师指导的要因,从外侧看,由教学战略、教学技能、教学策略组成,分别同有变化的教学、愉快的教学、理解的教学相关。从内侧看,对于认知的形成,显示出巨大影响。"战略"是军事用语,亦称"方略"。课堂教学中运用的教学方法有讲解、小组讨论、发现学习、程序学习等,各有长短。晚近的认知心理学转型中对信息处理过程展开研究,因此,基于接受信息、保持信息、再生信息、加工信息等流程的教学战略研究受到期待。"教学技能"是指在课堂教学中师生之间圆满地展开沟通的技术。课堂中的教师每时每刻面对学生言说,但大多花在教材研究之中,琢磨教学技能的机会很少。只有师生之间的沟通圆满的儿童才可能感受到教学的快乐。教学技能分"语言教学技能"与"非语言教学技能"。"战术"也是军事用语,用于教学之际,是指决定旨在改进"不理解、错误理解、不会"之类所必须的认知性活动的工作。有效教学的战术的开发是教学研究的基础。

再梳理一下儿童学习的要因,从外侧看,是学习习惯、学习技能、学习策略,而更内侧的要因将对学习的形成产生直接的影响。"学习习惯"指每日生活中持续地进行学习的态度。"学习技能"是顺利地展开学习活动的学习技术。"学习方略"在认知心理学的范式转换中受到关注。认知心理学中所谓的"学习",被解释为人认知环境,进行一连串信息处理的过程。

展开教学的记录与反思。由于教学是复杂要因交织成的,课后的教学记录与反思就显得非常必要。所谓"教学记录"并不限于教学过程本身的记录,诸如各种课堂观察的记录:儿童发言的顺序、教师在课桌椅间巡回指导的路径、课堂的范围、被提问的儿童的参与状态、儿童的笔记等,这是狭义的教学记录。广义的教学记录还包括教案与教学实施之后的反思资料,亦即"教学数据库"的建设。"教学反思"是在回顾、发现"教学"这个意义上使用的。教学反思的视点包括:教材设定与教材解释;教学展开(实施与评价);教学技术;对儿童学习的支援;对儿童的理解。

二、教学研究的方法论

教学研究的新潮。进入 21 世纪,教学研究受到国际教育界的关注。2007 年以来,世界教学研究协会(WALS)举办的学术活动成为教学研究的国际论坛。众多国家与地区的中小学教育实践都是借助教学研究来推进学校教育的革新的。特别是从 20 世纪 90 年代至 21 世纪,强调教师同僚之间相互切磋本身的意义的"学习共同体论",展现了巨大的冲击力。教学研究成为教师专业成长的基本路径的趋势愈益明显。当然,在以教学作为对象的研究中,旨在实现教学的具体的对象、目的、目标的方法论步骤,是各具特色的。不过,大体可以区分为教学的古典的交互作用研究,以及对此持批评立场的民族学方法论研究。

互动范畴的分析系统。弗兰德斯(N. A. Flanders)的互动分析把课堂教学中师生的语言行为分为"教师发言"、"学生发言"和"沉寂"三种。教师发言与学生发言各自分为"应对"与"主导"的方法,来设定 10 个范畴[2]。乍看起来似乎是中立、客观的,但实际上隐含着这样一个假定——教师的发言行为支撑着课堂教学中的沟通。这种分析系统尽管可以作为教学比较的有效指标,但在揭示教学的个性特征方面却缺乏有效性。其最大的弊端在于,它以传统的定型化教学作为前提,把分析对象的发言加以范畴化,而将人际沟通中的言说的多义性与复杂性置之度外。例如课堂教学中的发言不仅有信息传递的维度,还显示为知识的意义建构和发言者的个性表现,以及发言者同他者之间的关系。实际教学中的"发言"要素绝不是等价的,往往瞬间的一句话就决定了教学的全局的情况并不罕见。这些问题不单是弗兰德斯互动分析的问题,而且是实证主义、行为科学的教学分析共同存在的问题。贝拉克(A. A. Bellack)的教学结构化分析法比弗兰德斯的互动分析更为复杂,它是以电脑的数据分析为前提,借助大样本的分析来揭示课堂教学的形式特征,但不能阐明内容的单位结构与教学论的含义与功能。另外,作为教学研究的方法论,不能把教育技术学研究与罗生门研究二元对立起来。大体说来,教育技术学论是以矩阵静态性、结构性、定向性地把握教学的,而罗生门研究犹如教育鉴赏论那样,重视多视角地展开评论与鉴赏。

教学的民族学方法论研究。所谓"民族学方法论研究"是一种重视学生的话语与对话的意义建构,需要思想解放的研究者介入的一种研究。这种研究以高度的生态学稳妥性为其特征,把物理的与人际关系的环境指标及其变动视为影响教学互动的根本要素。梅汉(H. Mehan)将贝拉克的对话单位作为"教师提问"、"学生应答"、"教师评价"这一"IRS"的对话结构来表现,尝试从社会建构主义的角度作出新的解释。借助"IRS"的结构分析揭示出,教学对话是有别于日常司空见惯的一般对话,显示出强烈的以教师作为权威的权力关系。按照梅汉的分析[3],教学中的互动作用大多以"提问"(I)、"应答"(R)、"评价"(E)作为单位构成,形成"IRE"结构。这种结构分析多以同步教学中的"提问"、"应答"、"评价"作为最小单位。日本学者反其道而行之,在"自律性、支援性教学"中,则是以儿童的"提问"(I)居多,形成以儿童为中心的"IRI"的结构。

量化研究与质性研究。量化研究在20世纪40—50年代的社会学、心理学及其他领域的调查研究与实验研究中,占据主导地位。但到了20世纪60年代,质性研究得以复兴,涌现了诸如阐释学方法、现象学研究、人类学研究、建构主义研究以及临床研究等的研究,特别是产生了在一线教师与研究者协同作业的语脉下阐释课堂事件的教育意涵的方法[4]。教学研究的发展大体分为基于行为科学的量化研究与解读教学过程中意义与关系的质性研究。即便是号称"量化研究",重要的也是基于怎样的视点去解读数据,而这种视点也可能在数据的收集与分析的过程中发生变化。这种变化本身就可以成为研究的对象。在基于课堂事件积累的质性研究中也把质性数据范畴化、代码化,积极地采用量化地把握教学现象的方法。因此,量化研究与质性研究之间并不存在绝对的鸿沟。今日的教学研究一般是综合了这两种研究的混合研究,如实地调查(田野作业)、行动研究、个人传记(LH)、民族志、叙事研究等。

三、课堂开放与教学研究

开放课堂。大凡瞄准高水准教学的学校,大凡同家长和社区合作、协同地发挥功能的学校,其课堂是不封闭的,常常对教育局、同僚、家长、社区和研究者开放。在这种教室里教师们会感到,他者观摩自己的课堂,并不是来指责和批判的,因而能够将其作为接受合作和帮助的机会翘首以待,安心地打开教室的门。当课堂里出现观摩者之际,任课教师对开放自己课堂的态度也会直接对儿童的态度产生巨大的影响。在能够同各色各样的人们快乐地相遇的教师的班级里,儿童们也会对各色各样的人们的来访感到愉快。教师和家长即便在无意识之中碰到他者,是把他者视为敌对者、批判者,还是友好者、帮助者,对于儿童的人生观与人际能力的发展也具有潜在的影响。因此,为培育儿童积极的人生观与良好的人际能力,课堂必须开放。学校的校长必须支援、守望教师,让他们能够安心地开放课堂。

通过"拥有紧张感的迫切"经验的成长。公开教学无论对于教师还是儿童而言,都是成长的好机会。在一线教师从某种意义上拥有紧张感地面临公开教学的场合,儿童也会感受到同样的紧张感,从而产生一种拼命地展示自己面貌的迫切。于是,通过这种"拥有紧张感的迫切"经验,儿童得以成长。[5]这样的公开教学是促进儿童成长的绝好机会。避开这种公开教学无异于剥夺了儿童成长的机会。教师的专业能力与作用就在于培育儿童的终身学习的态度与能力,为此教师必须以身作则,在儿童面前展示自己不断挑战自我的精神面貌。教师作为一种专业的条件之一,就在于借助跟同僚的相互评价,维持并提升彼此的专业能力的水准。因此,公开教学是教师作为专业职务的不可或缺的场域。不借助公开教学提升所谓的专业能力是称不上专业的。因此,教师必须安心地相互公开自己的教学实践,当然那种教师满足于表面功夫的所谓"公开教学"——教师讲授滔滔不绝、儿童个个对答如流、教学点评眉飞色舞——的表演式教学,只能污染纯洁的课堂,必须从教师的校本研修中摒弃。

"以儿童为中心"的教学研究。校本研修的视点必须作如下改造:实施"以儿童为中心"的教学研究。这种教学研究旨在探寻每一个儿童特有的意义世界；构想、实施并反思有助于丰富这种意义世界的支援策略；分析学校活动中每一个儿童的表现；深化对于这种意义世界的考察与理解。从某种意义上说，这是一种更加充实儿童的活生生的意义世界、引导儿童编织更加丰富的故事的实践研究。具体地说，可以按照如下步骤进行[6]：

1. 就所教儿童当下拥有怎样的意义世界，从儿童在种种情境的表现（发言、作文、图画、行为、交友关系等）出发展开洞察性的探讨。

2. 设定所教儿童作为健全的人格成长，面向其理想的、从现状出发的可能方向与达成点，亦即设定儿童学习活动的目标。

3. 为了达成这个目标，需要考虑指导与支援的手段，如必须使用怎样的教材，借助怎样的活动展开学习。

4. 从学习活动中或者学习活动之后儿童的表现，来探寻儿童的意义世界的变化；反思教师构想的教学指导与支援的有效性，再检讨教师的教学方式以及其后的教学方式。

提升作为教师专业性的能力。借助这种教学研究可以提升教师的能力，包括：从儿童的表现读出儿童固有的意义世界及其展开的故事的能力，以及把儿童的这种成长作为视点，研究教材、构想儿童的学习活动的能力。所谓"以儿童为中心"的教学研究就是培育儿童成人，也培育教师能够成为教师的一种研究。在作为校本研修的公开教学中，教师主要聚焦儿童的活动，采集儿童的各种学习表现（发言、作为、作品、行为）。在教学研讨会上，教师交流各自采集的儿童表现的证据，思考该怎样展开下一步的教学，讨论儿童指导的可能方案。就是说，教学研讨的焦点是"关于儿童的讨论"。因此，焦点不在于教师的行为，而在于"发现儿童"，亦即交流各自发现的儿童的典型表现与情境。

四、教学设计的两种范式

课程设计的学习理论大体是从行为主义范式转向建构主义范式，在教学设计中也存在着两种范式：同行为主义亲和力强的技术学研究，与同建构主义观点相近的罗生门研究。

科学化课程设计的发展与技术学研究的教学设计。技术学研究汲取了行为主义或社会效率主义的思潮,成为20世纪占统治地位的教学设计方法。其中影响最大的莫过于谓之"泰勒原理"的课程编制法。泰勒(R. Tyler)提出了计划课程与教学应当考虑的四个步骤或课题:(1)学校应当达成怎样的教育目标。(2)为了达成教育目标应当进行怎样的教育活动。(3)应当如何有效地组织这种教育活动。(4)应当如何评价教育目标的达成度。布卢姆进一步发展了泰勒原理,进行了教育目标的分类学研究。他把"认知领域"梳理成结构化的"知识、理解、应用、分析、综合、评价"的体系,也研究了情意领域与心智运动领域。在技术学研究的教学设计中采取的步骤是:"一般目标→特殊目标→行为目标→教学过程→对照行为目标的评价"。就是说,首先制定希望通过教学达成的一般目标,其次把这个目标分割成若干更具体的特殊目标,再是以可借助测验测定的行为目标的形式,将特殊目标加以具体化。行为目标一旦设定,就可以有效地组织教学活动。至于目标实现的程度则可对照预先设定的行为目标,实施"基于目标的评价"。这种评价方式在技术学研究中由于目标特殊且具有客观性而受到重视。由一般目标结构化、细分化所得的目标,能够用客观判断可能的形式来明确地加以界定。要达成某种行为目标就得把握最适当的教材,重视指向目标实现的教材的精选与组织。

对技术学研究的批判与罗生门研究的教学设计。基于行为主义的技术学研究逐渐受到批判,比如,课程史学家克利贝特(H. M. Kliebard)援用杜威的目标论,对当时红极一时的泰勒原理——以预先设定行为目标的方式来编制课程,进行了批判。长期从事艺术教育的艾斯纳抨击技术学研究,主张为了培育儿童的创造力,不应预设行为目标而是应当设定开放性的目标。教师则需要有在教育情境中进行价值判断的"慧眼"及"点评"。阿特金(J. M. Arkin)把立足于上述批判的教学设计谓之"罗生门研究"。这个名称源于黑泽明导演的影片《罗生门》,意思是"从多种角度把握一个事实"。在罗生门研究的教学设计中采取的步骤是:"一般目标→创造性教学过程→对照一般目标的判断与评价"。就是说,首先确立一般目标,不同于技术学研究将具体的行为目标细化,而代之以教师在充分理解一般目标的基础上最大限度地发挥作为专家业已拥有的经验或知识与技能，在实践中发现教材的意义，展开创造性的教学活动。其次，通过教学会引起某些课堂事件，不限于目标侧面，而是从多样的视角尽可能加以详细地叙述。在教学中达成的样本目标的实现程度，恰需基于这些叙述作出判断。这样，在罗生门研究中教学的实践是多义的、重层的，有多种解释的可能。为此，目标被归纳为一般目标，教材、教师、儿童的"相遇"被视为是重要的。体现教师专业性的即兴判断与作用丰富了教学的过程，因此，拥有专业性与指导力的教师的培育不可或缺，教师能力的形成应受到重视。

基于核心素养的探究型教学设计。基于"核心素养"的教学设计，其学习理论的基础必须从行为主义转向建构主义[7]。在教学设计之际，寻求现实的境脉与课题的"真实性"非常重要。换言之，需要寻求探究教学的设计。这种探究学习的过程依据如下步骤展开：(1)基于面对日常生活与现实社会之际出现的疑问与兴趣，发现自己的课题。(2)收集相关的具体问题的信息。(3)梳理、分析信息，调动知识与技能，思考对策，解决问题，(4)归纳、表现业已明确的思考与见解，由此发现新的课题，着手解决后续的问题。通过这种问题解决的学习活动的循环往复、螺旋式上升的过程，探究学习得以实现。可以说，这种以探究为中心展开的教学模式，体现了旨在培育核心素养的教学设计的一种方向性——培育所期许的素质与能力。

五、走向对话中心的课堂教学

倾听："听"与"闻"的教育意涵。教育始于"听"，终于"听"。然而，在现实的课堂教学的场合，与其说是"听"，不如说是着重于"讲解"。教师一味在提问、发指令等教学方法上下工夫。这种重视讲解的教学方法好不好呢？所谓"讲解法"，无非就是至始至终教师向学生单向的知识传递而已。我们需要接受听的内涵，重新思考讲解法的价值。"听"分为"听"与"闻"，这两者之间有微妙的差别。"听"指的是作为听觉器官的耳朵接纳声音反应，表示用耳朵"听"的动作。而"闻"则是指"听到"、"听见"，表示听到的感知状态，亦即"听"的结果，所谓"听而耳有所感也"。这样,"听"比之"闻","听"有侧耳倾听的意涵,"闻"则是其客观的结果。倘若是"听而耳无所得",那就是所谓的"听而不闻"了。日本学者小林宏已作出了如下的辨析:"听"是尊重、分享、接受对方的标准与价值观,是一种临床的"被动性感知",亦即"接受性地听";而"闻"则是基于自己的标准与价值观,去确认、分析、判断音声与话语的内容,这是一种能动性感知,亦即"批判性地听"。[8]

从"听"与"闻"的对比中可以发现"听"的教育意涵。在这里不存在"听"与"闻"哪一个更重要的问题,重要的是意识到两者差异,根据情境与场面,如何驱使这两种"听"。教师倾听对于每一个儿童的思考、感知或理解是极其必要的。

从讲解到对话。立足于这种"听"与"闻"的基础,如何改造、充实与丰富教师传统的"讲解",是值得研究的课题。传统的讲解存在如下弊端:(1)唠唠叨叨型,指的是教师上课时喋喋不休、唠唠叨叨地讲述的状态。这种状态未必是恶意,但如何把这种能量引向具有教育意义的价值需要思考。(2)侃侃而谈型,指的是教师想要传递自己的思考与认识,表达或者贯彻自己的主张,侃侃而谈、长篇大论的状态。但是,教师并不明白自己所讲的内容是否原原本本地传递给了对方,无非是单向传递而已。这是"教师中心"的一种典型表现。(3)指指点点型,指的是在特定的话题与主题之下评价他者的表现与言说,进而阐述自己的思考,指指点点、指手画脚的状态。比之前者,对象是谁、论题是什么都很明确。在这里,重要的事在于是否倾听了对方的思考与认识;是否在正确、公正地理解对方话语的基础上,讲究如何使得自己的见解与认识能够让对方更容易理解的表达方式。

课堂教学需要"对话"的叙述方式。"学习"从本质上说是一种对话实践,这就需要确立起彼此倾听、相互接纳、形成共鸣的关系。在对话中,会产生超越自他见解的差异、认知的对立与纠葛,彼此接触对方的声音与话语的机理,乃至相互尊重人格的人际关系。德国教育学家朔伊雷(H. Scheuerl)指出了"对话"的特质[9]:其一,对话要形成,就得有平等与落差的存在。立足于有可能共鸣的立场,同时需要异质性。其二,论述某种事物之际,能够表明自己的立场。其三,在对话的交互作用之中接受他者影响的同时,能够相互修正并深化思考。这就是说,教学不是独白,而是对话;教学过程本质上是由对话构成的。

指导与支援。这种教学对话需要教师的指导。教师的作用无非是"指导"与

"支援"。所谓"指导"是指外在地作用于学生,使得他们的兴趣、思考与行为能够朝着有价值的方向变化的作用。不过,这不是教师对学生的一厢情愿的影响作用。促进儿童发现有价值的东西,引发他们的理解,同时培育他们的目标意识与奋进精神——这就是教师"指导"的本质。而所谓"支援"是指适应每一个儿童的特征。"支援"的本意不是不指导,而是指以更适时、更适当的方法去贴近学生。

当然,在课堂教学中对话不是唯一绝对的形式。个人思考、小组讨论、全班议论,变换教学的形态都是很重要的。此外,倘若没有教师的讲解、提问、提示等引导作用,精彩的对话也无法形成。

六、单元学习活动的设计

单元学习活动的计划从哪里切入？应当考虑到儿童的实际状态、学校与社区的特征与教学内容,从如何使儿童获得经验的学习活动着手。因此在构想学习活动之际,首先是探讨需要通过该活动学习的教学内容,布局单元教学计划的格式与编制要领。其次是设计学生的整个学习活动的框架,即问题解决学习的阶段:情境问题的形成、假设的形成、基于行为的假设、验证解决了的情境。整个学习活动根据课程标准和内容系列表来设定教学内容。为了有效地落实教学内容,就得制定单元教学计划。国外研究发现,真正有助于形成"关键能力"的教学设计是"逆向设计"(backward design)[10]。所谓"逆向设计"是一种旨在构想"边评价、边教学"的设计,由下列步骤构成：(1)确定预期结果(教育目标)。(2)确定合适的评价证据(评价)。(3)设计学习体验与教学(教师的教学)。

单元学习活动计划的编制要领可以概括成如下 9 点：(1)对象学年、学科及承担者的决定。(2)关于单元名称与学习活动的构想。考虑儿童的实际状态、学校与社区的特征与教学内容等,记述总课时,根据问题解决学习,构想大体的学习活动的框架。(3)关于单元设定的"教师愿望"的记述。(4)关于单元设定的"儿童实际"的记述。(5)单元目标的决定。明白地写出单元的活动、指导的重点、所期待的儿童面貌。(6)实施课题的设想。从儿童达成教育目标的具体面貌出发,构想引发以儿童怎样的姿态去实施课题。(7)单元评价标准的决定。从规定的具体达成目标的角度出发,考察儿童掌握了怎样的"兴趣、动机、态度";他们有怎样的"思考、判断、表达",掌握了怎样的技能与知识、理解。(8)学习活动与支援的构想。在构想学习活动的同时需要考虑促进儿童的思考力、学习方式与协同学习方面的指导。在"学习过程与评价计划"中,具体地叙述"学习活动"与"支援"。(9)评价计划的构想。把旨在考察评价规程的实现状态作为指标性的评价标准,设定A(3)B(2)C(1)三个等第。评价计划由"学习活动"、"学习活动中的具体的评价规程"、"评价资料"、"评价等第"等栏目构成。

单元学习活动的设计。学校教育的目的是创造"问题解决学习",培育"核心素养"。问题解决学习的理论基础是探究理论。所谓"探究"在杜威看来是基于"阶段"、"操作"、"态度"三个要素的问题解决思维:其一,问题解决的阶段。包括情境问题的形成、假设的形成、基于行为的假设、验证解决了的情境。其二,问题解决的操作。包括从"观察"(事实、感知、回忆、确认)到"推理"(知识的分类、比较、关联揭示、运用、类推、推论)。其三,问题解决的态度。包括"心胸豁达"(开放、协调、谦逊)、"诚心诚意"(持续性、集中性、积极性)、"责任心"(自主性、自立性、多面向、钻研精神)。在设计问题解决学习之际,以下三点值得注意:

其一,在问题解决学习中,如何际遇问题情境是一个关键。教师提示课题的实践,往往不属于儿童的问题解决。要形成儿童的问题,就应让他们自身去直接面对题材、设定问题情境。

其二,让问题解决活动不至于形式化是一件大事。在问题解决活动中,实际上达致问题解决所需要的时间,各不相同。因此,要基于问题解决的阶段,重视儿童的探究,以免问题解决活动的形式化。

其三,在问题解决学习中,教师的指导极其重要。以为问题解决活动无需教师的指导是一种误解,在问题解决的各个阶段都需要教师的指导。诸如,在形成问题的过程中,把握问题的背景与前提的知识与技能的习得;在假设、计划中引发假设的生成与问题解决方略的思考;在假设验证中信息收集的手法与实施验证的考量;在问题解决情境中归纳与结构表达的方式,及知识与技能的巩固等。在探究性的问题解决过程中,教师进行包括了知识与技能的习得与应用在内的适当的指导,是十分必要的。

七、单元设计:理据、目标、课题

单元设计的理据。为了捕捉教育目标与当下儿童之间的落差,就得记述"教师的意图"与"儿童的实态"。"教师的意图"可以从三点加以描述:教学内容,指导概略、儿童面貌。亦即,指导怎样的内容(教学的内容);展开怎样的问题解决活动(教学的布局);作为结果,希望儿童有哪些成长(期待的教学效果)。学科教学当然需要根据课程标准的规定来设定单元教学的内容,根据问题解决的阶段简洁地写出指导的概略,描述通过这种教学所要达成的儿童面貌。"儿童的实态"是指从所要培养的面貌来看的问题的实态。不是泛泛而谈,而是紧贴单元教学的要求来描述,可能的话,最好能够描述儿童生活的背景性的问题。重要的是从单元教学的视点出发来发现儿童的实态。比如,儿童已经学过了哪些,因而有了怎样的经验;是否牢牢习得了学过的内容;对单元学习有多大的学习动机与积极性。借助这种描述,教师能够明确单元教学的目标与儿童的实态之间的落差,从而聚焦单元目标。

单元的目标。教师的意图与儿童的实态之间的落差一旦得以明确,就得考虑消解这种落差、达成目标需要采取怎样的手法,就单元教学的目标具体地做出描述。既有用一句话简洁地作出描述的,诸如"通过……的活动,发现……,表现……,能够……"也有根据评价的"四个视点"——(1)兴趣、动机、态度,(2)思考、判断、表达,(3)技能,(4)知识与理解——写出教案的。[11]

实施的课题。设定了单元目标之后,就得描述实施的课题。构想实施的课题之际,就得具体地勾画达成了教育目标的儿童的面貌,考虑能够体现这种儿童面貌的课题,并叙述其脚本。实施课题的特征是:现实性、开放性、学习意义明确。

(1)**现实性的课题**。依据对儿童而言是现实的与切实的问题,来设定真实性的课题。所谓"真实性"即不是假问题,而是真问题。对于儿童而言,唯有从事贴近的、现实的、合适的课题的探究,才有助于促进真才实学的培育。

(2)**开放性的课题**。不是预先决定了答案的课题,叫"开放性课题"。在学校教育中像考试题那样已经确定了一个标准答案的场合居多,但走上社会后,学习者面对的几乎都是没有答案的课题。可以说,开放性课题是实际面向社会的开放式课题。

（3）学习意义明确的课题。开放性课题即学习意义明确的课题。儿童常常持有这样的疑问:"为什么学习这个?"、"学校里学习的东西,到社会上管用吗?"学习意义明确的课题将会带来教学的转型:从"关于学科的学习"转换到"学习学科"。

实施课题的编制。编制实施课题之际,首先必须明确达成了目标的儿童的面貌,然后编制引出这种面貌的实施课题的脚本。包括如下步骤:(1)目的——实施的目的是什么?(2)角色——儿童承担怎样的角色?(3)听众——实施的对手是谁?(4)情境——儿童在怎样的情境中从事怎样的课题?(5)产出的作品、成绩、标志——课题探讨的结果,最终会产出什么成果?(6)成功的标准与规程——实施的课题必须合乎怎样的标准?要使得学习具有意义,就得使学习的成果能够迁移。要有迁移的可能,就得通过现实课堂的探究,加深理解。这里所谓"理解"是指结构化了的知识与技能和概念,得以用于新的问题情境的状态。因此在编制实施课题之际,作为可迁移的真正的学力,可参考以下六个指标,即"理解的六个侧面"(迁移能力的表现)[12]:

1. 能说明——能够用适当的知识和清晰的理由,就事件、行为与思考作出解释。
2. 能阐释——能够打比方、说故事,并解释其背后的意涵。
3. 能应用——能够在新的情境与种种现实境脉中有效地运用知识、解决问题。
4. 能洞察——能够以不同视点、不同方法去把握主流的脉络,具有批判性洞察力。
5. 能共鸣——能够从他人的角度,设身处地地感悟他者的生活、情怀与他者的世界。
6. 能觉知——能够反思自己的无知、思维模式与行为方式,具有元认知意识。

八、培育"核心素养"的教学设计的视点

历来的教学设计关注的是儿童如何掌握"教材",但是旨在培育"核心素养"的

教学设计需要关注的是如何培育儿童的"能力",这是两种不同的聚焦点。换言之,培育"核心素养"的教学方法所聚焦的,是如何培育儿童拥有自己思考的自立的个性以及同他者协作、创造未来社会的素质与能力。为此,需要有效地组织"重视探究学习,培育思考力,学会学习方式,采取协同学习"的学习活动。这里着眼于思考力、学习方略、协同学习,探讨一下有效地培育"核心素养"的教学方法。

培育思考力。如何培育"核心素养",思考力是一个中心课题。这里,思考力主要由如下要素构成:(1)逻辑性、批判性思考力,(2)问题的发现与解决力、创造力,(3)元认知。所谓"逻辑性、批判性思考力"是指在学习活动的种种过程中所发挥的"分析、综合、评价"之类的思考力。"逻辑思考力"是指基于逻辑根据进行推论的能力,"批判性思考力"是指多角度地探讨,进行客观的逻辑的评价,根据适当的标准作出判断的能力。在学习的各个阶段,可参照安德森(L. W. Anderson)的教育目标分类学修订版,发挥包括了"记忆、理解、运用、发现、评价、创造"这一认知层级的"逻辑性、批判性思考力"。

问题发现解决力与创造力。这是指个人或在集体中发现问题、解决问题,产生新的观念的思考力,由问题发现解决力、创造性思考力、基于协同的创造力所构成。"问题发现解决力"是指设计并实施发现问题、解决问题的过程的一种思考力。"创造性思考力"是指运用创造观念的种种手法,思索、凝练、发现、评价的一种思考力。而"基于协同的创造力"是指运用集体的输入与反馈活动,在尝试错误中开发并实施新的观念的一种能力。

元认知。所谓元认知的"元",在希腊语中指的是"最高层"。所谓"认知",是指记忆、理解、问题解决、思考之类的人类的知性活动的一般用语。因此,"元认知"是指从高处客观地把握知性活动并调整其行为的一种活动,包括了"元认知知识"与"元认知活动"。所谓"元认知知识"是进行元认知活动所必须的知识,包括"怎样的学习方法是有效的学习方法的知识",与"该如何运用这种方法之类的关于条件的知识"。学习者选择的行为是依据这种知识的不同而不同的,因此可以认为元认知知识是制约元认知活动的。元认知活动有两种,即"监控"与"调节"。所谓"监控"是指自己就自身进行的知性活动,诊断知性状态。亦即在阅读文章、解决问题、记忆之际自己有多大程度的理解、记住了多少之类,有意识地进行反思,或者在从事作业之前,预测这个课题难不难、学到了什么、哪里还不懂之类的反思。所谓"调节"是指根据监控结果进行调整。在思考力的培育中,如何充实语言活动、如何运用思维工具来培育思考力、判断力、表达力,成为一大课题。

学会学习方略与协同学习。学习是个人的过程,同时也是社会协调的过程。维果茨基认为,知性的发展是借助文化工具,特别是以语言为媒介的社会活动发展起来的。[13]一个人能够达到的"现有水准"与借助教师及伙伴能够达到的"明日水准"之间的区间,谓之"最近发展区"。在交互作用之中作用于"最近发展区",就能促进发展。为了有效地教学,教师与支援者的"脚手架"是十分重要的。构成脚手架的,有视为范本的榜样、适当的材料、线索的提示,等等。考虑到学习的社会侧面,在教学设计之际,重要的是创设相互学习的机会。借助彼此之间反复的相互交流,能够纠正自己先前的视点,重建自己的思考,并且开辟自己思考的无限纠正的可能。

培育"核心素养"的教学设计的视点,可以沿着如下的原则展开教学:(1)儿童在有意义的境脉中学习。(2)儿童拥有自己的思考。(3)儿童借助对话深化思考。(4)准备儿童思考所需要的材料。(5)儿童能够视方略的需要而运用有助于思考的手段。(6)学习方式通过反思而得以领会。(7)建构课堂与学校的协同学习的文化。在教学设计之际,基于上述七个视点,可以期待思考力、学习方略学习与协同学习的成功。

九、学习技能:理论与方法

何谓"学习技能"?所谓"学习技能"是指出色地支撑学习活动的基础性技能,诸如预习、复习的方式,教学中的对话方式,记笔记、撰写报告的方式,发表的方式等。"学习"自古就是心理学研究的重要话题。不过,随着重视人类内在的信息处理过程的认知形成研究成为主流以来,由于在学习心理学领域也强调学习者的积极作用——学习者的隐性知性操作,而采用了"认知方略"或者"学习方略"的术语,而今以"学习方略"这一关键词展开了形形色色的研究。不过,对于教师而言,学习技能一词更具普遍性。可以说,有助于学习的步骤性知识与方略,就是"学习技能"的本义。因此,在实践中,学习技能几乎是同"学习方略"作为同义语来运用的。

学习技能与儿童学习权。早在1974年联合国教科文组织的教育建议里,就从儿童权利的角度,倡导旨在发展批判性地分析、理解现实的能力的"新的教育教学的方法"。自此,学习技能的问题受到国际教育界的高度关注。1985年联合国教科文组织发表的《学习权宣言》和1989年联合国发表的《儿童权利条约》,发展性地承继了这一教育思想。

学习技能之所以成为问题,是因为习得的知识状态是受到所运用的技能的制约的。即便是假定的"正确"知识,儿童只要是仅仅运用"有效地接受教师的灌输"的技能,那就只能同时习得这样一种观念——"教师是绝对的知识权威,世界是永恒不变的"。[14] 在教学中教师往往只关注着教学内容的知识与技能的习得,然而,习得知识与技能的"技能"却被无视了。因此,在课程编制中,不管是学科主义还是课题中心主义,都必须从纵向考虑旨在探究学科内容或者主题的学习方法与学习技能。

不过,强调有意识、有计划地教会儿童学习技能,也并不意味着教育行政与教师单向地自上而下地传授。因为,倘若学习方式制约知识习得的状态的话,那么特定的学习方法与学习技能的教育,实际上也就是在引导儿童有意识地指向一定的世界观与知识而进行操作。从这个意义上说,学习技能不是中立的。正因如此,让儿童对技能本身形成批判能力是不可或缺的。要真正地"从儿童权利的角度"形成学习,就不仅是习得知识与技能的问题,还得养成学习者自身有意识地、批判性地琢磨与修正所运用的学习方法与学习技能的能力。

学习技能的分类。学校的教学可以视为借助"习得循环"与"探究循环"的一个链环而形成的。两者原本在任何教学中都存在,不过在传统的教学中更加着力于"习得循环"。从这一反思出发,未来时代的教学更重视"探究循环",诸如强调跨学科的学习,旨在培养"课题设定力"、"逻辑思维力与资料收集力"、"协同力",以及学科的基础知识与技能与理解等[15],因此在跨学科的学习中强调"调查"、"讨论"、"总结"、"发表"等种种方案的学习技能。即便在习得学习情境中运用的技能也形形色色:(1)训练方略,如逐字反复、抄写、划线、添加色彩等。(2)精致化方略,如形成表象、翻译、归纳、质问、记笔记、类推、运用记忆术等。(3)系统化方略,如分组、排序、制图表、概括、分层、运用记忆术等。(4)理解监控方略,如自我监视理解的失败、扪心自问、系统检查、重读、变换说法等。(5)动机性方略,如处理焦虑、减少散漫、坚守积极的信念(自我效能感、结果期待)、创造生产性环境、时间管理等。

学习观与学习技能。同学习技能密切相关的是"学习观"。运用怎样的学习技能取决于学习者对学习的认识(学习观)。从认知心理学看来,有效的学习观可以归纳为四个范畴:胜不骄败不馁;重视思考过程;寻求方略;寻求意义理解。基于理想的学习观的技能教学在提升学习效果的同时,也可以发现这种学习观的重要性,其结果是改进了学习观本身。可以说,这正是学习技能教育的重要作用。要使得学习者真正成为学习的主体,就不仅是习得的知识与技能的本身,而且会批判性地运用学习的方法与技能。

十、问题解决的机制

反省思维与问题解决学习。支援儿童习得知识是课堂教学的重要目标之一。不过,学习内容可以作为知识来记忆,但记忆本身决不是目的。知识,正是由于它有助于日常问题的解决,所以才叫"有用的知识"。因此,培育儿童有效地运用知识的问题解决能力成为教师的重要任务,为此教师必须充分把握问题解决的机制。在杜威(J. Dewey)看来,人的问题解决过程有如下五个步骤[16]:(1)问题的认识。问题解决的第一阶段是认识到应当解决的问题的存在。在观察种种现象之际,感到其中的某些矛盾,或是发现了同自己的既有知识有所差异,从而产生问题的认识。(2)问题点的把握。一旦产生问题认识,下一步就得明确地把握是什么问题、哪里有问题。(3)假设(解决法)的提出。一旦把握问题所在,下一步就得确立问题解决的假设。在这个阶段多采用直觉性思维的形式,也会反反复复地尝试错误。(4)假设(解决法)的探讨。一旦确立假设,下一步就是通过调查资料、琢磨事实来评价假设。另外,倘若几个假设被确立,就得对这些假设进行比较。(5)假设(解决法)的选择。问题解决的最终阶段就是从比较、探讨的假设中选出最好的假设（解决法）。倘若这个阶段的所有假设均不恰当，就得修正假设，或是提出新的假设。

我们用于问题解决的方略可以大体分为算法与试探。所谓"算法"是指一连串规则的步骤。例如，求平方根的步骤就是一种算法。在算法的场合，只要正确运用就能求得正解。但在试探的场合，未必能够保证正确地达成。不过，倘若是合理的试探，能够比算法更迅速地求得正解。我们在日常生活中会遭遇到种种的问题，在这种日常世界的问题解决中试探的方式比算法方式用得更多。

问题解决与迁移。一般而言，某种学习影响到其后的学习谓之"迁移"。迁移有积极性的影响与消极性的影响，前者叫"正迁移"，后者叫"负迁移"。在早期欧洲教育界，"形式训练"的主张广为传播。形式训练说认为，教育的目的在于训练记忆力、推理力、集中力等一般的能力。为此，数学、拉丁语等学科的学习比实用学科的学习（注重"实质训练"的学科）被视为更有效而受到重视。就是说，在形式训练中，数学和拉丁语的学习所培育的一般能力会更广泛地影响到种种学习领域，产生正迁移。不过，20世纪初的诸多实证性研究并不支持形式训练说，并没有获得学习数学提高了一般推理力的证据，背诵拉丁语的古典诗也同记忆力的增强没有关系。因此，其后揭示正迁移条件的研究为数众多，各种学说层出不穷，诸如，奥斯哥德（C. E. Osgood）的"迁移曲面说"，即学习课题之间的类似性决定迁移的方向与量；哈罗（H. F. Harlow）的"学习定势理论"，即通过学习一般的学习方式能够产生正迁移。[17] 在问题解决中所运用的方略，有的适用于各色各样的问题解决，有的只对特定类型的问题特别有效。例如求平方根的算法不适用于求圆周率，英语字谜中运用的试探完全不适于象棋残棋谱的求解。反之，"手段—目标分析"与"下位目标分析"之类的试探，可以用于形形色色的问题解决。那么，为何会有这种差异呢？

问题解决与创造性。在我们日常生活世界中遭遇到的问题有不少是原封不动地运用学过的算法不能解决的问题，在这种场合就得有想出新的解决法的创造性思考力。根据吉尔福德（J. P. Guilford）的研究，创造性思考力同扩散性思考力有密切关系。所谓"发散性思考力"系指，对诸如"倘若人的手指不是5根而是6根，会有什么事情发生？"之类的问题作出大量具有非凡意义的答案所必需的思考力。在这种提问中,由于要求从给出的条件向种种不同方向扩散思维,而被称为"发散思维"。相反,在智力测验和学校学力测验中要求"聚集思维"。所谓"聚集性思考力"系指针对一种正解而集中地思考,迅即发现"正解"所必须的思考力。当然,聚集性思考力也是重要的思维方式,但在文学与艺术领域的创作活动和科学领域的发现与发明中,发散思维是不可或缺的。因此,关键在于今后必须关注求得两者平衡的课堂教学。

十一、"真实性评价"的由来与做法

为了形成"核心素养",就得变革评价方式——从"测定评价观"转型为"问题解决观"。晚近以儿童的"表现"为焦点,综合地捕捉学力形成真实性评价的思路与方法受到关注。

标准测验评价与真实性评价。美国从20世纪70—80年代倡导严格的教育问责,借助标准测验来测定学生基础知识与基本技能的状况的动向在全美普及。另一方面,作为这种潮流的批判,部分学者从80年代开始探讨谓之"真实性评价"的方式。对儿童的学力而言,离开了学习现场、仅实施一次的纸笔测验,只能是表层的诊断。根据作品与作文之类的实际成果捕捉学习者"原原本本的"学力的真实性评价开始受到关注。标准测验的弊端大体可以列述如下:其一,标准测验仅仅是捕捉预先决定了答案的问题,不能综合地测定包括思考力、创造性、表现力之类的学力。其二,标准测验只求碎片化知识的记忆与再现,这就远离了现代的学习观:不能通过有意义、有目的的上下文,学会既知事物与未知事物的关联。其三,越是在教育问责的背景下,教学越是容易向测验倾斜。而项目与实验学习、协同学习、体验性的问题解决活动被削弱,这就矮化了课程。其四,标准测验测量的作为学习结果的有限评价却被用来预测别的课题与其他状况的成绩,只能沦为诊断精度低的工具,难以捕捉为什么会有这样的成绩。这样,借助标准测验诊断学力的问题凸显出来。作为一种替代,依据儿童的实际成果来捕捉学力的真实性评价应运而生。

何谓"真实性评价"?所谓"真实性评价"完全不同于单纯测量"知识量"的标

准测验,它是一种为矫正标准测验的弊端而使用的质性评价,测量"可信赖"、"可迁移"、"可持续"的"21世纪型学力"的评价[18]。维金斯(G. P. Wiggins)认为,这是评价的一种理想状态。当直接探讨学生面对有价值的课题的表现时,评价才是真实的。这种表现性课题是同解决预先决定了标准答案的问题的标准测验迥然不同的。成人在直面现实世界中的实际问题时,必然会产生高品质的作品和表现出来。"表现"唯有在行为中的境脉同现实社会密切关联之际,才可能体现出真实性。比如,通过给父母写一封信或者面向读者写一篇文章,来替代拼写与作文,可以作出更真实的评价。或者,不是去考有关科学实验的知识点,而是以科学实验本身作为评价的对象。

"档案袋评价"的思路与做法。在"真实性评价"中最普遍的是"档案袋评价"。所谓"档案袋评价"是指为了促进儿童的学力形成,收集能够进入档案袋的资料与信息。所以"档案袋"意味着每一个儿童的学习过程及其成果的信息与资料,长期地、有目的地积累起来的积聚物。它不是儿童作品的单纯的文件夹,而是作为儿童学习的足迹的资料与学习,按照某种目的、按照时间序列,有计划地收集起来的。这种"档案袋评价"不是考察集体内相对位置的"集体依据评价",而是捕捉达成目标的现实状况的"目标依据评价"。亦即根据现实社会的各个领域的实际,设定达成目标,来判断儿童学习的实现状况。在档案袋评价中提高表现度是十分重要的。达成目标一般是公开的,需要参与儿童的学力形成的关系者进行帮助与支援。这样,在档案袋评价中,关系者通过有意识、有计划地积累学习的过程与结果中产出的多种多样的评价学习与资料来制作档案。

十二、教师:课程与教学的设计者

基于"核心素养"的学校课程发展,意味着学校教育进入了课程设计的时代。新时代期许的核心素养的培育,不仅需要课程设置的弹性化,同时需要教师成为名副其实的课程与教学的设计者——有助于每一个儿童在真实课题的背景下的知识建构与运用的有效教学环境的创造者。

课程的设计与教师。何谓"课程"?"课程"的术语来源于希腊语的"跑道"或

"赛跑",也意味着"人生的履历"。现代也有"履历书"之说,即在学校教育中像学科课程那样,有着"教的学程"或"学习的过程"的含义。课程的概念比教育计划的概念更广,既有教育的计划、实施、评价等作为有意图、有计划的教育实践的总体的"显性课程",也有无意图、无计划的,在学校中不经意之间学到的"潜在课程",甚至可以把课程界定为在课程中学习的个人史或履历这一意义上的"儿童经验的总体"。课程在学校的层面,存在四个维度:(1)课程标准所示的"正式的课程";(2)作为学校的年度计划立案的"计划的课程";(3)教师以教学的形态实施的"实践的课程";(4)儿童实际经验和接受的"经验的课程"。在这里,教师是课程的设计者,换言之,教师是学习经验的设计者。教师作为一个学习的设计者,制定空间、时间、人力、物力的学校环境构成,在教育实践的现场,实施计划,创造儿童的学习经验。正如杜威所说,所谓教育是"环境的再造"。在学校教育中通过环境操作,引导兴趣、爱好、需求、能力等儿童的活动倾向走向所意图的方向,就是教师的工作。教师准备帮助儿童更好地成长、发展的适当的环境,引导儿童理想的经验,引导儿童业已拥有的倾向作出更正确的引导,实现教育的目标。这样看来,学校教育要求于教师的是作为引导学习经验的课程设计者的力量。亦即要求教师必须具备创生有意义的儿童经验的艺术性、创造性的设计能力。

作为反思性实践家的教师。那么,如何来培育作为课程与教学设计者的教师的这种能力呢?作为一个线索,可以考察一下教师的"反思性实践家"的形象。舍恩提出了不同于"技术熟练者"的传统专家形象的"反思性实践家"的新型专家形象[20]。专家所拥有的专业性大多被视为在实践专业的知识与技术的场合能够合理地运用的"技术熟练者"。在实证主义的影响之下,生成知识体系的基础科学与运用这些知识的应用科学是被层级化的,所谓"实践"被视为科学的基础理论与原理形成的严格应用。不同于这种基于科学合理主义的专家形象,舍恩界定了在行为中进行反思的"反思性实践家"的专家形象。仔细考察律师与医生作为专家的现场实践,他们的现实的姿态,与其说是把实证了的知识与技能运用于实际的现象,不如说是就顾客直面的现实问题,反复地跟情境进行反思性对话,借以求得问题的解决。这样,在舍恩看来,专家拥有的专业性,与其说是把专业理论与原理应用于现场,不如说是在没有答案的复杂的混沌的实践活动中,通过同情境的对话,求得问题解决的行为之中的智慧。从这个意义上说,所谓专家的智慧是理论与实践相融合的,是从实践中生成的。舍恩将这种在未知的复杂的混沌的状况中通过经验掌握的实践知识之下"边行动、边反思"的专家,命名为"反思性实践家"。舍恩的研究并未直接涉及到教师的问题,但反思性实践家的概念在之后的教师研究中产生了巨大影响。

作为决策者的教师。立足于这种新的专家形象,教师也是决策者。可以说,教师承担的教学的计划、实践、反思的过程,是面对复杂而无限的问题反反复复加以解决的决断的过程。教师通过确立教育目标,选择并组织教学内容,决断教学法,做出指导与帮助,来设计儿童的经验。教师在课程设计的种种阶段与情境中,面临着从众多设定的选择项中作出适当选择的课题。在这里重要的是,支撑这些决策、引导教育实践的"框架",即教师的教育观、儿童观、教材观、教学观。

参考文献

[1] Bruner, J. S.. Some theorems on instruction illustrated with reference to mathematics [M]. In E. R. Hilgard (Ed.), *Theories of learning and instruction*. Chicago: NSSE (63rd yearbook), 1964: 306-335.
[2] 筑波大学教育学研究会,编. 现代教育学基础(中文修订版)[M]. 钟启泉,译. 上海: 上海教育出版社,2003: 297.
[3] 佐藤学. 课程与教师[M] 钟启泉,译. 北京: 教育科学出版,2003: 349.
[4] 日本教育方法学会,编. 教育方法学指南[M]. 东京: 学文社,2014: 70—97.
[5][6] 藤井千春. 唤醒儿童的问题解决学习的教学原理[M]. 东京: 明治图书,2010: 205,206—207.
[7] 松尾知明. 学校课程与方法论: 培育关键能力的教学设计[M]. 东京: 学文社,2015: 44.
[8] 小林宏己. 授业研究 27 个原理原则[M]. 东京: 学事出版股份公司,2013: 114—115.
[9][14] 恒吉宏典,等,编. 授业研究 300 重要用语[M]. 东京: 明治图书,2010: 121,197.
[10] 格兰特·威金斯,杰伊·麦克泰格. 追求理解的教学设计[M]. 闫寒冰,等,译. 上海: 华东师范大学出版社,2017: 18—21.
[11] 人类教育研究协议会. 新学习指导要领: 课程改革的理念与课题[M]. 东京: 金子书房,2008: 22—23.
[12][15] 西冈加名惠. 学科与综合学习的课程设计[M]. 东京: 图书文化社,2016: 43,61—67.

[13] 中村和夫.维果茨基发展论[M].东京：东京大学出版会,2010：4.
[16] 广石英记,编著.教育方法论[M].东京：一艺社,2014：43.
[17] 鹿毛雅治,奈须正裕.学与教：学校教育心理学[M].东京：金子书房,2002：34.
[18] 森敏昭,主编.21学习的创造[M].京都：北大路书房,2015：13—14.
[19] 艾莉逊.创造力与思考力比知识更重要[N].东京：读卖新闻,2016—10—28.
[20] D. Schon.专家的智慧：反思性实践家在行动中思考[M].佐藤学,秋田喜代美,译.东京：ゆみる出版股份公司,2001：25.

原出处一览

第 1 章　第 1—2 节原载于《全球教育展望》2016 年第 1 期，原题为《基于核心素养的课程发展：挑战与课题》；第 3 节原载于《中国教育报》2016 年 5 月 8 日教育科学版，原题为《翻转课堂新境》。

第 2 章　《最近发展区：课堂转型的理论基础》，未发表。

第 3 章　《课堂转型的本土实践》，原载于《中国教育报》2016 年 4 月 21 日教育科学版，原题为《从技能训练走向教师文化》；《中国教育报》2016 年 1 月 9 日、11 月 16 日、12 月 10 日校长版"学校教育中的课堂转型"系列文章。

第 4 章　《学科教学的发展与课题：把握学科素养的一个视角》，原载于《全球教育展望》2017 年第 1 期。

第 5 章　《教学方法：概念的诠释》，原载于《教育研究》2017 年第 1 期。

第 6 章　《两种教学范式的分野》，原载于《中国教育学刊》2017 年第 2 期，原题为《从认知科学的视角看两种教学范式的分野》。

第 7 章　《能动学习：教学范式的转换》，系笔者在 2016 年 12 月 2 日"全国第十一届有效教学理论与实践研讨会"上的主题报告。后经补充加工，载于《教育发展研究》2017 年第 8 期。

第 8 章　《认知模型与读写教学》，未发表。

第 9 章　《学业评价：省思与改革——以日本高中理科的"学习评价"改革为例》，原载于《教育发展研究》2013 年第 10 期。

第 10 章　《慕课的诱惑》，原载于《中国教育报》2016 年 6 月 2 日教育科学版。

第 11 章 《课堂教学的特质与设计》,原载于《中国教育报》2016 年 5 月 4 日教育科学版。

第 12 章 《打造多声对话的课堂世界》,原载于《中国教育报》2016 年 9 月 22 日教育科学版。

第 13 章 《课例研究：教师学习的范式》,原载于《中国教育报》2016 年 4 月 21 日教育科学版,原题为《从技能训练走向教师文化》。

附录 《教学研究的方法论及其课题》,由《基础教育课程》2017 年各期"林籁泉韵"专栏文章整理而成。

图书在版编目(CIP)数据

课堂转型/钟启泉著.—上海:华东师范大学出版社,2017
ISBN 978-7-5675-7074-0

Ⅰ.①课… Ⅱ.①钟… Ⅲ.①课堂教学-教学研究 Ⅳ.①G424.21

中国版本图书馆 CIP 数据核字(2017)第 260354 号

课堂转型

著　　者　钟启泉
责任编辑　王冰如
责任校对　孙祖安
装帧设计　卢晓红

出版发行　华东师范大学出版社
社　　址　上海市中山北路 3663 号　邮编 200062
网　　址　www.ecnupress.com.cn
电　　话　021-60821666　行政传真 021-62572105
客服电话　021-62865537　门市(邮购)电话 021-62869887
地　　址　上海市中山北路 3663 号华东师范大学校内先锋路口
网　　店　http://hdsdcbs.tmall.com

印　刷　者　浙江临安曙光印务有限公司
开　　本　787×1092　16 开
印　　张　13.75
字　　数　204 千字
版　　次　2018 年 1 月第 1 版
印　　次　2018 年 11 月第 3 次
书　　号　ISBN 978-7-5675-7074-0/G·10717
定　　价　32.00 元

出 版 人　王　焰

(如发现本版图书有印订质量问题,请寄回本社客服中心调换或电话 021-62865537 联系)